马识途
跋涉百年依旧少年

慕津锋 著

中国言实出版社

图书在版编目（CIP）数据

马识途：跋涉百年依旧少年 / 慕津锋著. –– 北京：
中国言实出版社，2023.8
ISBN 978-7-5171-4572-1

Ⅰ.①马… Ⅱ.①慕… Ⅲ.①马识途—先进事迹
Ⅳ.①K825.6

中国国家版本馆CIP数据核字（2023）第162275号

马识途：跋涉百年依旧少年

书名题写：严家炎
责任编辑：宫媛媛
责任校对：张国旗

出版发行：中国言实出版社
　　地　　址：北京市朝阳区北苑路180号加利大厦5号楼105室
　　邮　　编：100101
　　编辑部：北京市海淀区花园路6号院B座6层
　　邮　　编：100088
　　电　　话：010-64924853（总编室）　010-64924716（发行部）
　　网　　址：www.zgyscbs.cn　　电子邮箱：zgyscbs@263.net

经　　销：新华书店
印　　刷：北京温林源印刷有限公司
版　　次：2023年10月第1版　　2023年10月第1次印刷
规　　格：710毫米×1000毫米　　1/16　　20.75印张
字　　数：300千字

定　　价：88.00元
书　　号：ISBN 978-7-5171-4572-1

2021 年 7 月 1 日，中国共产党成立 100 周年时，马识途先生在锦绣花坛前留影

马识途小传

　　1915 年 1 月 17 日（农历腊月初三），马识途出生于重庆市忠县石宝寨，原名马千木，父亲马玉之，母亲吴正泽。1928 年 2 月，入忠县东区初中读书。1931 年 7 月，在川东首府万县参加毕业会考后，遵父亲"本家子弟十六岁必须出峡"教诲，前往北平报考高中。"九一八"事变爆发后，在北平积极参加学生抗日活动。1932 年冬，在北平师范大学聆听鲁迅演讲。1933

年夏，因日军在平津一带军事活动频繁，遂前往上海六里桥浦东中学继续求学。1935年1月，以"马质夫"为笔名在叶圣陶主编的《中学生》杂志第51期"地方印象记"中，第一次发表文章《万县》。12月下旬，受北平"一二·九"学生运动影响，在上海积极参加学生游行和前往南京的请愿活动。在请愿途中，第一次听到有关"抗日民族统一战线"内容。1936年7月，考入南京中央大学工学院化学系。当年9月，在中央大学结识刘蕙馨。不久，秘密加入中共外围组织"南京学生联合会小组"（以下简称"南京学联小组"）。"七七"事变爆发后，1937年8月，与刘蕙馨一同加入"中央大学农村服务团"，到南京郊区晓庄宣传抗日。同年11月，南京学联负责人与马识途、刘蕙馨谈话，准备发展他们加入中国共产党。同年冬，根据八路军南京办事处要求，"中央大学农村服务团"从南京下关前往武汉。在汉口，开始阅读大量进步书籍。12月底经董必武介绍，与刘蕙馨从武汉出发，前往七里坪参加鄂豫皖苏区举办的党训班，接受游击战培训。在培训班结识了韦君宜，并聆听叶剑英等人授课。1938年2月，奉中共湖北省委命令，前往武汉中共湖北省委组织部报到，参加武汉工人运动。1938年3月初，经钱瑛介绍，在武汉正式加入中国共产党。入党后第一个任务，就是在一个月内为周恩来寻找一位可靠的工人司机。同年3月底，马识途发展武汉工人司机祝华为中共党员，并为其办理了入党手续，其组织关系也一并转给湖北省委。同年5月，到汉口职工区委会工作，并在英商颐中烟草公司的卷烟厂、彩印厂建立职工夜校。通过办夜校提高工人觉悟，组织工人为增加工资、改善生活条件而进行有组织的罢工。同年7月，调任武汉职工组织"蚁社"，担任党支部书记，与胡绳一起创办《大众报》。同年10月，随中共鄂西北省委领导王翰、胡绳、张执一等前往襄樊，加入李宗仁组织的第五战区文化工作委员会。后被派往枣阳县担任县工委书记，负责清理当地农村党组织，重建党的地下机构。其间，还以《鄂北日报》记者的名义前往随县战场进行战地采访。1939年春到1939年10月，在襄樊先后担任中共枣阳、中共南安中心县、中共光（化）谷（城）中心县委书记，国民政府南漳县主任秘书及县民教馆馆长，在民教馆还主办战时农村青年训练班，培养进步青年。1939年10月，奉命到宜昌参加钱瑛主持召开的湘鄂西省委会，初识何功伟。1939年10月，中共恩施特委成立。同月，马识途被任命为中共施巴特委书记。同年冬，与刘蕙馨在恩施结婚。1940年8月，根据中央和南方局的指示，鄂西特委成员进行调整，何功伟任书记，马识途任副书记。下半年，为更好开展工作，经国民湖北省政府民政厅主任秘书聂国青帮助，担任国民党咸丰县军粮督导员。1940年12月，从咸丰回到恩施。不久，女儿吴翠兰出生。当月，根据组织要求，为应对国民党反共高潮，前往宣恩、来凤、咸丰、利川，疏散党组织。1941年1月20日，因叛徒出卖，妻子刘蕙馨与中共鄂西特委书记何功伟被国民党逮捕，女儿随母亲入狱。马识途在利川得知刘蕙馨、何功伟被捕消息后，心急如焚。但为防止何功伟妻子许云落入敌手，紧急前往万县接应，未遇，便立即前往重庆南方局汇报工作。1941年2月，经鄂西特委重庆联络处何功楷联系，到曾家岩南方局驻地向钱瑛汇报鄂西特委近况。不久，根据"长期埋伏、隐蔽精干、积蓄力量、以待时机"的方针，南方局决定派其前往昆明报考西南联大，在该校及昆明展开党的地下工作。1941年10月下旬，考入西南联大，改名马千禾。1941年12月，"珍珠港事件"爆发，中国进步知名教授从香港欲乘飞机回重庆，但孔祥熙却霸占飞机，将自己的私产，甚至洋狗运至重庆。此消息传至昆明后，群情激愤。马识途与进步同学一起在昆明掀起了"讨孔运动"。1942年9月，在西南联大校门口遇见疏散到昆明的何功楷，得知妻子刘蕙馨牺牲消息。后经何功楷联系，其组织关系转至云南省工委。当月，西南联大成立中共地下党支部，被选为党支部书记，马识途负责西南联大及昆明师生民主运动的发展。当年，开始创作《夜谭十记》第一篇《视察委员来了》（短篇小说，后改名为《破城记》）。1944年初夏，在昆明南屏街书店结识美国飞虎队成员。后经云南省工委书记郑伯克同意，与美国飞虎队成员贝尔、海曼、华德、帕斯特等加强交往。同年6月，参与组织欢迎美国副总统华莱士和蒋介石私人顾问拉铁摩尔访问西南联大的壁报工作等活动。1944—1945年，与齐亮、张光年等人在昆明参与组织时事报告座谈会、云南各界人士双十纪念会、鲁迅逝世八周年纪念晚会、护国纪念日、纪念五四等各种进步活动，并与闻一多等进步教授加强组织联系。1945年8月下旬，从西南联大毕业后，被党组织派到滇南做地下工作。到滇南建水后，以建民中学教员身份为掩护，与罗广斌等人展开地下革命工作。1946年7月底，根据南方局指示，前往成都担任成都工委副书记。1947年初，开始全面负责中共成都工委的筹备与领导工作。同年2月，与四川大学中共党员、成都工委委员王放一起筹办成都工委电台，筹备《XNCR》快报的编辑、出版活动。同年8月底，根据中共上海局指示：撤销中共成都工委，恢复中共川康特委，领导成都市，以及川西、川南、川北、西康和川南部分县的中共地方组织，开展城市斗争及农村武装斗争。蒲华辅担任书记、马识途担任副书记。1947年8月至1948年春，为牵制敌军，马识途在仁寿、荣县、大邑、冕宁组织领导了数次武装暴动。1948年秋，主持中共成都市工委成立会议。1949年1月下旬，因川康特委书记蒲华辅叛变，马识途紧急隐蔽，并及时向香港倪子明，以及川北、川南、西昌工委发电报报警。在与成都市委副书记彭塞联系后，负责转移相关地下工作人员。同年2月，奉命去香港汇报工作。同年3月下旬，在钱瑛带领下，与在港中共地下党员经台湾海峡、黄海、渤海、烟台、济南北上北平。后随钱瑛沿津浦铁路南下，随四野进武汉，担任华中总工会副秘书长，学习城市接管工作。同年9月，奉命赶赴南京，与即将进军四川的二野会合。到南京后，受到邓小平同志接见，参与编写《入城手册》。此后不久，前往西安与一野会合，准备进军四川。到达西安后，与王宇光奉命前往山西临汾一野司令部报到，与贺龙同志见面。在西安，参与起草向南下干部宣讲四川情况的报告。同年11月中旬，随贺龙一野南下进军四川。同年12月底，领导成都地下党组织配合一野和平解放成都。新中国成立后，参加成都军管会，保障成都正常运行。后担任川西区委组织部副部长，负责清理地下党和进步群众社团工作。1952年夏，担任成都城市建设委员会主任，主管成都城市基础建设与规划。其后，先后担任四川省建设厅厅长、中国科学院西南分院党委书记。1959年，在新中国成立十周年前夕，在沙汀的要求下，为《四川文学》创作新中国成立后的第一篇文学作品《老三姐》。该作品引起《人民文学》杂志社关注。1960年4月底，在湖北省公安厅的帮助下，找到失散近20年的女儿吴翠兰。不久后，根据亲身经历开始创作革命长篇小说《清江壮歌》。20世纪60年代，马识途还先后担任中共中央西南局及四川省委宣传部副部长。这一时期，他创作了著名短篇小说《找红军》《两个第一》《小交通员》，中篇小说《接关系》《回来了》，讽刺小说《新来的工地主任》《挑女婿》《最有办法的人》等。"文革"结束后，马识途担任四川省委宣传部副部长、四川省人大常委会副主任，四川省文联、四川省作协主席等职务，出版了长篇小说《夜谭十记》《巴蜀女杰》《京华夜谭》《雷神传奇》，长篇纪实文学《风雨人生》《沧桑十年》《在地下》等大量文学作品。2013年1月，先后获得全美中国作家联谊会颁发的"东方文豪终身成就奖"和四川省文联颁发的"巴蜀文艺奖·终身成就奖"。2021年，出版学术专著《马识途西南联大甲骨文笔记》，并创作完成长篇小说《最有办法的人》。2022年，出版新书《那样的时代，那样的人》。2023年2月11日，获得"川观文学奖（2021年度）终身成就奖"。

属于他的精彩仍在继续……

20世纪30年代，马识途先生（后排右二）在上海浦东中学与老师、同学合影

20世纪40年代，在西南联大期间，马识途先生（前排右一）与美国飞虎队朋友、张彦、李储文等人合影

1948 年，马识途
先生在成都时的照片

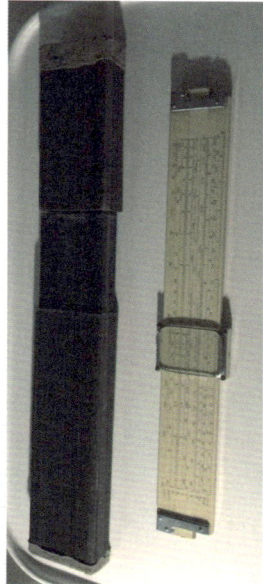

左图为烈士刘蕙馨个人照；右图为刘蕙馨在中央大
学期间用过的测量工具

1951年，马识途先生在成都市人民代表大会上

1960年5月1日，马识途先生与失散20年的女儿吴翠兰在天安门前的合影

1984年9月，马识途、艾芜、沙汀（从左往右）合影

《清江壮歌》封面，1966 年
3 月，人民文学出版社出版

《夜谭十记》封面，1983 年
11 月，人民文学出版社出版

说 明

这是《红岩》最后定稿的原稿稿本，是罗广斌的笔迹。此稿本原在死罗广斌的爱人胡蜀兴的手中。2000年5月胡蜀兴将此稿本交给我，决定交中国文字馆保存。我和副馆长周明联系后，他表示欢迎，并承诺就此稿本精复印四份，退我和胡蜀兴二份，其余由我及四川省作家协会保存。四

2000年8月由我托人送去北京，交给周明同志，并由中国文字馆发出正式收据，由我转交给胡蜀兴存查。

马识途 注

2000年8月

2000 年 8 月，马识途手书捐赠《红岩》手稿的"说明"

10

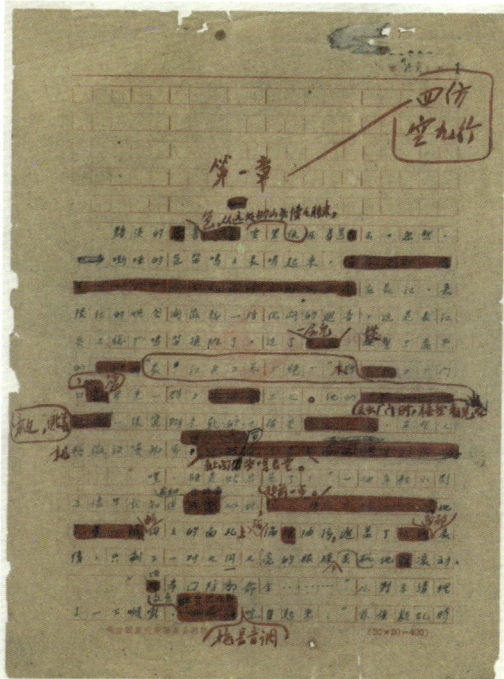

《红岩》手稿第一章第1页

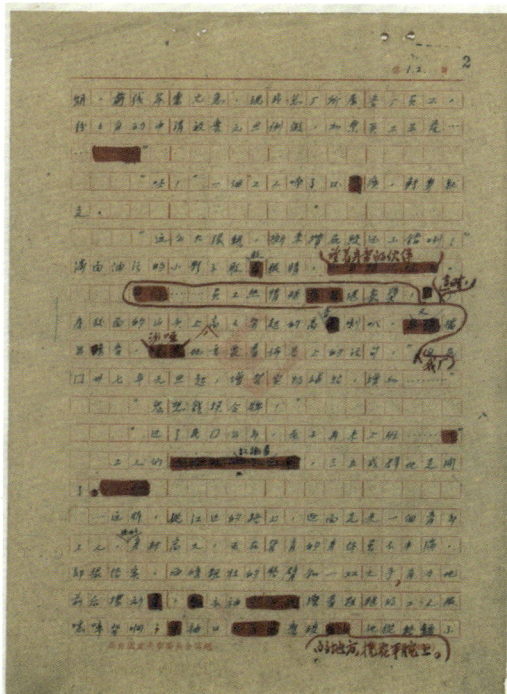

《红岩》手稿第一章第2页

罗广斌个人照

红岩

由中国青年出版社出版的
《红岩》

2011 年 5 月 24 日，马识途先生（右一）与"汉语拼音之父"周有光先生（左一）在北京周有光家中合影

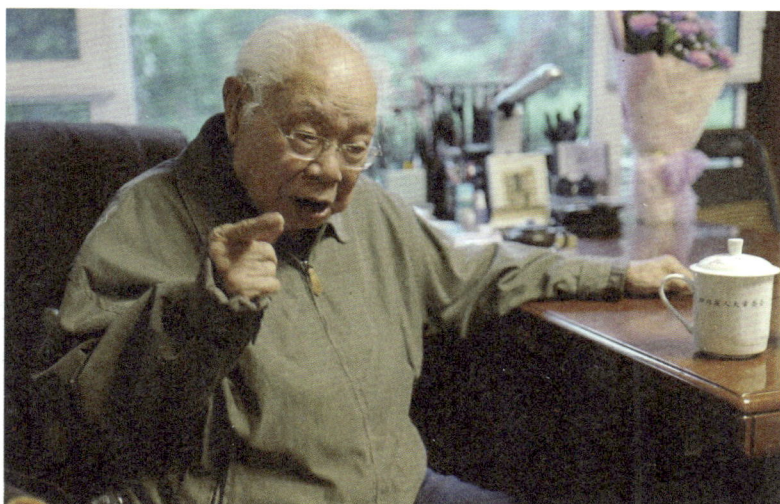

2021 年，马识途先生在书房中与友人谈话

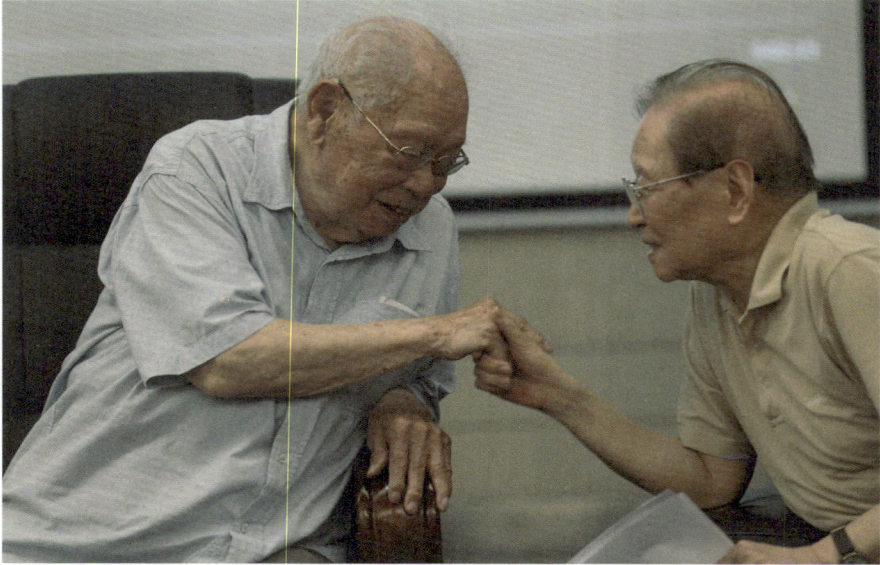

2018年6月24日，马识途先生（左）与王火先生（右）在成都
"《马识途文集》首发赠书仪式"上握手

2021年，马识途先生在书桌旁留影

2018 年，马识途先生在欣赏自己的书法作品

2019 年，创作中的马识途先生

2018 年 10 月 10 日，马识途先生在北京中国现代文学馆"马识途书法展"开幕式上接受迎接人员的手捧鲜花

2021 年，马识途先生在书桌旁留影

2011 年 5 月 4 日，马识途先生（右一）与周有光先生（左一）、本书作者慕津锋先生合影

2018 年，马识途先生与自己的书法作品

授 权 书

    本人同意中国现代文学馆征集编目部主任、研究馆员慕津锋同志在中国言实出版社出版的《马识途：跋涉百年依旧少年》一书，使用本人部分书法作品、个人照片以及已发表的个别文章。

授权人： 马识途
2023年6月28日

为天下立言乃真名士

能耐大寂寞是好作家

马识途

二〇一一年十一月廿二

2011 年 11 月 22 日，马识途先生为本书作者慕津锋先生题词：为天下立言乃真名士，能耐大寂寞是好作家

世界罕见是巨匠

文 / 王火

　　因为疫情，我和小慕多年未见。前不久，他发来微信说他为马老写了一本书，书中讲述了马老精彩的人生故事，他很希望我能为他的这本新书写一篇序言。我听了很高兴，我和小慕相识20多年，早已是忘年之交。小慕与马老相识也有很多年，他对马老很了解，马老走过的这一百多年十分精彩，我想该书一定能讲述很多有趣的故事。

　　马老今年已是109岁高龄，我和他相识已有四十多年。马老比我年长九岁。1983年，我们初次相见时，我便为他的文采及博学明智所折服。认识后，我慢慢了解到他1935年"一二·九"运动时即参加了学生运动。1938年在武汉任汉口职工区委委员做工运工作时，曾发展一位名叫祝华的同志入党。而祝华是我参加革命的引路人之一。我1946年在重庆认识了已在中共南方局工作的祝华，与他同到沪宁一带活动。知道这以后，我和马老在思想感情上接近了许多。我们相交虽并不频繁，平常也是"君子之交淡如水"，但逢年过节，我们总是要打个电话，发张贺卡，偶尔也会互送点礼物。但是从一开初的相交，我们就有"一见如故"的亲切之感，能同声相应同气相求。他对我也是关心有加。还记得我们最近一次见面，是去年我的生日。这几年因为疫情，加之我身体一直不是太好，我和马老已有一年半未见。按照我家乡江苏当地的习俗，去年7月，我将迎来自己的百岁寿辰。从6月开始，马老便一直惦记着要给我过生日。他很想亲自来家中祝贺，但我家住在没有电梯的二楼，逐级爬楼对马老来说已是一件十分困难的事。经过孩子们的沟通，马老决定邀请我到他家中来一起为我祝寿。为了这次见面，我女儿王凌还特意为我们两人准备了统一的红色短袖衬衣。6月22日下午，在女儿的陪伴下，我来到马老位于成都西郊的家中。一进门，我们两位许久未见的老友紧紧相拥。根据我和马老的意愿，这次生日聚会只准备了一壶茶、一盘西瓜、一个蛋糕，我们笑称："这是我们的下午茶时光。"为了给我祝寿，马老特意书写了一幅"寿"字，还赋诗一首：恭祝至交百寿翁，根深叶茂不老松。百尺竿头进一步，攀登艺苑更高峰。此外，他还为我写了一副对联以示庆贺：君子之交何妨淡似水，文缘之谊早已重如山。马老精心准备的这些礼物让我十分感动。我们很长一段时间未见，一见面，感觉有许多话要说，任毕竟都是百岁老人，我们的听力早已大不如前，为了更好地交流，我们拿着一块小白板和一支笔，把自己想说的话都写上去。一个刚写完，另一个便拿过去看，而后另一个写，一个再拿过来读。就这样。在我们一笔一画的交谈中，时间静静走过。在吃生日蛋糕前，当我戴上生日帽时，马老也站起身来用力地握着我的手，我们一起开心地为大家共同切分蛋糕。回想起这次见面场景，我很是感慨。虽然我们很久没见，但我们的友情却一直很深。我马上要步入百岁了，马老也已经109岁，我相信我们的友情还会继续延续。最近听说马老从病中康复，身体还很健康，我很高兴，我也要保重身体，希望我们能相互陪伴多过几个生日。

马老是新中国作家中一个颇具代表性的人物，他不仅是一位名副其实的从不停笔的著名作家，同时还是一位经历过生死搏斗，在大时代的激流中锻炼出来的文学笔耕者。他曾在三个广阔的平台上施展身手与抱负，体现了人生价值，做出了可贵的成绩：一是他在地下隐蔽活动时，刀光剑影、九死一生；二是新中国成立后他在行政领导工作岗位上呕心沥血、拓路披荆；三是他在作家平台上辛勤耕耘、硕果累累。马老的人生十分精彩，他为党为国家为民族牺牲了很多，他的故事应该让更多的人知道。

作为一名作家，马老许多年来一直笔耕不辍，他在小说、纪实文学、杂文、散文、随笔、游记、诗词等文学创作各个领域发奋著作，取得了突出成绩。马老人届高龄，完全可以弃笔休养，但他却还在奋笔写下去。在他104岁时，我曾亲自查阅相关资料，发现能在这么大年纪还在保持旺盛创作力的作家，马老是世界之最。这两年，马老还在马不停蹄地出版着新著，一本是他的第一本学术专著——15万多字的《马识途西南联大甲骨文笔记》，另一本是24万字的回忆散文集《那样的时代，那样的人》。不得了啊！108岁的老人，还在写这样的大部头，出新书，这应该是前无古人，我看后面也很难有人超越的"壮举"。我认为，马老之所以这样努力，完全是他出于对文学的一腔眷爱，对祖国和人民的两肩责任。也正因如此，他和他的作品受到了读者的重视与喜爱，得到了文坛的敬重。马老的这种精神，值得后来人学习与传承。

（作者系我国当代著名作家，四川文艺出版社原书记、总编辑，第四届茅盾文学奖获得者。）

目 录

引　言

2021 年 7 月 1 日上午，成都西郊，一位已经 107 岁的老人正端坐在自家的电视机旁观看着在天安门广场隆重举行的"庆祝中国共产党成立 100 周年大会"。长达 2 小时的活动，老人一直坚持看完。活动结束后，老人激动地拿起笔在纸上写下这样一段话：

"我是马识途，我今年已经进入 107 岁，我是 1938 年入的党，我在入党誓词所许诺的义务和责任已经实现了，我无愧亦无悔。"

这段话，感动了很多人。在那一刻，这位老人也许想到了自己 83 年前举起右手宣誓入党的场景。

寻找光明之路

　　1938年2月，23岁的马识途风尘仆仆地从湖北应城汤池赶到了中共湖北省委在武汉的驻地，当时他叫马千木。在这里，他见到了自己曾在七里坪遇到过的湖北省委组织部长钱瑛。一见面，马千木就将中共湖北工委副书记、汤池训练班负责人陶铸写的一封介绍信交给钱瑛，"钱部长，这是陶铸同志的信。"钱瑛看过介绍信后，对站在自己面前的年轻人说："哦，你就是马千木，坐吧。你以后不要叫我什么钱部长，大家都叫我钱大姐，你也叫我钱大姐吧。我以后就叫你老马，可以吗？"

　　第二天一早，钱瑛便对马千木谈到他的入党问题。在她去七里坪视察时，党训班负责人方毅就曾向她汇报了马识途的入党情况，因为这批学员要急着赶往汤池继续学习，当时党组织便决定马识途与他的女朋友刘蕙馨到达汤池后，由陶铸主持他们的入党仪式。但由于武汉急需革命力量，马识途的入党问题只有到武汉后，由湖北省委组织部的同志负责了。

　　钱瑛告诉马千木，在举行入党仪式前，他必须先要填写一张入党申请表。当马千木拿着钱瑛部长递来的油印申请表时，心情十分兴奋。他很快按照要求将表格填写完毕，并在姓名一栏，郑重地将原本应写的马千木改为了马识途。当钱瑛审读申请表时，有些不解地问："你不是叫马千木吗？怎么签的是马识途？"

　　23岁的马千木表情肃穆，他告诉钱瑛自己这么做的原因：从今天起，我改名了。我认为我已经找到了自己的道路，老马识途。"听后，钱瑛部长笑着回应道："原来是这样。"随即，钱瑛在介绍人一栏写上了自己的名字。签完名，她告诉马识途，因为1937年底在南京中央大学求学期间他就参加了党的外围组织——南京学联，经过一年多的考察，没有任何问题，所以免去候补期的考察。入党仪式举行后，他便是中国共产党正式党员。

在钱瑛主持下，一场简单而庄严的入党仪式正式开始。马识途面对一张印在书中的中国共产党党旗和一张马克思著作上的马克思本人照片，手中紧紧拿着中国共产党入党誓词，他高高地举起握紧的右手，紧盯着不远处的党旗和马克思像，跟着领誓人钱瑛部长一字一句认真地宣读誓词。

入党誓词，是一名中国共产党党员对党和人民作出的庄严承诺。一诺千金，在任何情况下，都不得忘记，不能背叛自己入党的初心与使命。这誓言伴随了马识途漫长的人生道路，无论在什么时候，什么情况下，他从未放弃自己那时许下的誓言。

宣读完毕，钱瑛紧紧握住马识途的手，"老马，祝贺你成为我们的同志。"听到钱瑛这么说，马识途的眼泪一下子就流了出来，他知道"我的理想的日子到来了"。

从中学开始接触革命思想，到1938年3月加入中国共产党，马识途走了十年。这一路走来，他经历了太多。

京华风云

　　1928 年，13 岁的马识途进入重庆忠县东区初中读书。东区初中是他的父亲马玉之在担任忠县县议会议长后创办的。这是一所新式学校，校长陈孟仁从南京东南大学教育系毕业。陈孟仁从武汉黄埔军校请来几位年轻的老师给学生授课，其中有两位老师给少年马识途留下了深刻印象，他们一位姓刘，一位姓吴。他们会给孩子们讲孙中山先生的新三民主义和"联俄、联共、扶助农工"三大政策，讲中国穷苦人民深受的压迫，讲中国有出路必须要打倒军阀。这些讲话与马识途小时在私塾读的《三字经》《百家姓》《千家诗》《古文观止》完全不同。老师们教授的话语让马识途觉得自己应该树立起崇高的愿望，自己应该变得正直，应该为那些劳苦大众去服务。中学毕业后，马识途在自己的日记本上写下了屈原那句著名的诗句"路漫漫其修远兮，吾将上下而求索"。他渴望为自己的未来寻找出一条充满着光明的道路。

　　1931 年 7 月，马识途到川东首府万县参加毕业会考，之后顺利通过。他的父亲马玉之对孩子教育极严，他家有条家训："本家子弟十六岁必须出峡。"为了追求自己的光明未来，马识途坐英国轮船到汉口，从汉口坐火车前往北平报考高中。出夔门时，看到长江两岸跌宕起伏的山峦和飘浮的白云，祖国壮丽的山河尽在眼底，意气风发的马识途诗兴大发，作了一首至今他仍记得的七律诗《出峡》。

出　峡

辞亲负笈出夔关，三峡长风涌巨澜。

此去燕京磨利剑，国仇不报誓不还。

1931 年 7 月底，马识途到达北平，他考入北平大学附属高中。8 月 31 日，马识途到北平大学附中报到。

入校后半个多月，1931 年 9 月 18 日夜，"九一八"事变爆发。这一消息传到学校时，年仅 16 岁的马识途与十几位东北籍同学在学校操场上抱头痛哭。有的同学说，看来中国要亡了，我们都会成为亡国奴；但有的同学却大声疾呼：抗日救国！抗日救国！马识途被这些勇敢的同学感染了，也跟着他们大声高呼。

也就是从这时起，在年轻的马识途心中开始种下革命的种子。因为他明白：日本侵略者是中国面前最大的敌人，中华民族要想有出路，要想不亡国、不灭种，就必须拼死抵抗日本的侵略。

"九一八"事变后，看着祖国的大好河山，因为国民政府无耻的"不抵抗政策"而被日本侵略者不费吹灰之力占领，马识途与北平各大中学的学生一样极度悲愤。学生们纷纷表示要召开大会并上街游行示威，向政府表达抗议。可当学生大会刚开始，北平的警察和特务便冲进会场，不问青红皂白，拿起警棍就殴打学生。这是马识途第一次看到警察和特务的暴行，他心中十分愤慨。他在想：中国人为什么不去打日本人，却这么狠毒地打中国人，而且被打的大多是手无寸铁的学生？

因为警察和特务的捣乱，学生大会无法召开，马识途只得回到学校。

回到学校后，他听说有同学被捕，其中还包括自己的同班同学尚之二。不过没多久，包括尚之二在内的被捕的北平学生就被东北军司令张学良将军释放了。据尚之二介绍，在释放前，张学良向学生们透露了自己不抵抗的内情，原来是南京蒋介石国民政府要求他这样做的。这下，北平的学生们坐不住了，他们纷纷要求前往南京向国民政府请愿，马识途也积极前去参加报名。等报上名后，马识途来到北平大学法学院找到自己的舅舅，并将请愿的事告诉了他。但舅舅坚决反对："你一个十几岁的娃娃，懂得什么？不能去冒险。现在正是你读书的时候，不要去过问政治，政治是很复杂的。"马识途据理力争道："国家都快灭亡了，读书有什么用？谁都这么想，那国家谁来救？"舅舅试图说服他："读书是自己的事，救国是大家的事，你一个人不去，不少；去你一个人，不多。去南京请愿凶多吉少，你何必去冒险？"但年轻的马识途却坚持要去，他说："已经报名了，不去同学会说我的。"见劝说无效，马识途的舅舅只能说："其实这次南下也不一定走得成，南京已经下令，北平东站南下的班车都停开了。所以这两天大学生一直在东站卧轨抗议，我也去卧过轨的。你要尝那个味道，就跟我去试一试吧。"

马识途不想因此事与舅舅闹僵，便接受了这个建议，跟着舅舅到北平东站去卧轨抗议。那时已是冬天，北平的天气很冷，马识途和舅舅在东站铁轨上坐了几个钟头抗议，凛冽的寒风让北平仿如一座大冰窖，马识途冷得直打哆嗦，但他一直努力坚持着。

后来，马识途并没有能够如愿随团南下请愿。他感觉自己很懦弱，惭愧的他直到南下请愿团走了好几天，才回到学校。他情绪很低落，每天都无精打采地躺在床上。后来他听说南下请愿团未抵达南京便被瓦解，很多学生被殴打并押解回北平。

爱国的火焰一直在心里燃烧，马识途以另一种方式积极参加抗战。那时，东北出现了以马占山将军为代表的义勇军，他们在白山黑水之间与日本侵略者进行着殊死搏斗。马识途周围的同学知道后非常兴奋。有的学生说要离开学校，回到东北加入马占山将军的抗日军队；有的学生则利用星期天和课余时间，上街向民众募捐。马识途也踊跃投身到东北义勇军后援团的工作中。他和另外两个同学一组，专门到六国饭店一带去拦达官显贵们的小汽车募捐。他们非常努力，募捐到不少善款。收到善款后，马识途他们都会将钱款如数交到东北义勇军北平后援会。

当日军打到山海关时，东北军何柱国将军率军英勇抵抗。听到此消息，马识途更是积极参加北平学生组织的慰问团前往山海关前线慰问。车到北戴河时，何柱国将军派人将学生拦下，告知前线正在打仗，十分危险，劝学生回去。但学生们坚持要到前线慰问抗战官兵。双方相持不下，最后何柱国将军只得亲自出面与学生商谈，他说："奉少帅之命，好好接待你们，但是不准到前线，以免出危险，用原车送你们回北平。"

在北平求学期间，马识途逐渐坚定了"只有振兴工业，坚甲利兵，才能救国"的理想信念。他在学校努力学习，还阅读了许多进步的文学作品。

1932年11月27日早晨，一位同学悄悄地告诉马识途，要他跟自己一起去和平门外的北平师范大学听一场重要的演讲。马识途问是谁的演讲，这位同学故作神秘，只跟他说去了就知道。在同学的带领下，马识途来到北平师大。等他们走到大操场的时候，这里早已是人山人海，他们根本挤不进去，只能远远地站在外围。这时同学告诉他，他们要听的是鲁迅先生的演讲。马识途听了十分兴奋，他在初中时就读过鲁迅先生的《狂人日记》，那时他就很崇拜中国这位最有骨气与脊梁的作家。本来演讲最初是准备在风雨操场的大礼堂举行的，但演讲还没开始，窗户、讲台上就挤满了学生，实在没办法，只得将会场改为大操场。那天先生穿着一件灰色长袍，短发直立，留着胡子的脸苍白瘦削。他站在临时抬到操场的桌子上大声为学生演讲：

同学们，我是上个星期到北平的，回来探望生病的老母亲。我看报上说"鲁迅又要卷土重来了"，大概是某些人怕我抢了他们的饭碗，昨天我跟记者说"我马上就要卷土重去"。这些天，我在北京大学、辅仁大学，还有女子文理学院等处做过演说。今天来师大，尤其是我不平静，都是新面孔啊。这使我想起了那些老相识，记起了刘和珍和杨德群他们，我忽然知道，他们已经死去好多年了。他们死的时候，正与你们同样大小，可是我觉得，他们似乎并没有走远，甚至就站在你们当中。"三一八"事件发生之后，我写了《记念刘和珍君》，后来又写了《为了忘却的记念》。希望不要再看到年轻人的血，可结果怎样呢？所砍头渐多，遍野尸横尘。

……学生，是知识阶级的预备军，并终将成为他的生力军和主力军，对不对？这样刚才那个问题就很清楚了，你们是知识阶级。而知识阶级该是怎样的呢？在我看来，他们永远是精神界的战士，他们永远不满足现状，永远不顾利害，因而永远都处于痛苦，并随时做出牺牲。但同时，他又是独立而清醒的，从不人云亦云，见风使舵，或随波逐流。也不会一窝蜂地充当看客，或虚张声势地跳到台上去做戏。因此他们又是孤独的，富于洞察力的，他会从天上看见深渊，真的知识分子因此而获得自己独立的价值，社会的不断进步，正需要这样的永远不满足于现状，永远不合时宜的真的知识阶级……

因为距离远，而且鲁迅先生讲话有口音，马识途根本听不清鲁迅先生讲了什么，但这次见面让他印象极深，直到晚年他依旧记得那天的鲁迅先生是"一个个儿不高、比较瘦的半大老头子"，他登上摆在操场上的桌子，当时没有主持人介绍他，他自己上去便开始讲，讲完就迅速地走了。这次见面，在马识途的人生旅途中树立了一块丰碑。

上海运动

  1933 年 5 月，日军加大侵华步伐，华北形势日益危急，偌大的华北已经放不下一张课桌。为了寻求光明继续学业，马识途与同学商量后决定买票前往上海求学。因难民太多，北平火车站当时已无票可买。马识途和同学只得带着行李艰难地爬到火车顶上，坐在上面前往上海。因为战争的原因，火车一路停停走走。这中间，还发生了一个小插曲，马识途差点因此丢了性命。一天，正坐在火车顶上的马识途一不小心将插在外衣领口上的自己心爱的派克钢笔撞掉了，这是他当时唯一带出来的贵重物品。这是他初到北平城时，节省下三个月的伙食费买下的一支美国造派克钢笔，笔尖点了铂银。因为坐在车顶，马识途试了几次去抓，可都没有成功，还差一点掉落火车。如果不是同行的同学拼命拉住他，他肯定会为这支钢笔跌落火车，后果不堪设想。一路颠簸，马识途终于抵达上海。很快，他进入上海浦东中学继续自己的学业。

  在浦东中学上学期间，马识途开始大量阅读鲁迅、茅盾、巴金等作家作品，以及俄国作家作品和苏联革命文学作品。上海是当时中国最大的新文化中心，这里不仅有众多的作家、编辑，还有众多的报刊、出版社，新思想、革命思想在这里被广泛传播。马识途在上海一方面努力钻研工科知识；另一方面，他在阅读进步刊物《生活》《新生》《世界知识》等杂志时，也吸收众多的进步思想，这让他越来越意识到：国家兴亡、匹夫有责，作为中国青年要奋起救国，积极参加爱国救亡运动，而不应"一心只读圣贤书，两耳不闻窗外事"。那时的他非常喜欢看《生活》（三日刊），还有《申报·自由谈》，因为《申报》常刊登鲁迅先生的文章。后来由于国民党当局常常禁止刊登鲁迅先生的文章，马识途只得和一些志同道合的进步同学在报刊上找可能出自鲁迅手笔的文章来读，这在当时成为一种时尚。渐渐地，鲁迅先生成为马识途的精神导师，进步文学的熏陶也为他以后的文学创作打下了坚实的精神基础。这一时期，马识途开始写一些文学作品，创作完成后，他也会悄悄地拿出去投稿，但大多没有回音，直到1935年1月，他的辛勤耕耘终于有了小小的回报。

1935年1月，叶圣陶编辑的《中学生》杂志刊登了马识途的作品《万县》。在该文中，马识途描述了自己参加中考时曾去过的长江边小县城万县的衰败与繁华，还有让他记忆深刻的"奖券""税关""大烟馆""大兵、流氓和乞丐"。这可是马识途人生的处女作。对于自己第一次发表文章，马识途曾有详细记述：

> ……要说是把自己的文章转化为铅字在报纸刊物上发表出来的算第一个作品的话，那就要推回去到一九三四年我在《中学生》杂志上发表的一篇应征入选的散文，或者叫作报告文学，这篇作品的题目我记不准确了，大概是叫《万州一瞥》之类，我用的笔名叫马质夫。《中学生》是叶圣陶先生创办的，由上海开明书店出版发行，是一个在中学生中很有影响的杂志。我当时在上海读浦东中学，是《中学生》的长期订户，从阅读中我获益不浅。有一期《中学生》上刊登了征文启事，要中学生按征文要求作文应征。我当时在班上的语文成绩是比较好的，作文常常受到老师的称赞，但从来没有想给报刊投稿。这一次我不知道从哪儿来的勇气，竟然一挥而就写了一篇报告地方风光的文章，并且写上一个化名，毫不犹豫地用平信投进邮筒。可是一投进去，便失悔了，自己责备自己太冒失，把自己的名字和文章转化为铅字在杂志上印出来，简直是不可思议的事。过不多久，我突然收到一封《中

学生》杂志社寄来的挂号信。我庆幸没有被别的同学发现，偷偷地拿到校园小亭中去拆阅。我料定是把我投的稿子退回来了，不然怎么会挂号呢？我把信纸从信封里抽出来，并不见我的稿子，却有一封铅印的信，并带出来张汇款条子掉在地上。我没有来得及看信，赶忙把汇款条子捡起来看，我傻了眼，六元钱的汇款单。我从来没有想到这种征文还能得稿费，而且这样多，快够我一个月的伙食钱了。我看了铅印信，知道我的文章入选了。我欣喜欲狂，却不敢在小亭上大笑。我赶忙把信收捡起来，连好朋友也不让知道，找一个机会偷偷溜到附近邮局去取了汇款。我耐心地等待着《中学生》的样刊，准备偷偷地欣赏自己的作品，并且下决心到小馆去自我慰劳一回。

文章一发表，同学们都称马识途为"未来作家"。语文老师章铁民，非常高兴自己的学生能在著名的《中学生》杂志上发表文章。有一次，他问马识途："你将来想学什么？"马识途毫不犹豫地说："我要做一个工程师，用工业救国。"章铁民又问："其实我看你是可以写的，当一个作家不一样可以救国吗？"马识途拒绝了老师的这个建议，他的理由是：除了"坚甲利兵"，还有什么能抵抗日本的侵略，消除日本帝国主义者灭亡中国的野心呢？

在学校学习期间，马识途非常喜欢运动。马识途在 20 世纪 30 年代留下了唯一一张照片（请见彩插 P6）。照片中的他，高大强壮，英姿勃发，梳着当时十分流行的中分头，他和同伴一起赤裸着上胸，胳膊搭在胸前，微笑着注视前方。那时的马识途是那样的年轻。

1935 年 12 月 9 日，北平学生为抗议日本对中国华北的侵略，举行了"一二·九"学生游行。但这场爱国学生运动却遭到北平国民政府的残酷镇压。消息传到上海后，马识途怒火中烧，他立刻加入浦东中学示威游行的队伍中。当他们步行到黄浦江南码头东岸，准备坐船进城参加上海学生大游行时，一伙流氓暴徒突然出现并借端滋事。这时，警察又"适时"出来维持秩序，进行弹压。他们变相把学生押回了学校。没过几天，马识途又与一些思想进步的学生相约一起参加"到南京请愿"活动。这次，他们以"打游击"的方式，分批前往上海火车站。当学生陆续登上前往南京的火车时，大家高唱着《义勇军进行曲》：

> 起来，不愿做奴隶的人们，把我们的血肉，筑成我们新的长城……

1936年春，为了准备高考，马识途和一些同学前往扬州中学举办的大学进修班学习。扬州中学很有名，能在这里上学的学生几乎百分之百能考上大学。马识途来到这里后，认真上学，精心准备着自己的高考。谁知道他在这里却等来了一场牢狱之灾。

扬州中学学习氛围很浓，但政治气氛却十分淡薄，这让从上海来的学生们很不适应。他们为了宣传抗日，在学校办起了抗日壁报，这让学校十分恼火。校方禁止他们在学校宣传抗日，马识途等人愤怒地质问："现在国难当头，日本侵略者咄咄逼人，我们为什么不能宣传抗日？"校方对此没有任何正当的理由，为了赶走这批不听话的学生，校方便安排一批本地学生故意与马识途等人制造摩擦，终于在一次冲突中，扬州本地学生和马识途等人扭打在一起。对方知道马识途是带头人，便集中围住他打，其中有人从停在门口的黄包车上取下打气筒，对着马识途的脑门心就砸了下来，马识途机智地把头一偏，打气筒在马识途头上打了一个口子，马识途瞬间血流满面。马识途感到头发昏，倒在了地上。不久，马识途便被学校强制送到县政府管制，很快又被县政府关进监狱里。在被县政府抓走前，马识途托朋友赶紧给在江苏丹阳县国民党部队任职的三哥马士弘发了电报，让他速来救自己。在狱中，马识途受到狱中犯人的殴打与盘剥，他被狱中犯人强迫睡在马桶旁，这个位置臭气熏天，白天还要负责倒马桶。正在自己一筹莫展时，在国民党军队任职的三哥马士弘亲自到狱中将他救出，并迅速安排他离开扬州回到上海。

1936年夏，上海学生鉴于国家危机日益加深，便想再次前往南京请愿。这次马识途自愿做了请愿队伍的纠察队员。他在火车头上用粉笔写了一条大大的标语："打倒卖国贼蒋介石！"大家都说这条标语写得好。这时一个穿着工装的大学生把马识途悄悄地拉到一旁，问他："你认为这条标语写得很好吗？"马识途说："当然好。"这个人却说："我看不见得。"马识途很吃惊地看着这个人，他很怀疑这个人的身份。此人似乎看出了马识途的疑惑，他主动说："你不要怀疑，我不是特务，我是这次请愿的领队之一。我看你很积极，是坚定的抗日分子，但是你知道现在该怎么抗日吗？"马识途回答："无非是动员大家起来，走上抗日前线呗。"那个领队又问："你看我们少数的进步分子能抗日吗？"马识途看出此人并无恶意，便将自己在进步报纸上看到的话讲了一下："那当然不行，全中国的人民在坚决抗日的共产党领导下，就可以抗日了。"这位领队听马识途这样说，便很认真地跟他讲：

就靠共产党和少数进步分子，就能打倒日本侵略者吗？现在的政府和军队都在蒋介石的手里，整个国家和人民在国民党的统治之下，他们要不起来抗日，靠少数人能把抗日发动起来吗？即便发动起来了，能坚持到底吗？……我们这次到南京也就是要逼蒋介石抗日。所以现在的形势是从反蒋抗日变成逼蒋抗日，再达到建立抗日民族统一战线联蒋抗日的目的。抗日民族统一战线，你知道吗？所以我们现在到南京去，不是去打倒卖国贼蒋介石，而是去要求蒋介石联合共产党和全国一切爱国力量，组成抗日民

族统一战线，发动抗日斗争。只要蒋介石答应抗日，我们就拥护
他，叫他一声蒋委员长也未必不可。

听到这儿，马识途茅塞顿开，他知道这些话其实都是共产党的主张，
他心悦诚服地表示赞成。很快，马识途便把原来的那条标语抹掉，重新写
上了新的标语。这是马识途第一次知道抗日民族统一战线，也为他后来从
事统一战线工作打下了早期基础。

南京逐梦

　　1936 年 7 月，通过努力学习，马识途考入了南京中央大学工学院化学系。8 月，怀揣着"工业救国"的梦想，马识途前往南京中央大学报到。他希望自己能成为一个国家需要的栋梁之材，一个可以救国的有用的工程师。在这里，他不仅开始了自己新的人生旅程，还遇见了自己的革命伴侣刘蕙馨。与刘蕙馨的相识，对马识途产生了很大影响。9 月开学后不久，马识途便在绘图室与师姐刘蕙馨相遇。

　　那是 9 月的一个周末，马识途带着绘图工具到学校绘图室去练习画图。一推开门，他就看到有两位女同学站在屋中，这让他感到很奇怪。因为当时工学院学习难度大，将来的工作也会很辛苦，而且女生学这个方向的专业并不好找工作，所以很少有女同学报考工学院。马识途入学后也曾听说有两个女生就是不信邪，硬是考入了中央大学机械系。此时，马识途心想："难道我今天遇到的就是这两个女同学吗？"绘图之余，他不自觉地对她们多看几眼。绘图间隙，马识途上了一趟卫生间。等他回来，他看到那两个女生正站在他的画板前，认真地看着他刚绘的图纸。其中，稍微个矮的女同学正笑着在他的作业上指指点点。看到马识途进来，她们笑着回到了自己的画板前。21 岁的马识途心想："既然你们看了我的作业，那我也要看看你们的作业。"于是，他大胆地走到她们的画板前。这一看，吓了他一跳，她们图纸上的机器图密密麻麻，比自己画的机械零件图要复杂得多。一交谈，马识途得知她们是大二学生，真的是学机械的那两位女生。想到她们在自己的画板前发笑，马识途想肯定是自己绘图有什么问题。于是，他大大方方地对她们说："两位是绘图高手，指点一下吧，行吗？"那个爱笑的女孩大方地说："好吧，过去看看。"就这样，马识途和刘蕙馨认识了。可由于马识途有些拘谨，他那天并没有询问这位女生的名字。

第二个星期，马识途又去了绘图室。他一进门，看到那两位女学生早已在那里开始绘图了。过了一会儿，马识途就去向她们请教问题，那位爱笑的女同学很干脆地答应了。她放下手中的画笔，走过去替马识途审看图纸，边看边指出他的不足。这次，马识途鼓起勇气大胆地问了她的名字，女生说她叫刘蕙馨，然后笑着问："你只问我的名字，为什么你不告诉我你叫什么名字呢？"马识途马上告诉了她。刘蕙馨很开朗，喜欢眯着眼睛笑，红扑扑的脸上有一对很可爱的酒窝。马识途当时有些看呆了，刘蕙馨似乎有所察觉，但她却并不在意，依旧细心地给他指点绘图。

就这样，几乎每个星期天下午，他们都会相约着到绘图室绘图。渐渐地，刘蕙馨成了马识途绘工程图的私人辅导老师。

进入中央大学后不久，心向革命的马识途很快就在南京结识了一批进步学生惠永昌、孙洵、李庚等人。在他们的介绍下，马识途秘密参加了南京学联小组，这是中国共产党的外围组织。在这里，马识途开始系统接受共产主义思想，他拼命阅读进步刊物。其中，油印材料中摘录的《西行漫记》对马识途影响最大。这本小书介绍了陕北红军的情况，从那时起，马识途知道陕北是中国共产党的抗日中心，那里有不少铁骨铮铮的英雄人物，正在脚踏实地地干着抗日救国的事业。

在学联小组中，马识途与同学一起讨论青年的前途，不断成长进步。

一次，他去参加学生自治会竞选集会时看到刘蕙馨也站在会场。不久，当他们在校园里散步时，刘蕙馨突然转头，严肃地问马识途："你愿意参加一个革命组织吗？"马识途听后大为惊异，问："什么革命组织？"刘蕙馨说："你先说你愿不愿意参加学生的秘密组织，我再告诉你。"当时马识途就明白刘蕙馨口中所说的学生秘密革命组织，一定是自己早已参加的秘密学联。他率真地回答道："你说的是南京秘密学联小组吧？"刘蕙馨又吃惊又兴奋地问："你怎么知道的？"马识途说："我已经参加了。"刘蕙馨欢喜地笑起来："原来是这样，我们本来就是志同道合的。"

在同学、朋友的关系上，他们又因共同的理想开始建立起同志般的情谊。随着交往日益加深，两位年轻人的心渐渐地走到了一起。他们积极参加南京各大中学的进步活动。在运动中，他们也渐渐看清国民党南京政府的腐败无能，也越来越明白他们心中的"工业救国"梦想在当时的中国根本不可能实现。

1936年10月，正在中央大学读书的马识途听到鲁迅先生去世的消息，悲痛万分，赶忙向学校请假，前往上海吊唁自己心中的精神导师。在年轻的马识途心中，鲁迅先生是一位伟大的中国人，在他心中早已成为一块丰碑。他认为"鲁迅是中国的脊梁骨"。抵达上海后，他立刻赶往上海万国殡仪馆。当走到门口，他看见大门高高悬挂着"鲁迅精神不死，中华民族永生"的巨大挽联时，他深深地被震撼了。马识途站在那里拍了一张照片。走进礼堂，他远远地看见鲁迅先生静静地躺在棺椁中。由于不让走得太近，他只得在远处默默地向鲁迅先生鞠躬告别，并拍了一张鲁迅相。随后，他特意参加了送葬队伍，一直走到沪西的万国公墓完成送葬，他才回到南京。

1937年4月，中央大学组织了两个月的军训，在军训中马识途深刻体会到在所谓的文明20世纪，中国却依旧存在着黑暗中世纪的"集中营"。在军训中，他真切地感受到国民党反动政府那一套法西斯理论，当局试图通过这种枯燥的训练、干瘪理论的灌输，让这些年轻人身体疲惫、精神麻木，成为他们可以随意驱使的工具，这样他们就可以在中国建立起一个法西斯政权。当局越是这样，马识途和其他进步年轻学生越对国民党产生反感与仇恨，他们以自己的方式展开机智的斗争。军训营里的教官们一开始说，只要讲话中提到"蒋委员长"，大家就要立刻站起站好。为了惩治这些教官，学生们渐渐想到了应对之策，他们常在日常活动中频繁提及"蒋委员长"，这样学生们总是要立刻起立，教官们也必须立刻立正，搞得会场总是乱糟糟一团。最后，军训营只得更改自己曾立下的规矩：凡是教官（包括学员）讲话，上课时，第一次说到"蒋委员长"时，应该起立，以后说到，就不用起立了。枯燥、无聊的军训让马识途心生厌烦，他只希望这种生活早点结束。其间，马识途为反抗国民党法西斯军训，悄悄创作了《军训集中营记》。这是马识途在20世纪80年代出版的长篇小说《夜谭十记》中的章节《军训记》的最早雏形。只是没想到这个题材的创作，从开始到最终完成走了将近46年。

两个月军训即将结束时，突然一天教官将马识途叫去，跟他说他将被选为"优秀学员"，要在暑假被送往庐山夏令营进一步受训，最后很可能荣幸地加入蒋介石的近卫军"蓝衣社"中。这让早已秘密加入学联的马识途十分反感，他说自己只是一个读书人，只想学好知识谋求生活，报效祖国，不想当什么优秀分子，自己对政治没什么兴趣，也不想参加什么组织。这让教官十分恼火，他威胁道："你这样子，恐怕对你没什么好处！"果然军训结束后，马识途的结业证书上没有分数，这让马识途十分愤怒。

"七七"事变爆发后，马识途与刘蕙馨在南京积极参加抗日救亡活动。1937年8月南京遭遇轰炸，远在四川的家人非常担心马识途的安全，发电报要他赶快回四川。可马识途却选择与同学张植华、刘蕙馨一起参加"中央大学农村服务团"，前往南京郊区晓庄，向当地民众宣传抗日，该团负责人周金铭是中共党员。最初，他们在向当地农民、采石场工人宣传抗日时，因没有实地调查，他们的宣讲只是照本宣科，颇为教条，丝毫没有引起当地人的兴趣。刘蕙馨很快意识到问题所在，在她的细心调研下，她提出建议：服务团应该改变只讲大道理的方式，要为工农解决实际问题，要走进当地民众。服务团采纳了刘蕙馨的建议，要求大家第二天一起和工人锤石子，并带上红药水和纱布，为他们治伤。经过马识途、刘蕙馨等人的努力，服务团不久就在抗日宣传工作上取得了一些实际效果。通过实际工作，马识途认识到只有真正了解民众的需求，站在他们的角度上考虑问题，提出符合他们需要的政策，他们才会拥护你。正是在充分调研的基础上，马识途和他的团员们提出了"要多打石子可以，但是要涨工钱，不然就罢工"的主张，而后服务团还告诉工人要选出代表，去找石场把头交涉。最后，在服务团的帮助下，把头无奈地同意提高工人的工资。经过这次斗争，工人们也相信了服务团是真心地为他们服务，工人们渐渐团结在了一起。这次成功的经验也为马识途以后做地下工作打下了初步基础。虽然这时他们还欠缺具有指导性的革命思想，可马识途、刘蕙馨的革命热情和工作能力，得到了大家的一致认可，这也被党组织及时地了解到。在秘密深入了解了马识途、刘蕙馨的情况后，南京地下党组织经研究，准备发展他们为中国共产党党员。也就是在这一时期，因共同志向与信仰，马识途与刘蕙馨在晓庄相恋了。

经过三个月的艰苦工作，服务团不仅团结了民众，而且还让大家意识到他们与国家的共同敌人是日本帝国主义，如果日军敢进攻南京，大家就组织起来上山打游击。可这时，南京已危在旦夕。

在晓庄工作期间，服务团负责人周金铭对马识途的工作表现和思想进行了深入考察，并将其表现上报中共南京傅厚岗办事处。经办事处批准，党组织准备在南京傅厚岗与马识途见面，对他做入党谈话，履行入党手续并举行入党仪式。可当马识途与周金铭回到南京后，发现因为战争形势的急剧变化，南京已基本被日军包围，南京城中的人大半都已撤离，中共傅厚岗办事处人员也大多撤离，马识途的入党程序显然在这种情况下已无法进行，留守人员建议服务团成员赶紧撤离到武汉，不能盲目地上山打游击，否则只是做无谓的牺牲。回到晓庄后，马识途和周金铭赶紧组织服务团前往南京下关码头乘船去武汉。

江汉烽烟

抵达武汉后，服务团就地解散。在汉口，马识途与刘蕙馨利用闲暇时间阅读了大量进步书籍，这进一步坚定了他们的革命意志。为了总结实践经验，为了以后的工作更好地开展，马识途将服务团在南京晓庄所做的抗日宣传工作写成文章《到农村去的初步工作》，向《战时青年》杂志社投稿。1938年1月10日，《到农村去的初步工作》在《战时青年》创刊号上发表。该文章发表后，在武汉引起了一定的社会反响。

没过多久，马识途、刘蕙馨得知中央大学要求学生前往武汉办事处报到，办事处免费办理住宿，免费送学生前往重庆复课。而此时，马识途又收到父亲寄来的路费和规劝信，经与刘蕙馨协商，他们两人毅然选择留在武汉继续参加革命，继续抗日救国，努力为旧中国找出一条光明的道路。不久，经党组织介绍，马识途、刘蕙馨前往武汉安仁里12号拜访了中共在武汉的负责人董必武。董必武在了解了他们的情况后，提笔为他们写了一封致鄂豫皖苏区负责人方毅的推荐信。12月底，马识途与刘蕙馨从武汉出发，一路经黄冈、黄安前往红安七里坪。读了董必武的介绍信，方毅很快便安排他们参加了由党举办的党训班，接受游击战培训。在这里，马识途系统学习了"党的建设""游击战争""统一战线"和"群众工作"。在培训班里，他们结识了韦君宜，并聆听了叶剑英等人的授课。

1938年2月初，在培训班结业前，中共湖北省委组织部长钱瑛特地来到七里坪培训班了解学员情况，那时她对马识途有了初步的了解。不久，马识途、刘蕙馨从黄安七里坪党训班结业，又奉命带队前往孝感应城，参加陶铸创办的汤池训练班（农村合作训练班）。到达汤池见到陶铸后不久，陶铸便对马识途等人进行了一次入党谈话。马识途以为陶铸会像之前在党训班时的老师们一样，跟他们谈有关党的知识。可陶铸并不是这样，他像讲故事一样，很随和地跟马识途等人谈他在南京坐国民党监狱的情况，特务软硬兼施的阴谋诡计和使用各种酷刑的惨烈，而他们是如何坚持斗争的。他讲了一些革命先烈在走向刑场时，从容地与大家握手道别，勇敢地走向南京雨花台刑场英勇就义的事迹。陶铸告诉年轻的马识途，每个共产党员都应抱有临死之际泰然处之的态度，那些革命志士从容就义便展示了共产党员高风亮节的品格。他告诉马识途、刘蕙馨，因为他们在大学时已加入了党的外围组织，经过了学生斗争的考察，组织已经批准他们入党，并免去了考察的候补期。他问马识途："你们愿意加入中国共产党，愿意学习那些先烈，随时准备英勇就义吗？"马识途郑重地点头，表示愿意。

就在马识途满心期待入党时刻时，过了几天，陶铸突然告诉马识途，中共湖北省委组织部长钱瑛来信点名叫他赶赴武汉从事工人工作，到武汉后入党手续由钱瑛负责办理。接到命令后，马识途告别了恋人刘蕙馨，一路赶往武汉。

2月20日，马识途在武汉看到中国空军英勇地与日本空军激战，激动之余他写下了《武汉第一次空战》，而后该文被武汉《新华日报》发表。文章发表后第二天，钱瑛找到马识途，对其进行了严肃批评："你是属于党的秘密工作的部分了，因此在报上，特别是在党报上公开发表文章，对你是不适宜的。要发表也必须是化名。"其后，钱瑛还要求马识途不得与做公开工作的同志有任何来往。这次批评，让马识途对于党的秘密工作原则有了更进一步的了解，这让他在以后的地下工作中十分注意保密要求。

入党仪式结束后，激动的马识途立即拿起笔纸给自己远在外地的女友刘蕙馨写信报告这件事。马识途和刘蕙馨在分别前相约，一定要每个星期写一封信，特别是在举行了入党仪式后，一定要当天就给对方写一封信报喜。如果是刘蕙馨入党了，就写"最幸福的日子来到了"；如果是自己入党了，就写"理想的日子到来了"。

回首这条入党路，他们相互携手走了一年多，这段岁月真的并不那么容易。

入党后，钱瑛部长马上交给马识途第一项任务：在武汉的汽车司机工人中发展一名新党员，这个人要在政治上绝对可靠，驾驶技术要十分精良。因为他是要被调去为周恩来副主席开车。钱部长告诉马识途，最近国民党刚给周副主席配备了一部小车，组织要求必须要从我党中挑选一个可靠的司机。这是一个紧迫任务，组织要求马识途必须争取在一个月内完成。

年轻的马识途还是光荣地接受了这项任务。他认为上级党组织能把如此重要的任务交给他，这是对他的极大信任。但自己刚入党，对于党的工作知识并不清楚，对如何发展新党员更是没有太多办法，而此项任务又是这样紧迫。

钱瑛知道此任务对一名新党员来说确实有很大难度。她一边鼓励年轻的马识途要有信心，一边耐心地把自己过去在上海做工人工作的经验传授给他。她教马识途如何去做群众工作，如何去识别一个人品质的好坏，如何从交朋友入手和他谈抗日、谈理想，如何与他交心，关心他的生活、思想和学习，和他一块儿读进步书刊，谈心得体会。最后，钱瑛对马识途说："我马上把你的党员关系转到领导武汉工人工作的武汉职工区委书记王致中那里，他是一个上海老工人，坐过牢。他对于工人工作有丰富的经验，以后就由他和你联系。当然，你以后有空时，到我这里来找我这个大姐，我也非常欢迎。"

告别钱瑛，马识途很快与王致中接上关系。第一次碰头，他们就开始研究如何打进武汉市汽车司机工会。因为马识途必须首先在那里取得合法身份，才能在汽车司机中开展工作。几经周折，通过进步分子廖大姐的关系，钱瑛与武汉市汽车司机工会理事长谈妥，由他把马识途介绍到工会去当文书。

很快，马识途就和到工会来玩的汽车司机开始接触。他了解到，许多司机都是给国民党高级官员或大富商开车的，有的则是用汽车跑单帮赚钱的个体老板。这些人不是忙于吃吃喝喝，就是只关心自己的现实生活，对政治毫无兴趣。马识途感觉自己很难在这些司机里发现真正的思想进步的产业工人。

有一天，一个青年司机到工会来玩，马识途主动和他闲聊起来。这个年轻司机说他过去是为一个大商人开车的，自己才从上海到武汉来，现在正为一个大官开车。恰巧那天，一个工会副理事长来办公室，他当着这个年轻人的面吹嘘他在国民党党部如何如何，很是扬扬得意。这个青年一听就直言道："你少卖你那些梨膏糖吧。"年轻人的这句话，引起了马识途的注意。

过了几天，这个年轻人又来工会看报纸。他看了一下，很不满意地对马识途说："怎么这里就只有《中央日报》（国民党的机关报）《扫荡报》？听说新出的有《新华日报》，为什么不订来看看？"这句话更加引起马识途的关注。马识途主动对他说："那个'卖梨膏糖'的不让订，我也没有办法。不过你要看，我这里倒有几张，你可以拿去。"马识途把放在抽屉里的几张《新华日报》借给他看，他顺便还问了一下这个年轻人的姓名，他说他叫祝华。当年轻人要走时，马识途问："你住在哪里？你把你的住址写给我，我可以把我看过的《新华日报》送给你看。"年轻人把姓名、住址写了出来。看到他写的字，马识途感觉他应该文化不低。

过了两天，马识途亲自给祝华送去报纸，同时还带了几本上海出的《中国怎么降到半殖民地的》这一类小册子。进他家后，马识途注意到他竟然有一个书架，上面有一些新出的文学小说。马识途主动和他谈到自己也很喜欢文学，想借他书架上的小说回去看。祝华欣然同意，他说他也很喜欢文学。于是，两个人很自然地就谈起文学来。

从此以后，他们常有来往。有一回，马识途把祝华写的一篇文章送到一个进步刊物社发表。当马识途把杂志拿给他看时，祝华看到自己的手稿变成铅字印了出来，高兴得不得了，他反反复复地看。还有一次，当祝华听说《新华日报》一个叫张程的记者邀请马识途到珞珈山去参加一个文化人聚会时，马上提出：这路很远，我可以用小车送你过去。显然，祝华自己也很想去看看，马识途意识到后马上同意了。到了那里，祝华兴奋地和文化人一起参加对群众的宣传活动。当马识途把祝华介绍给众人，说他是一个汽车司机时，大家对他都很热情，祝华也非常高兴。在回来的路上，他一直和马识途说个没完。马识途看到祝华对与进步文人结交颇有兴趣，就介绍他和《新华日报》的张程认识。再后来，对祝华有了一定了解后，马识途便大胆地和他谈人生理想与追求，谈工人阶级的革命使命，谈无产阶级政党——中国共产党的历史任务，还进一步和他谈到中国的抗日民族解放和中国人民的真正解放，只有依靠中国共产党才有希望，共产党就是中国工人阶级自己的政党。

在与祝华的交往中，马识途对他的家庭和历史情况也做了充分的了解。他认为祝华是一个为人朴实、喜欢学习、追求进步的工人。作为一个有良好品质的工人，祝华的政治觉悟提高得比较快，他没有知识分子在入党时那种思前顾后的犹疑。通过对马识途的进一步了解，祝华主动地向马识途表露他想加入中国共产党的愿望。但按照上级组织的要求，马识途不能轻易向发展对象表露自己是党员，必须要经过上级严格考察，经上级组织同意祝华入党后，马识途才能表明自己的真实身份。马识途只能向祝华表示自己也正在找寻共产党的组织，两人分头找，谁先找到了就互相通气。

之前，当马识途向王致中报告祝华有关情况后，王致中也曾装着不经意地在工会和祝华碰过头、谈过话。因为都是上海来的工人，他们一见如故。在谈话中，老王对祝华有了实际了解。当马识途把祝华想入党的愿望向王致中报告后，王致中马上批准，并叫马识途为他办理入党手续。

不久，马识途在祝华家里，趁他嫂子出去买菜的时候，直接为他履行了入党宣誓。入党后，两人紧紧地握住了双手。

祝华入党后的第三天，马识途奉命通知他到长江局报到，并说明了他的工作是为党的副主席周恩来同志开车。马识途对祝华讲："这是一个极其光荣而严肃的任务，你一定要仔细小心。"祝华没想到自己刚入党，党组织就对他这个新党员如此信任。他十分兴奋，答应一定不辜负党的希望。从此以后，祝华一直跟在周恩来身边，转战南北，为保卫周恩来的人身安全，做出了重要贡献。

按时完成党交给他的第一个任务后，马识途自己也感到十分兴奋。因为这个任务是为周恩来副主席找一位可靠的贴身司机，其重要性不言而喻。

1938年4月初的一个清晨，还在汽车司机工会担任文书的马识途正在住处睡觉，忽然从梦中被吵醒。他迷迷糊糊睁开眼，看见一位穿着国民党将校呢制服，领口佩戴着一颗金星，身材高大英武的军人站在自己面前。当时马识途心里紧了一下。站在面前的军人吃惊地看着马识途说："你怎么会住在这样的地方，睡在破办公桌上，连一张床也没有？你这地方好难找，在这么个破楼上，楼上楼下全是黑煤炭灰。"马识途边听边疑惑地盯着对方，他感觉这个人应该不是国民党特务。罗广文看出马识途的迷惑，他拿出一封信递给眼前的年轻人："看看你家老太爷给你的信。"接过信一看，马识途知道站在自己面前的这位少将就是小时候见过的罗家大哥——罗广文。

罗广文，时任国民党第十八军十四师四十二旅少将旅长。当时他受马识途父亲马玉之委托，在武汉四处寻找马识途。经多方打听，他终于在武汉一处卖煤的破楼里找到了马识途。罗、马两家是同乡，有通家之好。但罗广文少小便离家求学，1924年考入日本东京高等师范学校；1927年考入日本陆军士官学校炮兵科。1929年毕业回国，在广东黄埔军校任少校兵器教官和军官队队长。1930年秋，罗广文到陈诚的第十八军任炮兵中校营长，他治军严明、训练有方，深得陈诚的赏识。1937年8月，第十八军奉命参加上海保卫战。第九十八师在月浦宝山一带与日军展开激战。后上海保卫战国军失利，罗广文带领部队撤退到武汉驻守。抗日战争期间，罗广文率部英勇作战，始终拼杀在抗日第一线，战功累累，被誉为抗日名将。

知道眼前这个人就是罗家大哥，马识途忙起身说："久仰！久仰！"罗广文则以老大哥的口吻开始教育马识途："你还久仰呢，你从南京逃出来，到了武汉，也不给家里人写一封信，不晓得你跑到哪里去了，你爸妈急死了。我看你要不是没有钱用，还不想给家里写信吧？"说完，罗广文不由分说地把马识途拽去了自己在武昌的旅部。在这里，罗广文规劝马识途回四川，回到中央大学继续完成学业，不要在外面"瞎胡闹"。当马识途说自己想留在武汉坚持抗日时，罗广文认为像马识途这样的大学生手无缚鸡之力，根本无法上战场，而且他还警告马识途远离共产党，不要受蛊惑。可马识途早已下定决心，他趁罗广文下部队之机，悄悄留下一封信，以及他给家人买的礼物，不辞而别，继续自己的革命。

1938年5月，马识途被组织安排到汉口职工区委会工作，他先后负责在英商颐中烟草公司开办的卷烟厂、彩印厂建立职工夜校。在夜校，他一边教工人文学知识，一边给他们讲革命道理。在他的努力下，工人的觉悟得到了提高，他还常与工人商议如何增加工资，如何改善生活条件。在这时，年轻的马识途犯了入党后的第一个错误。西安事变后，国共两党逐步开始合作抗日。抗战全面爆发后，我党在武汉积极协调各方力量，建立巩固的统一战线。在一次给夜校工人上完课后，几个骨干积极分子和马识途谈洋老板借抗日之名加重剥削中国工人，工头也借机侮辱女工人，工人们表示要反抗，"把生活给他搁了"。因为地域方言差异，马识途当时并未完全搞清楚这句话的含义，当他得知是罢工的意思后，他建议工人们先不要着急，等他想好后答复他们。可工人们当晚便自行组织，决定第二天便开始罢工。对于这件事马识途还没来得及上报，工人罢工就开始了，国民党当局紧急来电质问中共长江局，说你们已经答应不再搞工人运动，为何出尔反尔，而且还是在洋商的工厂里，这让党组织非常被动。钱瑛紧急找来马识途，对他进行了严厉批评，认为这种不汇报便擅自行动的行为是无组织无纪律，很可能会破坏来之不易的统一战线。

年轻的马识途知道自己在这件事上犯了大错，他立刻表示自己马上回去让工人停止罢工。钱瑛却冷静地告诉他，这样做会让工人们认为你是工贼，以后很难再开展工作，而且这次的导火索也是因为资本家加重剥削所致，工人的热情可鼓不可泄，随后钱瑛将自己做工运的经验介绍给马识途，她让马识途要积极配合工人罢工，一定要在罢工取得实际效果的情况下，稳妥处理此事。

1938 年 7 月，马识途调任武汉职工组织"蚁社"，担任党支部书记。在"蚁社"，马识途通过办工人夜校，在群众中传播革命火种。在"蚁社"工作期间，他还曾通过党组织当面去邀请在国民政府军事委员会政治部第三厅任职的郭沫若到汉口"蚁社"作报告，郭沫若听后欣然答允，很快便来到"蚁社"，为店员、职员们发表了一场充满激情的抗日演讲。这是马识途与文学大师郭沫若最亲近的一次接触。

不久，党组织通知他停止公开露面，切断与所有亲朋好友的社会关系。钱瑛特地来找他谈话，要他准备做一名"职业革命家"。

> 所谓"职业革命家"，是我们党在白区工作中最重要的组成部分，也是最神圣的"职业"。从事这个以革命为职业的同志担负着地下党各级领导机构中的重要工作。他们隐姓埋名，除了从事必要的掩护职业外，不会在任何地方出头露面。做"职业革命家"，必须耐得住寂寞，牢固坚守革命信念，要富贵不能淫，贫贱不能移，威武不能屈。他们无所谓青史留名，甘愿做无名英雄，随时准备把自己的生命和鲜血奉献给人民革命。"职业革命家"是一群心高志远、大智大勇，用特种材料做成的人。

马识途听后，毫不犹豫地答应了党对他工作的安排。

深入鄂西北

1938 年 10 月，随着日军进逼，武汉日益危急，马识途随鄂西北省委领导王翰、胡绳、张执一等前往襄樊，加入了李宗仁组织的第五战区文化工作委员会，为发动当地民众与日军展开游击战争积极做准备。

在到达襄樊后，马识途很快被鄂西北省委安排到枣阳担任县工委书记。组织要求他一方面要做好枣阳清理党组织的工作，另一方面要做好日军打过来后，在敌后坚持游击战争的准备工作。正是在这里，马识途差一点被自己的同志活埋。

当马识途在枣北询问地下党同志如何在枣南寻找地下党的线索时，一个叫王克的同志介绍说有一个姓张的党员，在平林店当小学教员，他们曾见过一面，只知道人家称呼他为老张，名字并不清楚。通过他可以找到一个斗争性极强的、外号叫"歪把式"的年轻人。

带着这唯一的线索，马识途只身前往平林店。到达平林店后，他住在一个小客栈。刚住下，他就向这里的伙计打听那位张姓教员。伙计告诉他这里不止一个张教员，有一个岁数大的，最近去山南了；还有一个岁数小的，不知他找到的是哪一个。经验不足的马识途略加思索，便说："我找小张老师。"随后他以王克的名义给这位小张教员写了一封信，让伙计带给他，说自己找他。伙计很快回来告诉马识途小张老师不在。为了不耽误工作，马识途又打听了"歪把式"的情况，伙计说他认识这个人。没过多大一会儿，"歪把式"就来到客栈见了马识途。在聊天中，马识途开门见山地告诉"歪把式"，自己是经枣北王克介绍来找小张老师的，因小张不在，他想通过"歪把式"了解并接上当地的地下党。这引起了"歪把式"的警惕，"歪把式"告诉马识途，他是第一个来找小张老师的。考虑到小张不在，"歪把式"邀请马识途过几天随自己到山里去给大家讲讲现在抗日的情况。

几天后，"歪把式"将马识途带到山上的村中。在给"歪把式"组织来的年轻人讲抗日时，马识途照本宣科式的演讲有些刻板："现在民族矛盾超过了阶级矛盾，阶级矛盾退居到第二位上去了，我们要联合一切不愿做亡国奴的中国人，向敌人展开决死的斗争……"这些说教让村民们听得很是不耐烦，而马识途却并没有意识到自己的问题，结果他接下来讲的更加让村民们反感，并给自己带来了危险，差一点被这些自己人活埋。

"所以我们党提出抗日民族统一战线的政策，把一切愿意抗日的力量，组织成一条战线，我们和国民党已经合作了，他们答应不再打我们，我们答应，红军改编成……"

这套宣讲词让村民们愤怒了。几年前红军离开后，国民党对他们进行了残酷镇压，杀害了大批革命村民，他们与国民党有着血海深仇，他们认为马识途所讲的抗日合作简直就是混账话，他们觉得马识途应该是那位叛徒"小张教员"派来的。结果一部分村民吹灭桐油灯，群起殴打马识途，并高声叫嚷着要将马识途活埋。幸亏有一个名叫苏老爹的德高望重的村民十分冷静，他观察着马识途和会场形势，他认为马识途不太可能是"小张教员"派来的，他赶紧说服了"歪把式"，沉着地保护住了马识途，否则后果不堪设想。

过了几天，张老师回来了，他知道上级党组织派马识途来了解关系的情况。误会很快说清了，在张老师、苏老爹和"歪把式"的帮助下，马识途在枣南顺利完成清理工作。不久，他追随陶铸前往随县与国民党商议合作抗日事宜。在这个间隙，马识途以《鄂北日报》记者名义前往随县战场进行了一次令他终生难忘的战地采访。这也是他唯一一次亲临抗日前线。在那里，他目睹了战争的残酷。

随县驻防的是李宗仁部队，当马识途到达前线战壕时，守在那里的士兵非常高兴，因为很少有记者敢深入一线战场。恰在这时，马识途遇到了日军发起的一场轰炸，四处都是炮弹，日军飞机也飞来轰炸，马识途和战士们一样在战壕里低下头缩紧身子。他看到战士们满头满身都是尘土，有的人身体几乎被埋了一半，可他们只是站起来抖了一抖，又抱着枪坐在坑道里，等着敌人稍后将发起的地面进攻。

在采访中，士兵告诉马识途，日军首先要用飞机把前线各段都轰炸完了，再用炮兵轰击前线阵地，并且把炮火延伸到后面老远去。有时还要和我军的炮兵对攻一阵。就是这样，日军也不一定敢马上出击。马识途问："看来敌人的士气并不高。"中国士兵们跟他讲："漂洋过海，到别人的国家里来逞凶，不知道是为了什么，要不是长官用刺刀督阵，那些当兵的哪有那么大的劲头。日本兵其实很想家，晚上我们听到离战壕只有二十几米的敌人战壕里，他们总是在吹口琴，唱歌，咿咿呀呀唱得好不凄凉。"

在前线，有一名战士送给马识途一面写满日本人名字的日本小国旗，说是从一个被打死的日本士兵身上搜出来的。在这里，马识途还看到一个锈迹斑斑被遗弃在战场上的日军钢盔里长出一朵怒放的野花，这个画面让马识途印象深刻，这朵野花展示出战争中生命的坚强。

在随县实地考察后，马识途深刻意识到日军很快就会向襄樊进攻。从前线回来后，他马上回到枣阳，开始做去枣阳南北山区打游击的准备。这时，党中央决定建立鄂中省委，由钱瑛和陶铸等同志负责，在从江汉平原长江以北直到大洪山、桐柏山的广大地区，发动游击战。同时筹备组建豫鄂边区抗日政府，由进步民主人士李范一、国民党随县专员和陶铸负责。

马识途所在的枣阳县委归属鄂中省委。几天后，马识途随钱瑛到大洪山三里坂开会时再次见到陶铸。为了便于在当地从事革命工作，陶铸特意给马识途颁发了一张豫鄂边区政府中校政治工作大队长的委任状。这样马识途就有了合法身份，可在沦陷的枣阳地区公开组建抗日政权和武装游击队，合法地征收粮税和收缴地主武装。陶铸告诉马识途，这就是统一战线的妙用。"没有统一战线的边区政府，你在那里活动只能是非法的地下的，困难就多了。"陶铸对马识途说。

很快，陶铸就带着马识途到随县专员公署开会，他特意带马识途去见了专员，说这个专员是第五战区办的《鄂北日报》的战地记者，在随枣前线一带宣传抗战，对发动群众很有办法。专员问马识途的资历，马识途介绍自己是南京中央大学的学生。那时大学生很少，能到前线来参加抗战的自然更少，专员对马识途一下子就有了良好印象。陶铸说，他已经委任这位年轻人为政治工作队长，专员表示同意。本来马识途的委任书应该是豫鄂边区政府筹备主任李范一颁发的，并不需要国民党专员批准，之所以特意给他说一声，是为了今后和国民党的人打交道时有个说法。这也是统战工作的做法。

1939年夏，马识途在老河口从事革命工作时，经组织介绍暂住在吉红岗一个叫老三姐的人家中，老三姐姓杜，是名老党员，也是一位革命烈士的母亲，她的儿子在闹农运暴动时牺牲在敌人的屠刀下。为了让马识途放心工作，老三姐对这个新来的年轻人照顾得无微不至。为加强马识途身体营养，老三姐特意喂了两只母鸡，保证让马识途每天都有鸡蛋吃。当马识途生病时，老三姐想尽各种办法来照顾他。当马识途在家办公时，老三姐就在门口坐着，替他把风。当意识到有危险来临时，老三姐拼了命为马识途通风报信。当马识途要暂时离开时，老三姐不舍地送了一程又一程，最后分别时，马识途安慰她，说自己半个多月后还会回来继续开展革命工作。老三姐则伤心地说："我知道，你这一去，是回不来的。我送过几个人，都和你一样，说是要回来，后来都没有回来。有的调走了，有的牺牲了。唉，我老了，还能看到你们回来吗？"结果马识途这一走，真的就再也没有回到吉红岗。新中国成立后，马识途曾托当地党史办找寻过老三姐，得知她1947年已病逝，她没有等到心中期盼的中国革命成功的那一天。但老三姐的这些举动与故事让马识途深受感动，这段经历也为他以后的文学创作提供了珍贵素材。1959年为庆祝新中国成立十周年，四川作协主席沙汀找到马识途，希望他能写一篇反映革命的小说。经过认真思索，马识途创作出了《老三姐》。1960年7月1日，短篇小说《老三姐》在《四川文学》第7期发表。10月8日，《老三姐》（革命斗争回忆录）在《人民文学》第10期转载。

在老河口时，马识途曾经还差一点遭遇不测。一次，在郊外农村与鄂西北省委委员安天纵见面时，安天纵告诉马识途党内出现了叛徒，他最近一直被敌人盯梢，昨天交通员小丁就在村外发现了特务踪影，看来敌人已经发现了他的踪迹。正在这时，老安突然发现叛徒在屋外树林后出现，他马上通知马识途赶紧撤离。马识途偷偷地在门口看了一下，他发现老安说的叛徒已躲到屋外树后面，而且叛徒衣服中还藏有手枪。形势非常危急，马识途冷静地思索对策。他知道叛徒并不认识他，而且他早已装扮成当地百姓，如果自己从旁边厨房小门出去，偷偷走到叛徒跟前，大喊他是汉奸，会很快解决眼下这个问题。这个地区离日占区很近，常有汉奸过来放毒，当地村民十分憎恨这些汉奸，一定会有很多人出来逮住汉奸，一顿乱打。趁着局面混乱，老安完全可以安全撤离。主意打定后，马识途带着交通员小丁悄悄地走到叛徒旁边，叛徒并不认识他们。小丁上去便大声质问叛徒干什么，叛徒紧张地说他是来找人的。小丁又追着问："你找哪一个？"叛徒支支吾吾地不回答，小丁趁此机会大声咬定他是汉奸，特地到村里来放毒。叛徒被吓住了，他知道如果面前这两人这样一喊，很多村民会跑出来将他乱打一顿，自己非死即伤，他赶忙说道："你不要喊，我走就是。"于是他一溜烟地跑走了。

趁着这个机会，马识途与老安、小丁迅速跑出村子冲进玉米地间的小路，沿着襄河跑去。到了襄河，机智的小丁游过襄河弄了一条渡船过来。当马识途一行过了河，再进另一片玉米地时，闻讯赶来的特务只能望着他们的背影，气得胡乱开了一阵枪。

危险暂时解除后，马识途与小丁一路回到不远的村民党员家中，老安则前往鄂西北省委所在地茨河。马识途一边走，一边想敌人其实只要过襄河，还是能继续追查到老安的踪迹，必须把敌人引到相反的路线上去。想到这儿，马识途马上回到自己暂住的农民党员家中，他告诉这名党员赶忙到襄河边装作贩卖瓜子花生的小贩，如果见到特务过河，便借机将他们引到错误的方向上。果然如他所料，四个特务不久也过了襄河，他们看见卖花生的小贩，便急着问他刚才是否有几个人渡过襄河，"小贩"说自己见过。特务又问他见到这几个人往哪里去了，"小贩"说那几个人气喘吁吁地往河西方向跑去了。特务一听高兴坏了，赶忙沿着襄河一路狂追，"小贩"看着特务的背影笑着说："你们追太阳去吧！"

也是那年初夏，马识途正要过襄河准备去谷城，还在河滩上时，突遇日军飞机。日机飞得很低，马识途能很清楚地看到机身上的"红膏药"，这架飞机刚在渡口投了一枚炸弹，而后准备用机枪扫射河滩上的中国民众，河滩上没有任何遮挡物，马识途只得卧倒在河滩上，听天由命了。飞机一顿扫射后，马识途发现不远处的人们被打倒好几个。当日机飞走后，马识途想敌人很有可能会再飞回来扫射。他急中生智，爬起来飞快地跑向河里，身子淹在浑浊的河水中，只露出鼻孔出气。很多人跟着马识途依葫芦画瓢。日军飞机果然又飞了回来，它对着河滩上躺着的人们又一顿扫射，并没有看到河中还隐藏着一些人。

1939年5月，马识途与恋人刘蕙馨意外在谷城相遇，这时的刘蕙馨经组织安排要回老家苏北打游击。这次相遇让两位年轻人十分激动，虽然仅是匆匆一晤，但两人的感情却日益加深。由于革命需要，他们只得奔赴各自的革命战场。他们没想到半年后，两人能在恩施再次相遇，并一起肩并肩继续革命，而且还拥有了自己的小家。

恩施革命

1939 年 10 月，因恩施地区革命工作需要，湖北省委负责人钱瑛将马识途调往宜昌工作。也正是在这年秋天，马识途在松滋县第一次见到何功伟，当时湘鄂西区党委在那里开会。1938 年马识途在武汉职工区委工作时，就知道何功伟是在武昌做党的领导工作，还在湖北战时乡村工作促进会工作过。这次见面，他们进行了一次交谈。何功伟向马识途介绍怎样去发动农民，将农民作为我党在农村的主要依靠力量，来准备抗日游击战争，同时也谈到不应忽视知识分子，要他们起桥梁作用。他非常强调地说："主体是发动农民，依靠农民，才能把抗日战争真正坚持下去。必须使知识分子、学生成为桥梁。我们只有这样进行工作，才可能打开工作局面。"虽然曾经在鄂北做过一点农村工作，但马识途感到何功伟做农村工作和搞农民运动的经验比他多得多。言谈之中，马识途了解到他读了很多书，马列主义著作也读了不少。两人谈得很愉快，那次相聚半个月，后来就分手了。

湘鄂西区党委会议后，在钱瑛的主持下，中共恩施特委成立。马识途被任命为中共施巴特委书记，刘蕙馨则担任特委委员、妇女部长兼特委秘书。刘蕙馨也因革命需要，稍早前被钱瑛调到宜昌，与马识途一起工作。

恩施是当时湖北省的临时省会，湖北省政府和陈诚的第六战区都设在那里。这时抗战已到相持阶段，国民党虽表面上依旧继续说要抗战到底，但实际上他们却把注意力放在了反共上面。他们不仅在敌后与中共领导的八路军、新四军闹摩擦，还在自己的大后方禁止一切抗日进步活动，疯狂地到处抓捕共产党人。在鄂西特委会第一次会议上，马识途明确传达了中共湖北省委的指示精神，特别是钱瑛部长的讲话。他强调，国民党积极反共，消极抗日的现实政治意图越发明显，反共高潮即将到来，鄂西特委必须改变工作作风，要针锋相对地将政治斗争转向为群众谋福利的经济斗争和生活斗争上来；必须坚定地把工作重点转向农村，同时还要加强统战工作。

那年秋天，马识途因为要与当地地下党接头，他便偶游了鄂边小南海小岛古庙，正浏览僧舍题壁诗时，一位老僧捧砚请他题诗。一时诗兴大发的马识途，想了想遂作《小南海僧舍题壁》诗一首。

小南海僧舍题壁

我来自海之角兮天之涯，浪迹江湖兮随处为家，
韬光养晦兮人莫我识，风云际会兮待时而发。

题毕，老僧惊问："先生无乃有天下之志乎？请留名。"马识途没有回应老僧所问，掷笔而去。这首诗一直被马识途记在心中。从这首诗，可以看出马识途从事革命的志向与情怀。

那年冬天，经党组织批准，马识途与恋人刘蕙馨在恩施五峰山下的柑橘园结婚。当晚，激动万分的马识途特意创作了一首诗歌《我们结婚了》送给自己新婚的妻子。

我们结婚了

我们结婚了，/在一间阴湿的破屋里，/桐油灯代替喜烛在辉映。/我们找到了主婚的人，/却不是我们的父亲和母亲，/而是我们生死相许的"爱情"。/我们也找到了证婚人，/可不是亲戚或社会名人，/而是我们遭遇的"艰辛"。/我们也找到了介绍人，/可不是说得天花乱坠的媒人，/而是我们矢志不渝的"革命"。/我们不必登报，要求社会的公认，/也不用领取"立此存

照"的结婚证，/ 这个社会和法律我们根本不承认。/ 我们不请自来的头一个客人，/ 在房檐上跳着的小麻雀，/ 为我们奏起了欢快的结婚进行曲。/ 我们不请自来的又一个客人，/ 在窗口上忙着的小蜘蛛，/ 为我们编织了一幅漂亮的窗帘。/ 我们相互发誓，双手按着革命经典："我们永远不会离婚，/ 除非谁做了可耻的逃兵，/ 我们永远不会分离，/ 直到我们该永远分离的时间。"

结婚后，马识途几乎大部分时间都在各县巡视和检查工作。当时他主要负责八个县，每个县相距都有100多里。那时长途汽车很少，加之坐汽车要通过国民党的检查站。为了安全，马识途尽量不坐车，几乎都是在步行。他每天都要在荒山野岭里奔走，晚上也只能住在鸡毛野店里，路上也只能吃粗劣的苞米加红苕饭，就着辣椒、萝卜、青菜吃，能吃上菜豆花那就算好的了。因为工作需要，他一天要走近百里路，有时连续一走就是五六天，工作十分疲惫。一两个月下来，马识途变得有些瘦弱。

妻子刘蕙馨则担任留守工作，负责"机关"的相关工作。为了做好自己的工作，刘蕙馨把自己改扮成一个家庭主妇，每天买菜做饭、洗衣服、做针线活儿、和周围的其他家庭妇女交往。

但作为一名真正的职业革命者，刘蕙馨知道自己最重要的职责就是要把特委机关工作做得安全有条理。为保证组织安全，她特意制定出一整套秘密工作制度。她首先把特委和各县委的组织系统的情况，领导同志化名、姓名、掩护职业、通信地址用只有她才能破译的密码，以很小的字写在很薄的纸上，然后卷成一个小纸卷，用油纸包好。为了确保绝对安全，她悄悄地将油纸放在了屋后竹林里的一个竹筒中。她把最紧要的信息用数字密码抄在一个看上去像是学生用废的数学习题本里。除此之外，刘蕙馨还把特委对下面各县委以及各处单线联系的党员和上层统战关系的交通通信关系建立起来。

1940年初，恩施的革命工作正如火如荼地开展着，而此时的刘蕙馨发现自己怀孕了。当她将这个喜事告诉丈夫马识途后，马识途很开心，说："那好呀，我们的爱情有了结晶。"而刘蕙馨却皱着眉头说："你还说好呢，这可要给我们带来麻烦了，特别是对我。"刘蕙馨这么一说，马识途意识到妻子怀孕将会有几个月基本上是不能工作的，而且养孩子需要增加一大笔开支。而他们当时的生活很不安定，收入也很匮乏，特委组织在经济上也很拮据，连几个脱产的领导最低限度的生活费都难以维持，还得靠有较好收入的党员和统战关系来资助。一想到这儿，两人就变得有些烦恼。当时马识途有了不要这个孩子的念头，可刘蕙馨听后马上拒绝，说："不，正如你说的，这是我俩爱情的结晶，我无论如何也要把孩子生下来，养好。"经过商议，两个年轻人决定无论以后生活再怎么苦，也要生下这个孩子。怀孕后，刘蕙馨还经常主动担任交通员，有时还会去重庆南方局汇报工作。

1940年夏天，奉南方局指派，钱瑛在恩施召开了新的鄂西特委会议，会议在马识途、刘蕙馨家中召开。当时全国革命形势出现新的变化，党中央在5月确定了党在国统区工作的总方针是："隐蔽精干，长期埋伏，积蓄力量，以待时机。"刘蕙馨把党的这个文件写在一张小纸上，不辞辛劳地通过了国民党设的层层关卡，安全带了回来，由钱瑛负责传达中央的方针，组织学习讨论。在这次会议上，何功伟被任命为书记，马识途担任副书记。他们开始搭班子负责恩施地区的革命工作

何功伟到任后在检查工作时，十分仔细。在工作中，他对下面同志从不横加指责，而是商量研究。他与马识途常常一起探讨工作的进展。在一次特委开会的前夕，马识途和何功伟在晚上谈得很长很深。何功伟提出前段鄂西特委工作的问题，主要是农村工作没有抓好，基本上在知识分子圈子里转。他非常冷静地与马识途分析，他说前一段时期在知识分子中工作，虽然有成效，看起来有力量，斗争也很红火，三青团拿我们没奈何，国民党也压不倒我们，群众在我们这边……但是，这不可靠。他说："知识分子

有他的弱点，在大风暴面前，在突发事件面前，有的人不一定顶得住。根基不巩固，可能组织上会散……"由此可见，何功伟考虑问题很深很远。后来他又提出来，从现在起我们要把重点转向农民，在农村中建立巩固的可靠的阵地。加强农村工作，以适应当前形势的需要，一方面是贯彻党的方针"隐蔽精干，积蓄力量"；另一方面是准备将来打游击战。为此，他语重心长地说："我们的工作必须做根本的转变。"这次谈话启发了马识途的思考，两人谈心就像老朋友一样，谈得很亲切，谈得很冷静，谈得很有道理，使马识途十分信服。马识途认为何功伟在这个重大方针问题上比自己清醒得多，他从内心里完全接受。

在这次会议上，何功伟严肃地为大家分析问题，他谈问题很有原则性，即便批评，态度也是同志式的。他的这些工作方法，马识途认为非常好，给他留下了极深的印象。后来，马识途在昆明、四川等地做地下工作时，何功伟在工作上的原则性、工作作风以及工作方法，对他都有很大的启发和影响。

1940年12月，刘蕙馨在羊湾医院生下了自己的女儿吴翠兰，女儿的出生为这对患难革命伴侣带来了极大的幸福。也就是在这一年，马识途在恩施创作了七律诗《清江壮歌》。这首诗的题目后来成为马识途著名革命长篇小说的名称。

七律·清江壮歌

清江之水浪滔滔，壮士横眉歌且啸。

为使人民求解放，拼将热血洒荒郊。

东看雨花英魂远，北望长城云梦遥。

雾散霞开天欲曙，红旗满地迎风飘。

1940年"皖南事变"爆发后，国民党第六战区在陈诚的带领下，在湖北恩施掀起一轮新的反共高潮。国民党在恩施各个路口的盘查变得更加严格，当时马识途常扮成收山货的行商进行地下活动，幸好他以前在山上与当地农民一起干过农活，双手有些粗糙，每次盘查也都没出过事情。但在一次与何功伟商量工作时，何功伟还是建议马识途找一个国民党内部的职业做掩护。后来通过湖北省政府的聂国青，马识途找到一个在鄂西流动性大的小公务员——咸丰少尉军粮见习督导员。在这个小机关里，马识途当了一名记账员，每天除了工作，他还常和这里的收入微薄的小职员们一起聊天。通过聊天，马识途听到了许多前所未闻的故事，这些故事为他的创作积累了丰富的素材。

在湖北从事地下革命时，马识途需要经常更换自己的职业，由于经常更换职业，他那时经常和三教九流打交道。这些人给马识途摆了许多他闻所未闻、千奇百怪的龙门阵，尤其是他接触的一些小科员，由于他们平时没有什么娱乐和消遣，只好三五结伙到人家里去坐冷板凳，喝冷茶，扯乱谭，摆龙门阵，自寻其乐。在他们结成的冷板凳会上，马识途听到了许多以前难以想象的奇闻逸事。马识途这才深知他所要打倒的这个旧社会是多么乖谬绝伦，荒唐可笑；处在旧统治下的人民生活是多么困苦无状而又丰富多彩。这些经历为马识途以后创作其代表作《夜谭十记》(《破城记》《报销记》《盗官记》《娶妾记》《禁烟记》《沉河记》《亲仇记》《观花记》《买牛记》《军训记》)打下了坚实的生活基础。

女儿的出生，让马识途工作起来更有干劲。但幸福的时光总是短暂的。1941年1月20日，因叛徒郑建安的出卖，中共鄂西特委书记何功伟在去羊湾医院看病时，被敌人发现并跟踪。何功伟有些近视，那天他又凑巧没有戴眼镜，没有发现自己已被敌人跟踪。那天去完医院，他按照原定计划，来到马识途和刘惠馨位于五峰山下柑橘园的家中。就这样，刘惠馨的住处被敌人发现。但最初特务并没有找对人，当他们误抓隔壁有小孩的邻居时，刘惠馨立刻发现情况不对。她当时完全有机会逃脱，可她并没有顾及自己，她想到家中还有一些党的秘密文件没有烧毁，赶忙在屋中烧毁这些资料。当敌人知道自己抓错人后，赶忙冲向刘蕙馨住处，但他们冲进屋中抓捕刘蕙馨时，她已在屋里烧毁了一切文件。看见特务冲进屋后，刘蕙馨从容地抱起襁褓中的孩子走向了监牢，迎接即将到来的生死考验。

　　而那时的马识途，正根据组织要求，为应对国民党反共高潮，在宣恩、来凤、咸丰、利川疏散党组织。当马识途在利川从组织部长王栋那里得知刘蕙馨、何功伟被捕的噩耗后，如五雷轰顶，天旋地转；他有些踉踉跄跄，感觉自己眼前发黑，但心中却似有一团怒火要爆炸。但为了避免党组织受到进一步破坏，马识途很快冷静下来，他强忍着悲伤与愤怒，立即与王栋派人分别通知特委下属各县领导人迅速撤退或转移。一切安排妥当，想起生死未卜的妻子刘蕙馨和还在襁褓中的女儿，马识途辗转反侧，难以入眠，他特地作诗《祭》。

祭

正盼携婴回故里，俄闻热血染风尘。

文山大节惊天地，烈士壮歌动鬼神。

泪洒香溪飞作雨，愁凝巫峡幻成云。

青山何处收骏骨，遍岭杜鹃凝血痕。

　　他后来想起自己其实也曾与叛徒郑建安有过一次擦身而过的经历，只是由于自己十分谨慎，严守地下党的秘密工作纪律，否则自己也会落入敌人毒手。那天，马识途从恩施五峰山垭口顺石板大路下山时，他看见郑建安和另外两个人正走上山来。按照组织规定，如果没有正式组织活动，地下党成员即使相互碰到也不许打招呼，以防暴露关系。正因为有这样的严密规定，加之当时郑建安刚刚被捕尚未变节（那两个人正是押解他的国民党特务），所以他和马识途相遇时，也没有做出任何表示。当时只要他们相互点头，或打声招呼，那么马识途肯定也会被敌人发现。在白区从事地下党工作，革命者必须十分谨慎，否则稍有差池，便会遭遇血雨腥风，给组织带来重大损失。

为防止何功伟妻子许云也落入敌手，马识途紧急前往万县陈家坝接应。未遇到许云，他立即前往重庆南方局向钱瑛汇报恩施现在出现的紧急情况。当时马识途身上一分钱都没有，他只得偷偷混上轮船。过忠县时，他都不敢下船回家看看。因为马识途的补救措施及时得当，恩施地下党组织未遭受进一步损失，但他却再也没有见过自己的妻子刘蕙馨。

到达重庆后，经鄂西特委重庆联络处何功楷联系，马识途准备到曾家岩南方局驻地向自己的直接领导钱瑛汇报鄂西特委近况。在上山前，负责安排的同志叮嘱马识途：到了化龙桥走到复旦中学门口里，要从门边沿一条小石板路走上去，转几个弯到一段平路后直走，一直到一棵"阴阳树"——黄桷树的地方。负责同志一再告诫马识途，记得一定要沿着右手直走，走到刘公馆，再往前走就是八路军红岩村办事处，这是走对了的阳间路。如果是从"阴阳树"的左边往下走，就会走到市参议会，那里埋伏有国民党特务，那就会落入敌人手中，那就是阴间路。一定要切记！切记！

马识途牢记同志的叮嘱，安全走到红岩村进行汇报。汇报后，钱瑛安排他住在曾家岩等候组织的安排。

在这段时间，马识途不仅有机会听到一次周恩来副主席的内部讲话，而且还在离开前，与周恩来同志有过一次正式见面。

因为这个讲话是内部讲话，不是正式报告，当时只有在曾家岩的机关同志能听。由于刚好在山上，马识途也被钱瑛准许旁听。但因为自己很快要下山，根据组织纪律规定，要下山的同志到山上来，绝对不准和山上的人打照面。于是，钱瑛就把马识途带到隔壁房里，其实就是在周副主席讲话的房间用布帷挡起来的一小块地方里听。

在这次讲话中，周恩来把目前的国民党的反共浪潮，比作乌云遮日，他向山上的同志讲道：

太阳是没有什么力量能够永远遮住的，乌云终将被扫去，太阳还会出来，抗日的胜利一定会到来，革命高潮也定会再掀起来。但是目前的形势，的确很严峻，随时有可能出现突发事件，我们一定要有充分的思想准备和组织应变措施，把牺牲减少到最低限度。我们在岗位上的同志要视死如归，坚持斗争。要看到抗日的大潮流是谁也无法扭转的，国民党的倒行逆施，是不得人心的，连国民党内部也反对。反共的结果只能是投降日本，那就是亡国。谁敢做这样的历史罪人？所以总要准备应付突然袭击，又要看到光明。

听完讲话，马识途感到自己"豁然开朗"。他本想留在曾家岩再多看些文件、多学习两天，但钱瑛告诉他：目前形势已是剑拔弩张，国民党反动派可能随时向他们发动进攻。曾家岩的同志已经在进行应付突发事件的演习。烧文件的火盆已准备好，他们准备在警卫进行拼死抵抗时，把应该处理的文件全部处理掉，不给敌人留下一张纸。他们连被捕后的口供都已开始准备。钱大姐催促马识途尽快下山，如果多留在这里一天，就多一分危险，很有可能就会遭遇不测。这时，多牺牲一个同志没有任何意义。为了革命，必须要多保留一点火种。听后，马识途只好同意马上下山。

下山前一天上午，钱瑛匆匆来找马识途，告诉他："刚好今天周副主席在山上。你今天就要下山了，走之前去向周副主席告辞吧。他是很关心山下的同志的，特别是从鄂西回来的。看看他还有什么指示。"

听到能见周副主席，马识途非常兴奋，这对他而言简直是求之不得的好事。

钱瑛带着马识途走上二楼，走进一间对山的房间。进去后，马识途看到这间房很简朴，只摆了一张书桌、一张藤躺椅、一个书架、一张小床和几只木凳。此时，周副主席正躺在藤躺椅上看文件。因钱大姐事前应该已请示过，所以他们一走进去，周恩来副主席就站了起来。

钱大姐把马识途介绍给了周副主席，他说："知道了，知道了。"随后，便紧紧地握住马识途的手说，"你们在下面工作的同志辛苦了。"马识途不无愧疚地说道："工作没有做好。"

周副主席转身向钱大姐询问："钱大姐，鄂西事件搞清楚了吗？"

钱大姐回答道："老马上山来，我们已经弄清情况，总结经验了。"

周副主席说："是要好好总结经验，以利再战。"

钱大姐说："今后的事情也安排好了，老马今天就要下山了。"

马识途知道这时的周副主席有着太多的事情要去处理，不想再耽误他宝贵的时间，他起身准备向周副主席告别。

周副主席又紧紧地握住马识途的手说："下去后要好好照中央'长期埋伏、积蓄力量、以待时机'的方针办。"他回头问钱瑛："他下山的办法都安排好了吗？"

马识途说："都安排好了，从后山岩下去。"

周副主席问："那样安全吗？要保证绝对安全。"他想了一下说："现在形势不同了，特务守得紧，那样恐怕还不安全，我看这样吧，坐我的车出去。"周副主席立刻叫来负责警卫的同志，对他说，"你叫他们派武装护送他下山，坐我的汽车，送他出去。"

周副主席安排妥当后，与马识途握手告别。坐进周副主席的专车后，司机告诉马识途，只要车开出去，就会有国民党特务尾随，但他们不敢跟得太近，一般会拉开100米左右。他叮嘱马识途："当我开到前面一个转弯的地方，我叫你下，你马上打开车门，跳下去，找地方躲藏起来。"

司机开车离开红岩村后，国民党特务的车一直跟随其后，汽车开过沙坪坝往磁器口方向奔去，当到一个拐弯多的地方时，司机叫道："下！"马识途打开车门，一跃而下，而后敏捷爬上路边的梯坎，跑到坟堆里躲了起来。

马识途在后来的回忆中，不无遗憾地说："周副主席用汽车送我下山，我竟忘记向他说一声道谢，便随钱大姐下楼了。"

昆明斗争

下山后，马识途按照南方局的"长期埋伏、积蓄力量、以待时机"的方针前往乐山准备报考西南联大。后在重庆经中央大学同学张植华帮助，马识途取回放在中央大学教务处的高中毕业文凭，并用自己做地下工作时学到的方法，将毕业证书上的"马千木"改为"马千禾"。1941年夏，马识途到乐山报考西南联大。10月，在眉山见到父亲时，父亲马玉之告知马识途他已被西南联大录取。拿到录取通知书后，马识途从乐山坐船顺江而下到达泸州，从那里坐上了开往昆明的汽车。

1941年10月下旬，马识途到昆明西南联大外国语文学系报到。当注册科的职员翻看新生注册簿，查到文学院外国文学系时，看到了马识途的名字马千禾，职员询问马识途为何这么晚才来报到注册。马识途不想有过多的解释，他想了想只说因为路途遥远，一路上找车困难，因此耽误了。职员说："你等一等，我去问一下教务长。"不一会儿，他拿着教务长签字的名册出来，对马识途说："准予报到注册，但是你一年级不能选修三十六个学分，只能选修三十个学分了。"马识途对此毫不介意，他觉得只要让他踏进西南联大就非常满足了。

当马识途从教务处走出来后，心情十分舒畅。他感到这里的风是那么的温润，这里的白云是那样的从容不迫，天是那么的蓝、那么的明净，这里的太阳是如此的光亮。他终于走进中学时代就梦寐以求的北京大学和清华大学学习了。

不久，马识途到教务处选课，他看见墙上贴了一大片课程表，很多学科让他眼花缭乱，有一百多门课程。西南联大当时集中了中国相当大一部分顶尖的教授。授课教师名单里，有许多是全国知名学者和教授。

1931年，梅贻琦就任清华大学校长时曾发表演说，他说："所谓大学者，非谓有大楼之谓也，有大师之谓也。"这句话仿佛是针对刚成立的西南联大讲的。在昆明临时建立的西南联大的确没有大楼，却有大师，而且大师云集。其中，仅马识途就读的外国语文学系就有叶公超、柳无忌、莫泮芹、陈福田、黄国聪、潘家洵、吴宓、陈铨、吴达元、钱锺书、杨业治、傅恩龄、刘泽荣、朱光潜、陈嘉、冯承植、谢文通、李宝堂、林文铮、洪谦、赵诏熊、闻家驷、陈定民、袁家骅，后来就读的中国文学系有朱自清、罗常培、罗庸、魏建功、胡适、杨振声、刘文典、闻一多、王力、浦江清、唐兰、游国恩、陈梦家，历史系则有刘崇铉、雷海宗、姚从吾、毛准、郑天挺、陈寅恪、傅斯年、钱穆、王信忠、邵循正、皮名举、王庸、向达、张荫麟、蔡维藩、陈受颐、吴晗等知名学者。

开始上课后，马识途渐渐意识到西南联大很注重一年级学生的基础课教育。西南联大给大一学生讲授课程的全是中国当时第一流的教授。朱自清、沈从文、李广田讲授国文，吴晗讲授中国通史，陈岱孙讲授经济学概论，张遂五讲授逻辑。刚踏进校门的大一新生正是在高水平教授的悉心教导下，从一开始就打下了坚实的学习基础，而且他们的教学十分生动，这极易引起学生的学习兴趣。

西南联大的教学还有一个特点：学校认为，学生进入大学，不宜让他们只在一个很窄的范围内学习一点专门知识，而应该让他们有较为广阔的视野。学习文科或法科的学生，也要懂得一点理工科的知识；学习理工科的学生，也应懂得一点文科和法科的知识；搞文艺的应该有点科学常识，学习理工的要有点艺术修养，这样更能激发他们的创造性。

西南联大认为，学生在报考时所填的院系志愿，并不一定就是他最喜欢的学科。学生进入大学后，除了学习必修课外，让他们更广泛地接触文法理工科的知识，也许可以让他们找到更能引起他学习兴趣的学科，这样也才能学得更好些。所以西南联大规定，学生在学习一年之后，允许申请转院转系。甚至学了两年之后也可以申请转系，只是要再多学习一年，才能获得毕业必需的学分。西南联大还允许学生中途转到别的大学去学习，也允许别的大学的学生通过考试到西南联大来学习。这样一些方法，无疑可以培养出更有水平的毕业生，利于他们就业或读研究生深造。这些教学特点让马识途印象十分深刻，他记得教授当时就曾对他们说过："其实大学四年，我们不可能教你们太多的东西，只是把你们引入门，教你们做学问的方法和研究作风，真正的学问还要靠毕业后你们自己去做。要'青出于蓝而胜于蓝'。"

为了加强自己的法西斯统治，国民党在西南联大也派出了许多特务，对其大肆侦查与破坏，这导致西南联大原有的中共地下党组织不得不进行疏散。为了不暴露自己但又能继续坚持进步斗争，马识途入校一段时间后才参加西南联大先期成立的进步文学社——微波社，参与创办微波社刊物《微波》，该刊是一种不定期的铅印文艺刊物，以新诗、杂文、散文为主，也有小说、文艺评论等，读者对象都以青年学生为主。

1941 年底在西南联大，马识途参加了著名的"讨孔运动"。在这次"讨孔运动"中，马识途不仅参与编写以"二十世纪四十年代"为名的壁报，还积极参加西南联大各宿舍代表大会。但他很快意识到自己表现得有些过于积极，这不符合党对他的要求，他决定自己还是要认真执行党的方针，扎扎实实地工作与学习。

在西南联大最初求学期间，马识途非常喜欢写诗。2 月，他作诗《啊，古老的中国呀，我的母亲》《难道春天已经永离人间》《在这里》。

啊，古老的中国呀，我的母亲

如一片扎不住根的浮萍，

给掀起黑浪的旋风，

从一个臭水塘卷到另一处臭水坑，

我流落到了昆明湖边。
一样是射出凶焰的狗眼，
一样是僵尸通街横行。
老是神经病患者狂乱呓语，
老是刽子手在摆人肉席宴。
笙歌艳舞淹没了漫天的炮火，
酒香肉臭盖住了刺鼻的血腥。
啊，这就是黄帝的子孙吗？
古老的中国呀，我的母亲。

难道春天已经永离人间

我有眼睛，
看不见明亮的蓝天；
我有耳朵，
听不到黄莺的歌声；
我有鼻子，
闻不到鲜花的芳香；
我有嘴巴，
不准许大声地发言。
到处是荒凉和寂寞，
到处是野蛮和愚蠢。
啊，难道春天已经永离人间？

在这里

在这里，
春天就是冬天。

在这里，

生活就是眼泪。

在这里，

手枪就是真理。

在这里，

人们日夜劳作，

就是为了一副薄板棺材，

和最后安息的七尺土地。

1941 年 3 月，他又作诗《路灯》《我希望》。

路　灯

戴着一个破铁斗笠，

日夜呆立在街头巷尾，

忍受了多少风风雨雨，

你终默默无言。

但当黑暗从四面袭来，

唯你张开满布血丝的眼，

给夜行人，无吝惜地，

倾注以温暖和光明。

我希望

我希望是这酷热的夏天，

或者是暴风雪的冬夜，

叫死来陪伴我吧，

或者给我以战斗的剑。

在这不冷不热的地方，

又当这不晴不雨的天气，

过这种不痛不痒的日子，

我的心像炸弹点燃了引线。

1941 年 4 月，作诗《邮筒前写照》《偶题》《投递不到的信》。

邮筒前写照

在邮筒前，心神不定，

把将投的信一再收回，

哦，是怕信封里装的还不够甜，

在封口上又密密地加一排吻。

偶　题

我百无聊赖地

扯下一张日历，

把这黑色的日子，

从窗口抛了出去。

投递不到的信

在拥挤的"待领"信插里，

任人翻看，忍受白眼，

你终日沉默无言，期待着

正焦急地等待你的人。

1942 年 9 月，已在西南联大隐蔽近一年的马识途在昆明偶遇曾经在南方局的同事何功楷，知道他现在也在西南联大学习，并与中共云南省工委有直接联系。通过何功楷，马识途才知道自己的妻子刘蕙馨和何功伟已于1941年11月17日在恩施被国民党杀害，女儿下落不明。南方局周恩来同志曾特地就刘蕙馨、何功伟被害事件电告党中央，并向国民党提出了严正抗议。听到妻子牺牲的消息，马识途悲痛万分。他觉得自己就像是一枚点着了引线的炸弹，渴望着那闪光的一瞬。但他知道还没有到悲伤的时候，还有很多工作等着他去做。为此，他将泪水深深埋在心底。11月，在妻子和战友牺牲一周年时，马识途悄悄作了一首《遥祭拜》，悼念何功伟、刘蕙馨。

遥祭拜

四围像漆一样的黑暗，
风雪正鞭打着大地，
遥远的灵魂呀，我呼唤你，
在这为死亡包裹着的夜里。
为了使人类的理想开花，
你来到这苦难的二十世纪。
在神圣的革命祭坛上，
奉献出你青春的身体。

你用鲜血把人民的红旗，
染得更为鲜艳而美丽。
我将举起它，永远向前，
再不流辛酸痛苦的眼泪。
那个日子不久就要到来，
我将欣快地走向你的墓地，

> 告诉你，在黎明的中国，
>
> 正飘扬着你的那面红旗。

在诗中，马识途告诉自己"没工夫悲伤"，更不能自暴自弃。

通过何功楷，马识途不久便恢复了与党组织的直接联系。1943年夏，中共云南省工委决定在西南联大成立一个由马识途、何功楷、齐亮组成的支部，马识途担任支部书记。但根据党的"长期埋伏"的斗争需要，该支部不得在西南联大发展新党员，要保存实力，积蓄力量。马识途、何功楷、齐亮一边严格遵守党的政策，一边积极团结西南联大进步学生，组织各种读书会、剧团、文学社、新诗社、学术研究会、歌咏队，等等。也就是在这一年，马识途想以文学为手段向学生宣传革命。为了更好地开展工作，他以四川人擅长的在茶馆摆龙门阵的方式给学生和群众讲故事。他想起自己加入中国共产党之后，一直冒着生命危险在"国统区"从事地下革命工作时，因工作需要他经常更换职业，他当过教员和学生，也当过国民党的小公务员和行走商贩，还做过流浪汉。在城市的旅店茶楼，在乡村的鸡毛店或小饭铺里，在农家小舍的桐油灯下，他常与社会上的三教九流打交道，他听到了许多奇闻逸事。他的讲述深深吸引了学生们，让他们逐渐认识到中国旧社会的黑暗与腐败，人民的痛苦与挣扎，让他们在故事中渐渐接受了革命思想。在讲述中，马识途也产生了强烈的创作冲动。1942年，他选择了10个最有意思的故事，以一个冷衙门里十个科员组成冷板凳会，轮流摆龙门阵的形式开始了《夜谭十记》的创作。这是马识途系统创作《夜谭十记》的开端。

在《夜谭十记》中，马识途以旧中国官场里的十位穷科员为主人公，通过十人轮流讲故事的独特叙述方式，以一个个看似难以想象却十分真实的奇闻逸事，向我们讲述了旧社会普通劳动群众目不忍睹的痛苦生活，特别是妇女们被侮辱、被损害的悲惨遭遇，官场上尔虞我诈、卖官鬻爵的丑行，旧社会冷酷的人情世态，伦理道德的虚伪，人与人之间的社会关系的险恶。

《夜谭十记》采用了能紧紧抓住读者的说故事的叙述形式，让十个穷极无聊的小科员每天轮流摆龙门阵，作品的这种结构形式和一定的传奇色彩，增强了读者的阅读兴趣。此外，作品幽默的笔调，对旧社会反动统治的尖锐讽刺，和许多地方充满感情的描写，也使这部作品更富有吸引力。

马识途首先从《破城记》前半部分《视察委员来了》写起，同时还为其他各记写了一些提纲和部分草稿。但因为学习和地下工作原因，这些创作时断时续。最为可惜的是，这些珍贵资料在 1946 年马识途奉调从云南回四川做地下工作时，因为保密原因，他不能存留任何只言片语，万般无奈之下，马识途只得将写好的《夜谭十记》初稿在离开前全部烧掉。

进入西南联大后，马识途十分珍惜自己的学习时光。1943 年 9 月，28 岁的马识途选修了一门冷门课程，中文系教授唐兰的"语言文字学专业课程"，最开始听的是文字学必修课"说文解字"。为学好这门课，马识途特地从高年级同学那里半借半买了一部《说文解字注》。专修此课的学生只有五六个，他是岁数最大的一位。当他走进教室时，唐兰教授以为他是学校的其他教员，不解地问马识途他是哪个系的，马识途说自己是选修此门课程的学生，唐兰教授吃惊地说："你来修这冷门的课，那是要陪坐几年冷板凳的哟！"说完此话，唐兰教授转身开始讲课。唐兰教授是我国现代著名的文字学家、历史学家、金石学家。他终生对金文、甲骨文等古文字学、音韵学、训诂学、古代史学等诸多领域有很深研究，且治学严谨，学术创见甚多，对所及领域均有很大贡献。在 20 世纪 20 年代，他就精研了《说文》《尔雅》等典籍，20 世纪 30 年代便著有《古文字学导论》《中国文字学》，他对中国古文字研究贡献颇大。20 世纪 40 年代，唐兰教授还专门研究过战国文字和战国史，对中国古代史有独创的见解。

唐兰教授的讲课总是结合社会实际，以故事的形式深入浅出地讲解，十分有趣。唐兰教授认为他所讲的"说文解字"课程并不是冷僻学术，相反它应该是一门最有兴味、最有学术价值且最重要的学术课程。这门课与中国文化的演变发展其实是有着密切联系的。他告诉听课的学生，往往一个古文字的发现，犹如天上发现一颗新的星星给研究人员带来无穷的快乐一样。唐教授的这番演讲激起了马识途研究古文字的兴趣。对于唐兰教授的第一课，马识途终生难忘。对于自己所学的这门课，马识途一直记忆犹新。但由于革命工作的原因，他毕业离开西南联大后一直没有再对古文字进行系统研究。直到 20 世纪 80 年代离休之后，马识途在文学创作闲暇时，回忆起当年所学，试图开始撰写"甲骨文拾忆"。没想到自己这一写就是近 30 年。2017 年，在他完成封笔之作《夜谈续记》后，他决定将这本"甲骨文拾忆"写完，于是他开始将自己大部分精力都投入包括甲骨文、金文在内的古文字研究，一口气写出"拾忆"两卷。2019 年 11 月，甲骨文 120 周年纪念座谈会在北京召开，颇多专家学者参加。习近平总书记特致信此次纪念会，鼓励研究古文化、学识古文字，并提出在大中学生中科普甲骨文。马识途看到此消息兴奋不已，他深感自己身上也有着一份沉甸甸的责任。对于自己的这本《马识途西南联大甲骨文笔记》，马识途在《后记》中有所描述：

　　这本甲骨文笔记，回头一看，虽然基本未脱当年西南联大甲骨文课所作笔记的窠臼，但是我本想尝试对原稿查漏补缺，特别是就唐兰教授的一些独立见解加以补充。对科普甲骨文或有点帮助，结果有负众望，未能实现。
　　这次重读甲骨文，我又将甲骨文进行分类，选取我曾认读过的甲骨文中的一部分字，照我设计的顺序，按简体、繁体、甲骨文、拼音、《说文解字》、唐氏新解，逐字写出，力求易认易解。分类照唐兰教授常说的"以人为中心"，如人与自然、人与家庭………

我雄心勃勃，却才力不够、年老体衰，已无法实现这个心向往之的"科普甲骨文"项目。

但我这个人又不甘心，偶然翻到几页甲骨文列表（闻一多先生所遗），其中将汉字源流用科学的方法非常简明地呈现出来了。它在我的心中留下了深刻的印象，至今记忆犹新。这几页甲骨文列表，随时提醒我要继续我的老师们的名山事业。于是又把我选的一些汉字的甲骨文等古文字，分字写出，以便于后学者解读。对西南联大课堂上大师讲授的古文字的回忆与对古文字的说解，也许是我这个老人所能做的最后一件功德的事吧。请大家扶正！

当得知马识途有此新作，四川人民出版社经研究后觉得该甲骨文研究七十年历程笔记非常珍贵，很有学术价值，决定出版。历经两年的审读、校对，2021年10月《马识途西南联大甲骨文笔记》一书出版。在扉页，印有这样一句话：

谨以此书献给西南联大及罗常培、唐兰、闻一多、王力、陈梦家等大师们。

除了认真学习课程外，马识途只要有时间，他就会在西南联大听各种学术讲演。在西南联大校门口民主墙或者大食堂门口，常常贴出大张通告，都是有关各门学科系统的学术报告。这些系统讲演动辄就是十讲八讲，都是著名教授分头主讲，有时也有从外地来的，甚至从外国来的教授主讲。比如现代文学方面的系统讲演，就是由朱自清、沈从文、闻一多、李广田等教授主讲。又如《红楼梦》，就由刘文典、吴修等老教授主讲，妇女与家庭之类的社会学方面的系统讲演，则是由潘光旦等教授主讲。讲政治、战局分析、时事报告，那就是张奚若、罗隆基、吴晗等教授的事。听这些讲演的学生很多，真是人头攒动，热闹非凡。每一回系列讲演动辄就是十讲二十讲，听来极为过瘾。

这些讲演，实际上比专业课更受学生欢迎。让马识途感到新奇的是，这些教授的讲演真正是百家争鸣，各抒己见。有些见解往往和法定的教科书上说的不一样，有的与众不同，有的更是一鸣惊人，不怕犯了当时的忌讳。有些教授很喜欢讲演时结合时政，有所讽喻。张奚若的讲演往往就和时事结合起来，他曾公然说出对于国民党当局包括最高当局大不敬的话来，引起群情轰动。马识途还特别注意，这些权威教授的讲演，有的就是有针对性的学者间的学术争鸣，你来我往，互不相让。马识途竟然见到过，在府甬道南北两个大教室里，不同观点的两位教授同时讲演，南边的教授听到北边的教授对他的批评，不能接受，以致跑到北边教室去登台，当面和那位教授争吵起来。你说一番，我说一番，虽然争得面红耳赤，却是很有风度。争鸣完后，互相握手，一同有说有笑地回家去。马识途还看到过，教授在讲演时，有的同学不同意教授的观点，竟然站起来质疑，甚至上台和他争论起来，教授并不认为这丢了自己的面子。比如，有一次潘光旦讲妇女问题，他说女人应该"回到家里去"，多注意家庭内务、教育子女，构造温馨家庭环境。一位女同学难以忍受，她走上台去，发表一番意见，说这是希特勒的"女人回到厨房去"的法西斯理论，赢得大家一片掌声。潘教授并不生气，还心平气和地继续说他自己的主张。

1943年，西南联大党支部对照《新华日报》进行整风学习，要求党支部的同志们改变作风，积极投入学生之中。随后，马识途积极参加"冬青文艺社"和"微波社"，参与组建"和尚食堂"，结识了创办"学生公社"的李储文、章润媛，还认识了当时已小有名气的汪曾祺。汪曾祺高马识途一年，第一次马识途注意到汪曾祺，是中文系有一次出了一个用书法写成的别有风味的通告，马识途自小便写书法，对书法很有兴趣，他当时很认真地欣赏了这个通告。后来得知这是本系大才子汪曾祺所写。后来，马识途和汪曾祺都选了沈从文的文学创作课和闻一多先生的"楚辞""唐诗"等课，渐渐有了联系。马识途读过汪曾祺的一些散文，觉得他的散文"淡雅清丽"，读来别有情趣，艺术性很强。他也曾当面听沈从文说自己的散文赶不上自己的学生汪曾祺。也听闻一多先生讲过自己对汪曾祺也是极为欣赏的。因汪曾祺在政治上居于中间状态，属于地下党积极争取的对象，所以马识途和他逐渐有些往来。

同时，马识途还积极与一些西南联大的进步教授建立联系，其中就有自己的老师——"时代的鼓手"闻一多先生。闻一多先生上课极有激情，他在讲课中常将中国的历史与中国当下社会紧密联系起来，让学生有切身感受。

在一次上唐诗课时，闻一多给学生讲杜甫的"三吏""三别"，讲到激动处，闻一多愤愤地说："杜甫描写的是一千多年前的事，你们仔细睁开眼看看，这却是写的眼前抗战时期的事。比唐肃宗那是更卑鄙更无耻。"闻一多给学生们讲了他知道的国民党拉壮丁的事，他问："这样无法无天，还成什么国家？这是什么'国军'？这是土匪，比土匪还土匪！"闻一多讲完后，学生们内心十分激动。

课后马识途陪着老师闻一多回他位于昆华中学的家中。在路上，他们忽然发现一具穿着草绿色短裤的年轻人尸体，这个年轻人骨瘦如柴，眼睛暴突，两只枯藤般的手向天空高举着，仰卧在沟边。闻一多先生走过那里，情不自禁地站住了。他木然地望了一下，便走开了。走过十几步，闻一多对马识途说："那青年农民的双手，是可以叫大地变色的双手呀，他却死于沟壑了。中国农民就是这样遭罪的。"马识途却轻声回答他："不，不是中国的农民，只是蒋管区的农民，落入这样悲惨的命运里去。在北方的农民，在'那一边'的农民却大不同了。"闻一多先生没有说话，他专注地看了马识途一眼。

在随后的交往中，闻一多与马识途的师生情谊日益深厚。对于马识途等进步学生组织的各类活动，闻一多也都积极参加。1944年5月3日，马识途参加并聆听了西南联大历史系、社会系举办的"五四二十五周年座谈会"，政治系教授张奚若、历史系教授雷海宗、中文系教授闻一多都参加了这次活动。第二天，马识途等人也在中文系组织了"纪念五四文艺座谈会"，并邀请闻一多、罗常培等教授参加，但因特务捣乱，会议被迫中止。因为意见有些不同，闻一多和罗常培在会场产生了争执，不欢而散。为了与国民党反动派坚决地斗争，马识途等人认为这次座谈会不能半途而废，一定要坚持举办，不仅规模更大，而且影响也要更大，决不能被敌人吓倒。5日，马识途与齐亮先去拜访闻一多，做闻一多的工作，劝他继续参加"纪念五四文艺座谈会"，并希望闻一多先生能主动邀请罗常培前来主持会议。马识途对闻一多说："要罗先生出来，除非闻先生你亲自上门去请他。同时解释一下昨天晚上的误会。"马识途没想到闻一多先生听后一下就答应了，而且还天真地说："马上就去。"马识途赶忙劝住："最好让我们系负责的同学先去找罗先生说，并且我们还要商量一下怎么个开法。"稍后，马识途又与齐亮去拜访了中文系主任罗常培，动之以师生情，说中文系开的"纪念五四文艺座谈会"不过是讨论文艺问题，如果此会无法顺利开完，中文系太没面子。马识途又告诉罗常培，闻一多先生准备登门请教并与您商量继续开会的办法。经马识途、齐亮的劝说，罗常培先生也同意继续参会。

当天晚上，马识途、齐亮陪同闻一多一起拜访罗常培。闻一多建议罗常培，中文系要开一个更大的晚会，比历史系开得还大，比4日晚上的还要大，并且还要多请几位有影响的教授。经四人当晚商定，7日中文系重开"纪念五四文艺座谈会"，会议由闻一多、罗常培共同主持。

7日晚7点，中文系"纪念五四文艺座谈会"再次在西南联大新教舍广场举办，罗常培、闻一多、朱自清、沈从文、冯至、卞之琳、李广田等中文系知名教授纷纷参加。在座谈会上，闻一多先生发表了精彩的演讲：

我们的会开得很成功。朋友们，你们看（他指着从云中钻出的月亮），月亮升起来了，黑暗过去了，光明在望。……

1944 年 7 月 7 日，为纪念抗战七周年，由"西南联大壁报协会"、云南大学、中法大学、昆明英语专科学校联合主办的时事报告座谈会在云南大学至公堂举办，闻一多、云大校长著名数学家熊庆来参加会议。10 月 10 日，马识途与齐亮等人积极筹办在昆华女中大操场召开的云南各界人士纪念会。会后，马识途到闻一多家中拜访，闻一多非常兴奋地告诉马识途："他们（国民党反动派）叫得那么凶，也不过是放两个爆竹罢了。"马识途则提醒闻一多注意个人安全，"不过他们是什么坏事都干得出来的"。10 月 18 日，昆明文艺界在云南大学至公堂举行"鲁迅逝世八周年纪念晚会"。会前，马识途亲自前往闻一多住处，邀请其参加并讲话。闻一多欣然同意，在会上闻一多先生充满激情地讲道：

有些人死了，尽管闹得十分排场，过了没有几天，就悄悄地随着时间一道消逝了，很快被人遗忘了。有的人死去，尽管生前受到很不公平的待遇，但时间越过得久，形象却越加光辉，他的名声却越来越伟大。我们大家都会同意，鲁迅是经受住时间考验的一个光辉伟大的人物，他是中国历史上最伟大的文学家。

说到这里，闻一多忽然转过头去，望着墙上挂着的鲁迅的像，鞠了一躬，然后说：

现在我向鲁迅忏悔，鲁迅对，我们错了！当鲁迅受苦受难的时候，我们都还在享福。当时我们如果都有鲁迅那样的骨头，哪怕只有一点，中国也不至于这样了。……骂过鲁迅或看不起鲁迅

的人，应该好好想想，我们自命清高，实际是做了帮闲帮凶，如
今把国家弄到这步田地，实在感到痛心！

正是由于马识途、齐亮、何功楷所组成的西南联大党支部的努力工作，
西南联大的进步民主运动得到了蓬勃发展。各种进步社团如雨后春笋般出
现，西南联大新诗社常常在学生公社举行诗歌朗诵会；马识途等人与吴国
珩等一起创办了进步刊物《新地文丛》，他还积极创作了小说《赎》和议论
时政的杂文，后又出版进步报纸《大陆周刊》（四开）。一大批反映当下时
事、公众舆论的联大壁报更是琳琅满目，西南联大曾经著名的"民主墙"
也开始复苏，西南联大党支部逐渐成为昆明各大中学学生运动的主要领导
力量。

1944年初，罗广文的弟弟罗广斌从四川来到昆明投靠马识途。罗广斌，
1924年出生于四川重庆忠县。罗广文是他同父异母的长兄，此时已担任蒋
介石嫡系部队国民党第八十七军军长。那一时期，正在上中学的罗广斌与
同学牟学莲陷入热恋，但家人知道他与家道中落的商人女儿的恋爱关系后，
坚决反对，给出的唯一理由是"门不当户不对"。罗广斌的母亲更是斩钉
截铁地对儿子说："我们家的子弟，不能做商人的女婿，就是我们不管，别
人也要说闲话，骂我们家教不严。"这个保守的封建家庭，对追求爱情自
由的罗广斌进行了严厉管制。为了断绝罗广斌与牟学莲的关系，罗广斌被
父亲送往昆明，交由好友马玉之儿子马识途看管。罗广斌的父亲并不知道
马识途是中共西南联大地下党组织负责人。到达昆明后，马识途安排罗广
斌住在自己的"三仙洞"，并辅导他学习。在马识途的影响下，罗广斌受到
革命思想的熏陶。在昆明西南联大附中读书期间，他不仅加入了中共外围
组织"民主青年同盟"，还积极参加中共领导的学生运动。在昆明，罗广斌
参加了著名的"一二·一"学生运动，经过"一二·一"学生运动的锻炼，
他深刻认识到"血是仇恨的种子"，这极大地影响了他的世界观和价值观，

使他从追求个性解放和婚姻自由的狭小天地里走出来，投身于人民解放和民族解放事业。在西南联大附中的学习生活，是罗广斌人生的转折点，他摆脱了家庭的束缚，走上革命道路，找到为之奋斗终生的理想和信念。这为他后来创作长篇红色经典小说《红岩》奠定了坚实的思想基础。

除了做好党支部和学生工作，马识途在1944年还做了一件极有意义的"国际外交统战工作"。1944年因一个偶然机会，马识途在昆明与美国飞虎队飞行员们成为朋友，并建立了一条"国际统一战线"。那年初夏的一个星期天，马识途去昆明南屏街逛书店。那一带恰好也是美国飞虎队成员周末常去的地方。当马识途正在书店翻看一本苏联出版的英文文学杂志时，有两个美国士兵走了进来。他们在书店转了一圈一无所获，后来就问店员这里有没有介绍中国华北抗战的书。店员不懂英语，无法与他们沟通。恰在这时，这两个美国士兵看见马识途正在看一本英文书，便转身问他。马识途机警地看了一下四周，发现没有什么可疑的人，便轻声用英语对他们说：这样的书，在这里是没有的。就是有，他们也看不懂，因为都是中文的。这两个美国大兵很失望，正准备走出书店时，马识途追上去跟他们说："如果你们愿意，我倒可以为你们提供服务。"美国士兵非常高兴。那天，马识途带着两个美国士兵去了一个中国茶馆喝茶。他们边喝茶，边聊天。马识途认真地给他们介绍了八路军在华北的英勇抗战，这引起了美国士兵极大的兴趣。他们告诉马识途，这些是他们在美国从来没有听说过的，他们想知道更多有关中共抗战的细节。马识途"趁热打铁"地告诉他们，自己在西南联大外文系有很多年轻朋友，他们能讲更多的细节。这两个美国士兵很高兴，表示希望能尽快见到这些新朋友。回去后，马识途便与何功楷研究了这个新情况，他们认为这是一个建立"国际统一战线"的好机会，通过这条战线他们可以将中国真实的情况告诉美国民众。很快，他们将这个情况上报云南省工委。云南省工委书记郑伯克不久便指示他们可以建立这条"国际统一战线"，并建议他们扩大美国士兵的统战范围。就这样，通过这条"国际统一战线"，美国飞虎队成员贝尔、海曼、华德、帕斯特渐渐成了马识途、何功楷、李储文、张彦等人的好友，他们也慢慢地了解到中国共产党在华北真实的抗战情况，以及中国共产党关于抗战与追求民主的主张。在交谈中，这几个美国大兵认为：他们来到中国后，看到了太多的疾病、饥饿、卖淫、死亡，而国民党的政府官僚却在花天酒地，许多外援并未用于抗日，而是被这些官僚私吞、倒卖。他们十分疑惑："这是一个值得我们流血的国家吗？"马识途听后，给他们讲了在中国的西北和华北。在中国共产党领导下，西北和华北是为中国独立与民主而努力奋斗的地方，他们也讲了自己听说的美国飞行员在华北迫降后被当地共产党和中国民众救助的故事，他们认为那里才是中国抗战的希望。

后来有一次，这些美国大兵热情地邀请马识途、李储文、张彦等中国朋友到昆明美国军营去讲演，为他们的战友介绍华北抗战情况。这次演讲很成功，效果非常好。在逐渐的交往中，他们成了非常要好的朋友。

1945年8月，历时十四年艰苦卓绝的浴血拼杀，中国人民终于迎来了抗战胜利，美国飞虎队也结束了自己的历史使命，贝尔、海曼和埃德曼准备要回国。当他们听说中国共产党的毛泽东主席要到重庆与蒋介石和谈，他们异想天开地对昆明的朋友提出：路过重庆时，他们很想认识一下这位中共领导人。很快，他们的想法通过李储文反映到了中共南方局。周恩来收到这条消息后，极为重视这个提议。他敏锐地意识到这是一次提高中国共产党国际地位，寻求广泛国际合作与支持的好机会。通过这次会面，很有可能在中共与国际社会之间搭建起一座联系和交往的桥梁，积极开拓中国共产党外事工作新局面。1945年9月16日下午，周恩来安排这三位美国大兵到红岩村和毛主席见面。毛主席身着白布衬衫，外罩灰色中山服，笑容满面地和他们一一握手问好。当看见他们汗流满面时，毛主席立即将手中的扇子递过去。看见他们胸前挂有照相机，毛泽东诙谐地提醒道，太阳快下山了，如果你们想照相的话，最好趁光线还亮的时候到花园里去。于是，他们在靠近办事处大楼左边的两棵七八米高的芭蕉树前，和毛泽东、乔冠华、龚澎等留下了一个珍贵的镜头。晚上，毛泽东和周恩来热情地设宴款待他们。三个美国飞行员将自己带去的几条美国香烟送给了毛主席，毛主席高兴地接受了香烟，还风趣地说："你们送了几条，赫尔利却只送我一支美国香烟。"

席间，三位美国士兵将积存的 115 美元赠给毛泽东，表达美国人民对八路军和新四军坚持抗战的支持。临别时，毛泽东赠给他们一套十二幅版画作为留念。那次会面在三个美国士兵心中留下了深刻的印迹。贝尔在自己的日记中，生动地记录了这次见面。他称毛泽东"非常谦虚，讲起话来声音柔和，从不提高音调，从不激动，是真正的人民领袖。在这样的人面前，我们不由得有卑微之感"。他眼中的周恩来"是个五英尺四寸的壮汉子，我喜欢他那有力的握手。他真诚，英文讲得相当好，穿着举止都很有风度"，"他们都如此真诚、幽默，而且是那样由衷啊！……在这一天，语言不可能成为我们的障碍，我们通过译员谈了第二次世界大战，以及世界和平的重要性与中美两国人民之间的友谊"。海曼则回忆毛泽东："是一位热情、恬静、关心人的人，他能很容易地立即使你不感到拘束。他与他自己手下人员的相互关系也深深地印在我的脑海里。他同工作人员、领导人、厨师和招待员的相互关系是一种友爱和热情的关系。我没有发现丝毫自负、讲究礼仪、神气十足或其他任何做作行为的迹象。"

1945 年 8 月 15 日，日本宣布无条件投降。当胜利的消息传到昆明时，整个昆明变成了欢乐的海洋。但到了深夜，马识途渐渐冷静下来，他忽然有一种"众人皆笑我欲哭，众人欢乐我心忧"的味道，总有一种忐忑不安的感觉。

第二天，云南省工委书记郑伯克找到马识途，告诉他，根据南方局指示，要动员一批同学到解放区去，还要动员更多的同学下乡，到国民党统治薄弱的地方准备武装斗争。没过几天，有进步学生悄悄告诉马识途：国民党云南省党部调查室有一份"必须消灭的危险分子名单"，上面列有马识途和齐亮的名字。马识途立刻将此情报上报省工委。很快，省工委作出指示：要求马识途、齐亮、李晓等人赶紧撤离，转移到滇南农村。在撤离前，马识途根据上级组织安排，为李晓、许寿谔办理了入党手续，为李明等一批失去联系的共产党员办理了恢复组织关系的手续。

在离开昆明的前一天，马识途在征得组织同意后，再次拜访恩师闻一多，向他告别。一进门，马识途大吃一惊，原来老师把自己的长须刮掉了。看着马识途惊奇的表情，闻一多笑着说："我履行诺言，抗战一胜利，就刮胡子。"在这次交谈中，马识途向闻一多表达了中共希望闻一多先生在抗战胜利后先回到清华大学，继续和北平的西南联大学生一起进行革命斗争的想法。那时，对于自己的未来，闻一多先生有多种选择。但他最后表示他愿意考虑中共所提出的建议：回清华。他对马识途说，他梦想着不久天下太平，他想重新投入他的学术研究中，他有很多学术研究要开展，也有很多学术腹稿要完成。

临别时，闻一多告诉马识途：当他回昆明时，一定要来看看自己。

抗战胜利后，昆明学生运动如火如荼地展开，闻一多先生也积极投身其中。尤其当国民党发动内战后，愤怒的闻一多义无反顾地奔赴运动最前线。当昆明发生震动全国的"一二·一"惨案后，闻一多在烈士墓前发表了一次著名的演说：

四烈士永远安息在民主堡垒里了。我们活着的，道路还远，工作还多。杀死烈士的凶手还没有惩办，今天我们在这里许下诺言了：我们一定要为死者复仇，要追捕凶手。我们这一代一定要追还这笔血债，追到天涯海角。我们这一辈子追不到，下一代还要继续追，血债一定要用血来偿还的。

这是马识途亲耳聆听到闻一多先生的最后一次讲话，参加完送葬仪式后，马识途匆匆赶往乡下开展革命工作。

当他再次听到闻一多先生的消息时，先生已在 1946 年 7 月 15 日被国民党特务暗杀在家门口，听到噩耗后，马识途匆匆赶回昆明。他用大纸写了八个大字作为挽联："哲人其萎，我复何言"。这副挽联表达了马识途对恩师的哀思及对国民党反动派卑劣行径的愤怒与斥责。

成都风雨

1946 年 7 月，31 岁的马识途告别了西南联大，告别了自己的老师与同学。按照党组织的安排，他再次奔赴四川。因为任务紧急，这次马识途乘坐飞机从昆明巫家坝机场飞往重庆珊瑚坝机场。这是马识途第一次乘坐飞机，为了顺利躲过国民党的检查，马识途特地换上绸衫，拿着扇子，胳膊下还夹着一个皮包，装扮成一个跑单帮的商人。到达重庆后，马识途住进了罗广斌家中，这里是他哥哥罗广文的公馆，当时罗广文恰巧出差去了。1946 年春，罗广文被任命为国民党军第十四军军长兼重庆警备司令，他已成为当时四川极具影响力的国民党将领。而马识途在重庆很快便联系上四川省委，省委书记吴玉章亲自与他会谈，让他前往川康地区开展工作。组织要求他要在最短的时间壮大城市学生运动，加强统战工作，清理乡村组织，准备武装游击战争。马识途毫不犹豫地欣然领命，他将重整行装继续为中国的革命、为新中国的诞生，勇敢地战斗下去。

1946 年 9 月，马识途奉调成都担任成都工委、川康特委副书记，领导四川革命解放运动。到达成都后，马识途很快联系上川康地下党组织，在与成都工委负责同志秘密见面并开会时，他传达了四川省委的最新指示。成都工委将继续负责原川康特委负责的区域，包括成都、川西、川南、西昌、雅安、乐山、康定。成都工委的主要工作是在国民党地区发动在城市的群众反对国民党暴政，并把城市的革命力量转移到农村去，发动农民运动，开展武装斗争，拖住国民党军队，使他们不能和解放区军队打仗。在会议上，成都工委对有关负责同志进行了工作分工，马识途负责全面组织工作，和各地方组织建立联系，主要是抓成都市的工作。那时做地下工作，经费非常紧张，很多时候马识途和他的战友们都要靠自己的积蓄开展工作，有时生活十分拮据，甚至是一贫如洗。但他们依旧坚持自己的工作。在与雅乐工委书记陈俊卿每次见面谈工作时，马识途发现他都不住旅馆，而是在中山公园周边小街上下力人过夜的低等栈房凑合。老陈常穿着一件洗得发白的蓝布长衫，里面是一件空心汗衣，领子非常黑，他根本没有换洗的衣服。马识途心中不忍，便拿出自己的钱给老陈去买了一件稍微像样的衣服换着穿。但老陈却不愿意接受，他的解释是，只有这样他才像一个穷而无告的失业小学教员。因为居住环境过于恶劣，老陈身上长满疥疮，常常流脓，因为营养不良而面黄肌瘦，很多时候两人谈完工作，马识途都会自掏腰包请老陈去便宜的粤香村之类的廉价餐馆吃顿红烧牛肉，给他打打牙祭，补补身体。

没过多久，为掩护身份，马识途经人介绍前往成都私立华西协合高级中学担任高中英语教师。在组建中共四川大学地下党支部时，马识途提出了自己调研后发现的问题：进步学生脱离群众。为此，他要求党员、进步学生要深入群众中去，扩大活动范围，包括那些落后团体、宗教团体，甚至是伙食团体，要认真做好中间状态群众的工作，逐步扩大进步力量。他亲自带领党员和进步学生紧紧抓住生活这个最关键问题，发动学生搞伙食团，搞助学运动，开展要求平价米的斗争。正是在马识途的带领下，成都大中小学的进步运动很快便被点燃。

1947年冬天，为了研究如何在仁寿开展农民暴动，马识途与仁寿县籍田铺地下党负责人丁地平在成都成华大学附近的坟地里两次见面。籍田铺离成都只有九十里路，如果在那里搞暴动，影响很大，但问题是敌人赶去也会很快速。为此，马识途有过顾虑，但最后还是下决心在那里搞。只要能把敌人拖住，消耗他们的有生力量就是胜利。但这次暴动却并不成功，主要原因是我们的情报工作出现问题。当时有支押送银圆的国民党部队恰巧夜住籍田铺，结果暴动刚一开始就陷入被动。农民武装只得撤出，四处隐蔽。丁地平先疏散到资中，后又前往重庆一家医院隐蔽起来。后来，丁地平因为成都工委、川康特委书记老郑（蒲华辅）叛变而被捕，最后牺牲在重庆渣滓洞。长篇小说《红岩》中的丁长发原型就是丁地平。马识途领导的这次暴动虽然并不成功，但也对四川的国民党反动派起到了极大的震慑作用。他们没想到自己身边已经有了共产党的武装部队，这使得他们不敢把部队轻易调离四川。

1947 年初，设在重庆的《新华日报》被国民党当局强制查封，中共四川省委被迫撤退到延安。为了在成都更好地宣传中国革命的进展，成都工委决定筹办一份小报，将每天秘密收听到的延安新华广播电台的信息油印出来，通过地下党秘密渠道，将报纸分发到党组织和进步群众中去。成都工委决定由马识途负责此事。为了办好这份报纸，党组织特意从四川大学调党支部书记王放与马识途一起负责。办这样一份报纸十分危险，一旦被敌人抓住，那是要枪毙的。当马识途将事情的危险性和盘托出的时候，王放平静地说："我既然答应来了，就有这样的思想准备，这些话我看就不用多说了吧。我想知道的是，马上要我干什么？"思想统一后，两人说干就干，开始积极为报纸的出版做前期准备。

同年 2 月，马识途与王放一起合作筹办成都工委电台和《XNCR》快报的编辑、出版。马识途特意找出从王宇光家里取来的中共南方局交下来隐藏的电台。因南方局在雅安川军刘文辉部已设立了秘密电台，所以这部电台一直没有启用。为了能收听到新华广播，马识途和王放一起自学无线电的有关知识，马识途凭借自己十年前在中央大学学过的工程知识按照无线电书本，试着将这部电台改装成一部收音机。深夜，他把重新装好的收音机接上电池，转动旋钮，寻找收听新华电台播发的广播，在成功捕捉到新华电波后，他们将新华广播电台的呼号——《XNCR》作为即将面世的油印小报报名。每天晚上夜深人静的 11 点钟以后，马识途、王放就在柿子巷六号，头戴耳机，持笔伏案，认真收听新华广播电台的播音，抄录广播的通讯稿，然后马上刻蜡纸，凌晨 3 点钟左右油印，一直搞到五六点钟才结束。那时的他们集编辑、记者、排版、印刷、发行于一身，而整个报馆只是一间破房中间用箱柜隔起来的不足三平方米的阴暗空间。为了减少印刷噪声，他们设计出一种极其简便的方法：在绒布上涂上油墨，压上蜡纸，翻转来印，不出声音，既快又好，还可套色。早上，马识途、王放把油印好的《XNCR》拿出去分发到各个组织传阅。马识途还动员自己上中学的弟、妹、侄女业余时间参加《XNCR》的工作。很快《XNCR》在成都产生了较大影响，它为黑暗中的成都建起了一座明亮的灯塔，给黑暗中前行的人们带来希望和信心。成都的国民党特务被要求尽快破获这份极具煽动力的报纸。为了迷惑敌人，王放上街买了成色不同的纸张，她将这些纸裁成了不同的样式，而后用不同颜色油墨印刷。在印刷的报纸上她又印上各式各样的单位团体。这种迷惑手法让敌人根本无法查出《XNCR》是谁办的。但王放和马识途也都知道，任何稍微的疏忽都有可能给他们带来杀身之祸。每次王放提包出去分发《XNCR》前，总会对马识途说："也许晚上我不能回来了。如果过了 10 点钟我真的没有回来，你就赶快收拾东西转移吧。"这句话让马识途内心非常难过，每次他都要把王放送出巷口，不舍地看着她远去的背影。正是在这种艰苦的革命斗争中，两人渐渐互生好感。在共同危难中，他们相濡以沫，共面危机，两人之间的关系越来越亲近。

那一时期，除了忙于开展地下工作，马识途稍微闲暇时，总是对于自己在昆明创作的《夜谭十记》念念不忘，于是他在工作之余又开始悄悄创作。他抄出自己的《视察委员来了》给好友陈翔鹤看。陈翔鹤是我国现代著名作家，重庆人。1919 年，毕业于成都省立一中。1920 年，考进上海复旦大学。进入复旦大学后，陈翔鹤开始了自己的文学之路。1922 年他在上海与林如稷、邓均吾、陈炜谟组织"浅草社"，创办《浅草季刊》。同年，又办了《文艺旬刊》。1923 年，转学到北京大学研究生班学习，专攻英国文学和中国文学。1923 年，他和林如稷、冯至等在北平组织"沉钟社"，编辑出版《沉钟》半月刊。《浅草》《沉钟》都曾受到鲁迅先生的好评，鲁迅先生认为《浅草季刊》"向外，在摄取异域营养；向内，挖掘自己的灵魂，将真和美歌唱给寂寞的人们"，认为"沉钟社"是当时中国最坚韧、最诚实、挣扎得最久的团体。陈翔鹤是"浅草社"和"沉钟社"的主要小说家之一，同时他还积极从事文学进步活动。1937 年"七七"事变爆发后，陈翔鹤毅然返回故乡积极参加抗日救亡活动。次年，陈翔鹤参加中华全国文艺界抗敌协会，任成都分会常务理事。1939 年，经四川老乡兼好友周文介绍加入中国共产党。1945 年，任中国民主同盟四川省委执行委员。抗战胜利后，陈翔鹤留在成都积极从事革命。因革命与文学的爱好，陈翔鹤与马识途结识。马识途很欣赏陈翔鹤的文学才华，当自己创作出《夜谭十记》后，他很愿意听听陈翔鹤的意见。陈翔鹤看后，觉得这部小说写得很有味道，便准备拿去发表。可惜不久，1947 年成都"六二"事件爆发，陈翔鹤遭到成都国民党当局的通缉，幸得在李劼人的极力庇护下得以脱险。马识途在成都的家这次也被国民党特务查抄，他所有的书籍、书稿、笔记和资料都被抄没，其中就有已经初具规模的《夜谭十记》。而此时马识途已无心顾及自己的这次文学创作，他要面对更加严峻的革命考验。

1947 年 3 月，国民党派军队进攻延安，内战全面爆发。为加强自己的黑暗统治，国民党加大在成都的白色恐怖，特务们准备在这年 6 月 1 日当天动手大肆抓捕共产党人。已经听到风声的马识途有些焦急，因为他完全不知道敌人什么时候动手，要抓多少人，谁上了黑名单。正在这时，书记蒲华辅告诉马识途，他要与一位潜伏在敌人内部的同志见面，看是否能打听出消息。果然，这位名叫"老李"的同志在见面后将自己已经掌握的敌人准备 6 月 1 日在成都抓捕的情况及黑名单悄悄递了出来。马识途看到名单后倒抽了一口凉气，名单上要抓捕的有 100 多人，中共党员及进步人士就有一半多。为了保护潜伏同志，经过研究，马识途等决定分别通知名单上的中共党员及进步人士，其他人员因身份不明或其他原因暂不通知。在这次行动中，马识途认为作为负责组织工作的自己理应知道潜伏同志情况，而不能如书记蒲华辅所说，只有他一个人知道，这样对今后的地下组织工作不利。

同年8月，马识途将自己在成都从事地下工作时的经历及所见所闻写在了诗歌《什么时候……》中，他想以诗言志，以诗明志，不断激励自己。

什么时候……

什么时候——
我不再隐姓埋名，
今天姓张，明天姓李，
和特务在大街小巷捉迷藏，
如像躲避瘟疫和死亡？

什么时候——
我能在洒满阳光的广场，
举起同志们鲜血凝成的红旗，
和沸腾的人民一同高呼：
"万岁，中国共产党！"

什么时候——
老百姓不再替未出世的子子孙孙，
向刮（国）民政府交纳八十年后的粮？
妈妈为了不叫儿子去当炮灰，
不再狠心用针扎瞎熟睡儿子的眼睛？

什么时候——

我再不见以占领者自居的美国兵，
挟着舞女，挥着酒瓶，通街横行？
再不见每样东西，以至人的灵魂，
都打上可耻的U.S.A的烙印？

什么时候——
我才看见，平凡的姑娘，
穿上漂亮的衬衣，戴上白手套，
威武地坐在康拜因收割机上，
收割用自己汗血凝成的秋粮？

什么时候——
我才看见，年轻的小伙，
穿上新军装，背上冲锋枪，
随红旗走遍海角天涯，
去战斗，为了自己的土地和工厂？

同年8月底，中共成都工委召开秘密会议。书记蒲华辅（稍前赴上海向钱瑛汇报工作）传达上海局指示：在农村逐步开展游击战争；撤销中共成都工委，恢复中共川康特委，书记蒲华蒲、副书记马识途，委员王宇光、贾唯英、华健，领导成都市、川西、川南、川北、西康和川南部分县的中共地方组织，开展城市斗争及农村武装斗争。

为贯彻上海局指示，打开革命新局面，同年9月至次年春，为牵制敌军，马识途在仁寿、荣县、大邑、冕宁组织领导了数次武装暴动。这年秋，马识途主持中共新成都市工委的成立大会。在会上，马识途宣布彭塞（彭为商）任书记，王琴舫（王放）、杨文祥（张应昌）、赵文锦（女）任委员。

马识途在成立大会上讲了当前解放战争的形势，并指出成都工委的当前任务是：领导和组织群众开展反内战、反饥饿、反迫害的斗争，特别是要把工人方面的工作开展起来，为成立中共成都市委做准备，并为开展四川农村武装斗争输送干部。同年 12 月 27 日，奉川康特委的决定，马识途前往四川大学发动学生展开一次反迫害、保障人权的进步运动，以反对国民党四川省政府 26 日晚以"煽惑群众""诋毁官府"罪名抓捕官箴予，从而进一步揭穿国民党反动派假行宪、真独裁的骗局。

当四川革命正如火如荼地开展时，一场巨大危机正悄悄降临川康特委。

1948 年 4 月，中共重庆市委书记刘国定被捕叛变。正因刘国定的叛变，对距离不远的成都地下党带来了灭顶之灾。只是那时，马识途他们还没有感受到危险已经开始向他们走近。当月，西昌工委报告川康特委，他们准备在西昌冕宁发动武装暴动。经组织研究，决定由马识途亲自去西昌与冕宁了解实际情况。在抵达当地、初步了解情况后，马识途感觉此次暴动还是可以开展的，但当他进一步询问相关问题，如地下党对城市和附近农村的工农基本群众组织情况和发动情况，在附近彝族地区的统战工作如何，对彝族地区穷苦民众是否做了工作，等等。他发现当地同志的工作做得并不是很细，存在较为严重的漏洞，这些问题如果不解决好，很有可能会给当地的革命带来极大危害。在经过慎重考虑后，马识途与西昌工委再次进行商谈，决定停止冕宁暴动。

1948 年 6 月，马识途代表川康特委前往香港向南方局上海分局钱瑛同志汇报工作。为安全起见，他将自己打扮成一个猪鬃出口商，一袭长衫，夹着皮包，带着出口公司襄理名片，从成都出发，经重庆飞往香港。这是马识途第一次到香港，抵达香港启德机场后，三联书店经理老倪将他带到上海分局驻地。马识途住宿在靠墙两边一溜摆着的两排双层木床，一床旧竹席、一个竹枕头，而且还是和另一个并不认识的人倒班睡，吃得也很简单，中午买了盒饭打着开水吃，晚上到地摊上吃了一碗面。吃饭时，老倪建议马识途趁这几天还没约好见面时间，在香港转转，因为见了面，马识途便会被安排住在隐秘的地方，那时便不准上街，不准找朋友，更不能到公开的场合去，直到他们离开香港。他还告诉马识途，他所住地方的厕所很小很挤，在档头小房里。早晨大家刷牙洗脸都在这里解决，他建议马识途早晨多睡一会儿，错开这时间。几天后，马识途被上海分局的人带到驻地，一个配有一间小厨房和小坑厕所的一居室。他一进去便被告知：不准找人、不准发信，不准上街，不准写文字材料，不准打听与自己不相干的事，不准老在窗口往外边看，不准大声说话。一切行动听指挥。

第二天，上海分局负责人钱瑛来到住处与马识途见面。时隔多年，马识途再次见到老领导。坐下后，马识途开始将川康特委领导的城市群众工作、学生工作、农村工作、武装暴动等情况作了详细说明。在交谈中，钱瑛对前一阵成都发生的"四九血案"提出了不同意见，她说："你们怎么可以把蒋介石的凶恶帮手、有名的刽子手、外号'王灵官'的王陵基和与蒋介石有矛盾的地方军阀邓锡侯一样看待呢？"马识途说："我们就是想给'王灵官'一个下马威。"钱瑛认为，用冲击他的衙门这样的做法不妥，那明摆着是叫他下不来台。更不应该把自己的依靠放在统战关系上。如果那些人为了自己的利害关系，失信并武装镇压，我党的同志就陷于被动了。钱瑛的告诫让马识途懂得了斗争要有理、有利、有节，适可而止。在马识途汇报农村武装斗争工作时，钱瑛依旧严肃地指出他们存在的问题。她指出，坚定地执行党中央在国民党大后方发动农村武装斗争的指示是对的。但是武装斗争是最高形式的斗争，如果不慎是会造成损失的，这是人命关天的大事，必须要严肃对待，慎重准备。要在充分估计敌我力量的主客观条件后，在内外部条件允许的范围内采取突然行动。不战则已，战则必须要在有胜利把握的情况下才能动手。她认为，川康特委要特别注意以后必须要在川康两省接合部地带的农村，认真做教育群众、发动群众工作，在群众工作的基础上，展开各种形式的斗争，为武装斗争积聚力量。

这次香港之行，钱瑛还对马识途进行了一次有针对性的整风学习。在进行自我批评的时候，钱瑛并不满足于马识途从表面上就事论事的自我批评，她要求要在工作作风和思想方面寻根究底，要从革命立场和世界观上去深挖细查，要触及个人灵魂，深入进行思想批评。触及灵魂的思想批评并不是一件容易的事，马识途当时抵触情绪较大，他心里想：我们在白色恐怖的环境里出生入死地干，随时准备掉脑袋，难道还有什么是全心全意干革命还是半心半意，以至三心二意干革命的问题吗？我们有什么个人英雄主义思想要改造的问题吗？这次香港整风，对马识途以后的革命工作产生了重要影响。

临走之前，钱瑛又来和马识途谈话。她说道，这次你来不仅是对你进行整风，也是对川康特委的一次整风，希望提高你们的思想水平，能够平安度过这天亮前最黑暗的时光。她说自己在白区工作几十年，坐过牢，看到过许多失败，见到过许多好同志牺牲。她不想再看到像川东那样的党组织由于叛徒的出卖遭到大破坏，许多同志被捕的事重演。她语重心长地说："国民党特务和我们斗争了几十年，他们有政权、有枪杆子，还有凶恶的特务和监狱，很会搞阴谋诡计。你们可要警惕呀！我们在白色恐怖中斗争，我们靠什么，就要靠党中央的正确路线和政策，靠拥护我们的群众，靠众多坚强的党员，还靠有勇有谋的领导干部，我们同志有必死的决心当然好，但是还要有智慧、谋略和斗争艺术。"

谈完话后，钱瑛又对马识途提起他的终身大事。她希望马识途能从妻子刘蕙馨牺牲的阴影中走出来，开始新的生活。马识途听老领导这样说，也坦然地对钱大姐说，自己和战友王放在办《XNCR》的一年半中，思想上工作上时常交流，感情也在日积月累中建立起来，目前两人在心里已经明确了关系，只是还没有向组织提出来。钱瑛听后很高兴，表示如果两人情投意合，组织批准他们早日结婚。

马识途回到成都后不久，便和相识相知的王放结为夫妻。他们没有结婚仪式，没有证书，没有朋友在场祝福，只有一对两个连在一起的"喜"字做证。那天晚上，在妻子王放的要求下，马识途再次创作了一首《我们结婚了》。

我们结婚了

我们结婚了，

在一间阴湿的破屋里，

桐油灯代替喜烛的时辰。

我们找到了主婚的人，

却不是我们的父亲和母亲，

而是我们生死相许的"爱情"。

我们也找到了证婚人，

可不是亲戚或社会名人，

而是我们遭遇的"不幸"。

我们也找到了介绍人，

可不是说得天花乱坠的媒人，

而是我们矢志不渝的"革命"。

我们不必登报，要求社会的公认，

也不用"立此存照"的结婚证，

这个社会和法律对我们不值一文。

我们不请自来的头一个客人，

就是在房檐上跳着的小麻雀，

为我们奏了欢快的结婚进行曲。

我们不请自来的又一个客人，

就是在窗口上忙着的小蜘蛛，

为我们编织了一幅漂亮的窗帘。

我们庄严发誓，双手按着经典：

"我们永远不会离婚，

除非谁做了可耻的逃兵。

我们永远不会分离，

直到我们该永远分离的时候。"

正如钱瑛所担心的那样，川康特委的危险真的开始出现了。马识途回到成都当天，王放就告诉他，自己的好友、民协成员陈为珍被国民党特务传讯，陈为珍从传讯室带出话来"他们正在找五哥"。"五哥"就是马识途。马识途得知此消息后，立刻赶往书记蒲华辅家中商量对策。当马识途向蒲华辅传达钱瑛的指示，让他隐蔽到乡下时，蒲华辅听了很不高兴，他认为钱瑛远在香港，并不了解四川的具体情况。现在全国形势大变，四川情况也大变，有许多紧迫工作需要去做，特别是统战工作、军事情报和武装斗争，都需要他重新研究安排，他不能离开成都。同时，他还提出要召开一次特委扩大会议，把成都市委和各个地区工委同志都找来，好好研究一下当前的工作。听到蒲华辅这么说，马识途感觉十分不妥。此时委员华健也提出一个新情况，他说根据内线报道，最近成都来了一个大特务，重庆那边也派来了很多特务。根据自己的斗争经验，马识途告诉在场的委员们：和联系人接头时，要先把周围情况查看清楚，接头后一定要走至少三条街巷，确认没有"尾巴"才能回到自己的住处。如果有可疑人尾随，一定要在保证摆脱后才能回家。对于自己常走的街巷茶馆，一定要看好脱身的岔道和隐藏的出路。他希望包括老蒲在内的同志都能听进去这些有用的经验。

可惜，蒲华辅的对敌斗争经验还是欠缺，危机就是因他而起。正是因为他的大意，给川康特委带来了重大损失。

1949 年 1 月下旬的一天，马识途和蒲华辅约好在成都春熙南路饮涛茶馆见面。马识途刚坐下，他习惯性地看了四周，他突然发现远处坐着三个人，鬼鬼祟祟地看着他们的位置，直觉告诉马识途出问题了。原来蒲华辅那时已经暴露，但敌人希望能通过他把川康特委尽可能一网打尽，所以对他并未采取任何措施，只是派人尾随他，逐渐拉开网。

蒲华辅的暴露源于重庆地下党负责人刘国定在被捕叛变后，交代出他认识川康特委的负责人，他记得这个人叫"老郑"，是重庆铜梁人。听到这个消息，重庆特务喜出望外，他们押着刘国定迅速赶往成都，每天开车在成都街头乱转，希望能让刘国定偶然发现这位"老郑"。同时，他们还派重庆铜梁特务专门在成都的铜梁人中间打听"老郑"。由于蒲华辅根本不注意保密身份，他不仅用自己的本名做职业掩护的名字，而且还和不同政治色彩的老乡来往。这给他带来了灭顶之灾。很快特务就找到了蒲华辅，并一直在秘密跟踪他。

意识到危险后，马识途立刻低声对蒲华辅说："看来不对。"蒲华辅显然没有意识到危险，他还满不在乎地劝马识途不要疑神疑鬼。但经验丰富的马识途坚决地中断了这次见面，他告诉蒲华辅今天什么都不谈了，两人马上分别撤退，远处的人肯定有问题。蒲华辅起身一离开，远处三人中便有一人马上跟上尾随，马识途知道自己的判断完全正确。为了摆脱敌人，他起身离开座位，然后走下楼梯，转弯处他突然停下身假装抽烟，两个特务急忙跑过来，三人结结实实打了个照面，两个特务一看自己被发现，赶忙转身。马识途立刻记下了这两个人的面貌，他知道自己暂时还没有危险，看来敌人还想放长线钓大鱼。

识别"盯梢人"后，马识途立刻想到脱身之计，他准备在街上和他们来一场捉迷藏。他准备先处理掉一个，再最后摆脱掉一个。他从容地走上春熙路，走着走着，他突然走近一个穿着长衫的商人，高声叫他的名字，然后开始握手攀谈，马识途对那个人说："等会儿我就来。"而后，故意低声和他讲了几句话，两人便匆匆分别。一个特务果然被那个马识途根本就不认识的人"带走了"。还只剩一个，这就好办多了。接下来，马识途开始在春熙路瞎逛，他一会儿走进春熙路百货公司，在假装买衣服时，他再次确定特务依旧是一个人，而后他又走上春熙北路的漱泉茶楼，这个茶楼他常来，他知道这里有两个楼梯。他从南边楼梯走上去，装作无意的样子看了一下楼下，特务怕自己被马识途发现，在一楼楼梯口附近停了下来。这时，马识途突然加速冲向另一边楼梯，等特务反应过来，他已经冲下楼梯，二层全是茶桌茶椅、各色人等，特务根本没有马识途熟悉地形，等特务跑下楼，马识途早已消失在春熙路上。他从一个花店的前门进去后门走出，而后又通过一个照相馆的镜子再次确认确实没有特务尾随后，又连续走了三个僻静的小巷，再次确认没有人跟随后，才放心地回家。回家后的第三天，马识途本想按照约定前往蒲华辅家商谈事情。那天恰好他没有那么早去，如果他早去几分钟，那他的人生就会发生巨大改变。因为前一天晚上，敌人终于决定收网抓捕蒲华辅。在抓捕中，敌人疏忽了他家中的阿姨邱嫂。邱嫂在蒲华辅爱人的叮嘱下，悄悄一早来到马识途家门口，等到天稍微亮时，才来敲门将这个情况告诉马识途。马识途听后赶忙离开家，开始通知还在城内的特委成员迅速离开。可惜，委员华健并不在家，他提前一天去见了蒲华辅。为将组织损失降到最低，马识途不顾个人安危，向香港倪子明发电报："家父病危入院即归。"用隐语报告川康特委书记被捕的消息。而后，他又联系川北（三台通信处）、川南（专署陈离处）、西昌（电信局黄觉庵处）工委，发电报报警。他还与成都市委副书记彭塞联系分别转移在成都的相关地下工作人员。他告诉彭塞，敌人这次一定是有备而来，书记被捕，按照秘密工作规定，凡是蒲华辅和华健认识和知道的同志，必须马上疏散和转移，2—3天这项工作必须完成，不得延误。

几天后，隐蔽起来的马识途先后得知统战系统的傅茂青夫妇、银行党员颜如玉被捕的消息，马识途判断出书记蒲华辅已经可耻地叛变了，国民党反动派开始全城搜捕。他也意识到真正的残酷考验开始了，但他还有未完成的工作要去完成，他不能只顾自己撤离，他已做好牺牲的准备了。

　　冷静下来的马识途首先估计了敌我双方形势，他最大的优势在于没有一个敌人认识他。为了尽可能安全地做好工作，他准备给自己来一次从头到脚的"改装"。他首先将自己的发型做了改变，将帽子翻转过来戴，把原来的黑框眼镜变成了金边眼镜，将胡子刮去，将风雨衣从灰卡其布变成黑色。而且出去办事他只走小巷子，并住到只有自己知道的单线联系人那里。他尽自己最大可能通知每一个他要负责通知的人。其中，就有他的好战友吕英。那天马识途前往吕英住处，他在周围几条街巷转悠了很久，他边转边仔细观察，他没有发现特务的活动，估计吕英的住处尚没有问题。于是，他小心地走进吕英居住的小院子，他假装找房东问是否有空房出租。谈话间，他从小院坝中斜眼瞟了一下吕英住房，从玻璃窗望进去，他看到吕英安然地坐在那里。于是，他托故到吕英房里去查看一下房子。进去后，他低声告诉吕英马上撤退，什么都不要带，立刻走！说完，马识途就退出那个小院走了。

　　正是在马识途的带领下，川康特委带领地下党经受住了这次大考，历经半个多月的工作，所有可能的漏洞都补上了，队伍没有大的损失，革命没有太大的影响。那时的每一天，马识途都像在钢丝上行走，稍有不慎便粉身碎骨。也许那时候的马识途偶尔会想起自己曾经写过的那首诗《什么时候……》。

　　1949年2月，在完成人员、组织转移工作后，马识途秘密前往重庆，在那里他从当地地下党同志处得知成都的特务已来到重庆，准备对他实行抓捕，因为敌人分析觉得他很有可能从重庆坐飞机或轮船前往香港。为摆脱敌人，马识途乔装打扮，夹着一个黑皮包，身穿一个皮大衣，扮成一个做猪鬃出口生意的商人，先后化名为张司光、张同先，后途经贵州、广西、广东前往香港汇报工作。当他在深圳准备乘火车过境时，他看到国民党军警检查得十分严格，只要认为是可疑的人，一律带下火车。见此情景，马识途仔细观察了一下，他发现这些军警在其他车厢检查得非常细致，但对头等车厢的旅客却只是例行公事，几乎不看票。马识途想到自己身上还有些余钱，便赶忙到附近的商店买了一身西装，西装外面套上原本的皮大衣，再戴上礼帽，加上他本来就身材魁梧、气宇轩昂，一看就是个活脱脱的大富商。装扮妥当后，他直接到卖票窗口买了一张头等车票。进站上车后，他还特意买了一份英文报纸，读报时他还有意挡住了自己的脸。就这样，他终于顺利通关。

因刘国定和蒲华辅的叛变，马识途的堂妹马秀英和堂妹夫齐亮（马识途西南联大同学及党支部同事）、好友罗广斌（《红岩》作者）在成都相继被捕，马秀英和齐亮后在重庆歌乐山牺牲。

抵达香港后，考虑到蒲华辅很有可能将香港办事处的位置告诉敌人，马识途思虑再三便直接前往香港上海局所在地。当他凭着印象抵达驻地后，他上了三楼，急速地敲门。很快门上的小窗打开了，是妻子王放，当时王放正被川康特委指派到香港学习。进门后，死里逃生的马识途激动地一把抱住妻子。第二天，钱瑛赶到住所听取马识途汇报这次川康特委被破坏的经过。她一上来便问马识途："你先说说你们川康特委党组织被特务破坏的情况。老蒲是不是叛变了，漏洞堵得怎么样了？"

马识途回答道："第一，老蒲的确被捕叛变了；第二，漏洞已经堵住了，除了老蒲直接领导的统战和军事方面的少数党员外，成都市委和各地工委以下的各级党组织，都及时作了应变措施。"

在与钱瑛的交谈中，马识途才得知之前蒲华辅一直想开的"川康特委扩大会议"是他未经请示擅自做主的，还好敌人心急立功，没有等到会议召开后再动手，要是那样，川康特委班子将会被敌人彻底一网打尽。听了汇报后，钱瑛告诉马识途，鉴于现在这个情况，川康特委的负责同志应全部撤出，像王宇光只是撤退到重庆还远远不够。马识途的解释是成都和重庆的革命群众斗争正在风起云涌地发展，不能没有人指挥。钱瑛非常严肃地告诉马识途，现在全国革命形势已经进入全新阶段，解放军正以摧枯拉朽之势在全国各个战场击败国民党军队，四川、重庆的解放指日可待，现在这两个地方的地下党最主要的任务是保存力量，等待解放，准备接管城市，要保护城市、护厂护校，保存机关档案，不能再做无谓的牺牲。

在这次长谈中，钱瑛告诉马识途：一个共产党人必须努力改造自己的世界观，提高自己认识客观世界的能力，才能把工作做好。一个人之所以不能把客观事物认识清楚，往往和个人思想上的主观主义有关系，特别是和有各种个人打算的个人主义有关系。

听到老领导这样讲，马识途一下子明白了：工作上一切的成功和失败，事实上和领导人的指导思想是分不开的。而指导思想往往和个人认识世界的能力分不开，这就是世界观的问题。

最后，钱瑛向马识途布置了即将要开展的工作，就是把蒲华辅认识的所有领导干部马上转移到香港，将成都、重庆正在进行的群众斗争全部停止。当马识途提出自己马上回去执行时，钱瑛并不同意，她说她会派另外的同志前往，她希望马识途这段时间在香港一方面好好休息，另一方面做好总结，等四川地下党同志都到后，要认真反思，提高认识。

迎接解放

1949 年 3 月，党中央通知钱瑛，要她带领在香港的地下党同志回到北平，准备随解放大军南下四川、重庆，参加接管工作。马识途等人听到这个消息后，特别兴奋，为之奋斗的光明终于要来了。4 月 1 日，在钱瑛带领下，马识途与在港地下党员一起，经台湾海峡、黄海、渤海、烟台、济南北上北平。在轮船即将抵达山东解放区时，马识途等人按捺不住激动的心情，举手欢呼："回家了！回家了！回家了！……"

看着海鸥在海面上自由自在地飞舞，马识途的心也随之荡漾，马识途觉得自己眼前的太阳是如此的明亮，海水是那样的湛蓝，他们的内心如此的轻松与惬意。

一天夜里，诗兴大发的他，特意连夜创作了一首长诗《到解放区的第一天》。

到解放区的第一天

一脚踏上解放区，
十几年辛酸痛苦的岁月，
在眼前流去。
几万里艰难曲折的道路，
在脚底逝尽。
在牙齿间咬碎过多少仇恨，
在血火中开展过多少斗争，
擦干多少眼泪，

掩埋过多少亲人。

……

今天，

一个晴朗的早晨，

抹去满脸愁云，

抖掉一身沙尘，

终于把我生命的船，

停靠到解放区的港湾。

……

我更怎么能忘却，

那些在囚牢中受难的战友，

那些百折不挠的同志，

正在进行殊死的最后斗争。

在这北国海滨的夜里，

我久久不眠，凝望南方。

同志，我们的心是那样的近，

现在，我们的身体却隔那么远。

向南方飘去的微云呀，

请替我给他们捎一个信。

解放大军将挥师南下，

胜利就要来敲开你们的门。

同志，我们就要回来，

越过高山大河回来，

从漫天的风暴里回来，

红旗将飘扬在蜀水巴山。

离开山东后，马识途等人顺利抵达北平，他们住在中央组织部隔壁一间年久失修的旧房子里，这里没有任何家具，只是在地上铺了一层厚厚的草，但他们并不介意。

他们旁边住的是周恩来副主席。他们路过周副主席的房间时，被告知要小点声，因为周副主席每天都要工作到很晚。但有几次，当他们路过时，周副主席已经在屋前散步，他会主动和马识途等人打招呼。

过了一阵，马识途等人还受邀参加了周恩来副主席筹办的招待茶会。招待茶会在北京饭店的西大厅举行。来的人不少，除了党的领导同志外，大半都是各地来的民主人士和有声望的代表人物。开会前，周副主席到各张桌子边和大家握手问好，当到了钱瑛和马识途等人坐的这桌时，周副主席热情地与钱瑛握手，并亲切地称呼她"钱大姐"。当钱瑛把身边的马识途等人介绍给周副主席时，周副主席说他还记得只在曾家岩见过一面的马识途是和何功伟在鄂西特委一块儿工作过。

招待茶会开始后，周副主席上台致辞。他向大家通报了前线的最新形势。他讲国民党正派代表来谈判。无论谈得成谈不成，解放军是一定要渡江的。国民党的政治中心南京城指日可下。马识途听后很兴奋。他知道解放军渡江攻取南京后，一定会扫荡华南。如果是这样，我大军进军西南的日子很快就会到来，四川很快就会迎来解放。

在北平休息的那段时间，马识途还特意前往清华大学看望老友王松声和其他几位西南联大的同学。在马识途眼里，清华大学是那么大。不久，马识途还意外遇到西南联大的老师吴晗，马识途过去向教过自己的恩师致意。

1949年4月20日，当马识途听说解放军即将横渡长江解放全中国时，他和同志们高呼："打过长江，进军西南，要回家了。"兴奋的马识途在北平作了一首长诗《最后的打击》，以示庆贺。

最后的打击

来吧，同志们，

给他们重重的打击，

给他们重重的最后的打击！

呸，笑话，

那些金元、美械，

那些 made in USA 的飞机，坦克，

又算的什么？

就是原子弹也罢，

在人民的真理的利剑下，

也不过是纸糊的玩具。

来吧，同志们，

向前呀，

给他们双倍的打击，

像秋风扫荡落叶，

像暴雷滚过天边。

这是给他们最后的裁判，

用机关枪架在他们头上，

写上人民的正义的判决书。

该打他们的头，

绝不要只切断他们的尾巴，

该叫他们跪着投降，

绝不能让他们活着逃走。

让我们来打个赌，

看谁撕下的金领章最多，

看谁第一脚踏进南京城，

看谁第一个登上蒋介石的宝殿，

看谁第一个把红旗插在紫金山巅。

不久，根据党中央的要求，马识途等人随钱瑛南下接收武汉，学习如何管理大城市。第一站他们来到刚刚经过战争洗礼的北方重镇天津，在这里他们停留了几天。在天津的街道上，马识途看到虽然当地的秩序还好，但因为战争，经济尚未恢复，许多商店、工厂都还处在停业、停产状态，失业工人和流民非常多。当马识途等人询问工人近况时，才知道有些商铺和工厂是被战争损毁，有些则是因老板们不明我党的政策而迟迟不敢复业，还有一些大老板则是一走了之，携资南逃或去了香港。

马识途和妻子王放等人沿津浦铁路南下，随四野进入武汉，他很快被任命为华中总工会副秘书长，努力学习城市接管工作。这是他们第一次以主人翁姿态担负工作。马识途心情十分愉快，可工作起来，陡然发现自己要当家管理一个几十万人的吃喝拉撒，真不是件容易的事。由于战争，工厂大多停产，城市里物资奇缺，而有些不法商家却囤积居奇、哄抬物价，工人没有收入来源，生活艰难。

此时武汉的实际负责人是马识途在湖北襄樊工作时的领导陶铸，由于之前在东北、华北的管理经验，陶铸带领武汉军管会，按部就班一件一件地解决，工作逐渐步入正轨。马识途很注意在工作中学习。他常常深入工人中去调查研究，倾听他们的声音，收集他们的意见。根据在桥口工人区的调查研究，他们协助军管会提出了"计实工资制"，即在工人的每个工分中都包含着粮食、白布、油、盐，这样工人的生活就不太受物价飞涨影响。这种工资制一经推出，就受到工人们的欢迎。在武汉，马识途还与地下党员曾悙、黎智、舒赛、闻立志等老友重逢。

1949 年 9 月，马识途又奉命赶赴南京，与即将进军四川的二野会合。

抵达南京后，马识途特意抽出时间到雨花台去祭奠牺牲在那里的英雄烈士。到了那里，只见一片乱山岗，马识途捡了一些雨花石回来，特别是带鸡血红的，那真像是烈士的鲜血染上的。

在南京，马识途与邓小平等领导人有过一次交谈，这次交谈给马识途留下了深刻印象。

一天傍晚，二野党委办公厅刘仰峤同志亲自带车接马识途等人去一个公馆，马识途等人下车才进院子，便看到邓小平、刘伯承、宋任穷、张际春等领导同志早已在台阶边等待。他们亲切地和马识途等人握手，道一声："你们辛苦了。"

进入大厅坐下后，邓小平同志首先来了个开场白："欢迎你们，地上地下，我们会师了。"接着，马识途等人开始汇报工作和介绍四川最近情况，川康特委由马识途汇报，川东工委由萧泽宽汇报。当马识途谈到川康特委撤出后，成都和重庆还正在展开群众游行示威斗争，还没有说到在香港受到钱瑛同志的批评纠正时，邓小平同志就说："你们怎么现在还在搞群众性的斗争呢？打倒蒋介石，现在不需要你们做出更大的努力了，我们大军一到，他们就会土崩瓦解。你们现在必须保护好你们的干部，我们接管城市，需要大批的本地干部，你们不能再牺牲了。你们现在的工作，不是去和敌人进行斗争，而是保护好自己，准备迎接解放。可以这么说，你们现在的工作就是不工作。"

"现在的工作就是不工作！"马识途听了既吃惊又佩服，说得真是透彻极了。在香港总结工作时，钱瑛也说到这一点，她批评川康特委现在还在照老样子进行斗争。形势已经改变了，还不知道要改变斗争的方式。难怪当时她就派同志坐飞机回重庆传达纠正了。今天听小平同志这么一说，马识途等人心里真是更为豁亮了。

小平同志接着说："这当然不是说，你们现在什么事都不能干了。你们应该保护自己的干部把有被敌人逮捕危险的干部，马上疏散隐藏起来。其余的同志可以做搜集资料、保护档案策反、保护工厂企业学校，防止敌人破坏这样一些工作，而不是去进行可能带来牺牲的斗争。"

马识途说钱瑛同志早在香港时就已经对他们的工作进行了纠正。小平同志还不放心，他说现在形势发展得很快，最好再派人回去做布置。马识途马上说将照他的指示去办，研究派人赶紧回去传达落实。

几天后，正在南京编写有关入川材料的马识途又接到调令，让他火速前往西安与一野会合，准备随一野进军四川。在开封火车上，马识途怀着激动的心情聆听了开国大典，尤其当毛主席宣布：

"中华人民共和国中央人民政府今天成立了！"

马识途与车厢中的人民一起欢呼雀跃起来，自己为之奋斗十几年的新中国终于成立了，这是何等的幸福与激动。想到中国革命这一路走来所经过的艰辛与困苦，想到那些千千万万牺牲的烈士，马识途内心感慨万千，当雄壮的国歌响起时，他与其他战友一起放声高唱起来：

> 起来，不愿做奴隶的人们，把我们的血肉筑成我们新的长城，中华民族到了最危险的时候，每个人被迫着发出最后的吼声，起来，起来，起来，我们万众一心，冒着敌人的炮火，前进！冒着敌人的炮火，前进！前进，前进，进！

火车抵达西安后，马识途与王宇光奉命前往山西临汾一野司令部报到，与贺龙见面。才到临汾晋绥分局，城工部的同志便告诉马识途等人："贺老总要见你们。"听说要见贺龙将军，马识途心中很激动。因为自己1939年在湘鄂西从事农民运动时，当地农民就向马识途描绘贺龙是从天而降的一条龙，是有着通天本领的盖世英雄。而在白区从事地下党工作时，国民党则把贺龙描绘成为红胡子、绿眼睛，喜欢吃小孩的"魔鬼"。

当马识途等人被城工部同志带进一个普通的小院子，他们看到一个披着一件宽大布军棉衣的大个子正站在台阶上，和警卫战士谈话。当城工部的同志走向前向他敬了一个礼后，他笑着问："来了？"马识途猜到这位就是贺龙同志，他们赶忙走上前去和他握手。贺龙热情地把马识途等人让到屋里去坐。

贺龙坐下后拿起一个黝黑发亮的烟斗装烟，和大家闲谈起来。马识途没有多说话，只是看着眼前这位声名赫赫的将军。晚年，马识途在回忆这一段时，仍有着清晰记述：他虽然有一道浓眉，那眼睛却常常是弯弯的，老含着笑意，大而明亮，并不是绿色的。在宽大的脸盘上有一张大嘴，也老是半开着，含着笑意。最惹我注意的是他并没有什么红胡子，上嘴唇上倒有一道修整得很整齐的小胡子，像用浓墨抹的一样，也随嘴角的舒展而抖动着，更显得和气。难道这就是那个红胡子、绿眼睛，专吃小孩的贺龙吗？难道这就是那位由龙变成的传奇式的民间英雄吗？

随后，贺龙率先用川音讲话，"你们从四川过来很不容易吧？古话说蜀道难嘛。"马识途没想到贺龙说话这么文雅，更没有想到他说的几乎是四川话，顿时感到十分亲切。贺老总问了客人一些关于四川的情况，包括问到一些地方军阀的名字。马识途等人一一作了回答。马识途很奇怪，贺龙远在北方，怎么知道四川这么多情况，而且对于四川的军阀这么熟悉呢？贺龙不等大家问，便自己解释说："我在你们涪州驻过防，我带过旧军队呢。"说罢，他很自在地笑了起来。他始终是那么乐观开朗、富于风趣的样子，没有一点架子。

贺龙看出马识途等人希望解放大军迅速南下，尽快解放四川的急切心情，他知道这也是灾难深重的四川人民的共同愿望。他说："快了，到你们成都过年去。"

聊了好一阵，马识途等人知道贺龙军务繁忙，便起身告辞。贺龙交代同来的同志："叫他们住好，搞点好吃的。"他风趣地加了一句，"多搞点辣子，四川人爱吃辣子的。"

1949年11月，贺龙带着马识途等人随大军到达西安。不久，准备入川接管的各级党政干部也陆续到达西安，组织学习。一天，贺老总找马识途等人去，要他们准备向南下干部做报告，介绍四川的情况。马识途认真准备了报告。在报告会上，他向大家介绍：成都是一个纯消费城市。大量的市民依附于反动的政权、军阀、官僚、地主阶层而生存。现在成都的现状是百业凋敝，物价飞涨，民不聊生。成都解放后，如何恢复生产，保障人民生活，是我们要注意的第一个大问题。他还特意讲道：四川的国民党军队士无斗志，军心涣散并不可怕，可怕的反而是那些地头蛇。对于那些尚未受到打击、盘踞农村的袍哥、土匪和地主武装，我们一定不能掉以轻心。在他讲述这些的时候，有些同事在讨论中却不以为然，说："蒋介石几百万大军都被我们打垮了，还怕这几条地头蛇？"听到这些声音后，马识途有些着急，他立刻向贺龙反映了这个情况。贺龙说："我在四川驻过防，我知道那些地主袍哥的厉害，是要让大家注意，不要叫地头蛇咬了。"1949年11月28日，《川西北临时军政委员会关于接管成都应注意事项的规定》公布。其中第三条，就采纳了马识途当时在报告中提到的意见：

"三、关于治安问题。成都社会复杂，袍哥组织普遍而深入各阶层，民间枪支很多，抢劫、暗杀经常发现，至于敲诈、窃盗、欺骗、烟赌等事，更是层出不穷。淮海战役后，国民党特务进一步有计划地打入袍哥的基层组织，布置了对付我们的各种地下活动。而且我们进入成都，正值国民党地区所谓冬防时期，是社会秩序最难维护的季节。这一情况应引起我们严重的注意，必须警惕特务活动，加强治安工作，首先打击那些敢于公开捣乱的特务分子。"

1950年初，四川爆发了震惊全国的龙潭寺惨案。其后范围更广、规模更大的川西土匪暴乱几乎在一夜之间蔓延开来。他们破坏新生的人民基层政权，杀害基层革命干部和积极分子，封锁或占领一些小城镇，控制农村。土匪们还破坏城乡交通，抢劫各种运输物资，绑架勒索、奸淫妇女就更不用说了，闹得很多地方的老百姓流离失所。四川袍哥的危害由此可见一斑，这也证明了马识途的警告是有先见之明的。

1949年11月中旬，一野大军正式南下进军四川，马识途随队伍经宝鸡、汉中、大散关、剑门。抵达汉中后，队伍停下来暂休了几天。马识途有些不解，贺龙则对他解释道："我们不光是要拿下四川，更要紧的是歼灭敌人，不要叫胡宗南的几十万大军溜掉了，所以我们要慢慢走，把他们吸引在大巴山和川西一带，等二野刘邓大军封住他们的退路，我们再迅速进军，把他们歼灭在川西。这是中央'攻而不进，先慢后快'的方针。"

新中国刚刚成立，党中央便确定了解放军进军西南的大方针：取大迂回动作，插至敌后，先完成包围，然后再回打之。具体的部署是：在第四野战军发起广西作战的同时，刘、邓大军以大迂回动作，取道湘西、鄂西直出贵州，挺进叙府（现宜宾）、泸州、重庆一线，切断胡宗南集团及川境敌军通往云南的道路。贺龙的任务则是，积极吸引、抑留胡宗南集团于秦岭地区，待二野切断川敌退往康、滇的道路后，迅速占领成都地区，协同二野聚歼胡宗南集团。

听了贺老总这样说，马识途理解了党中央的全盘战略考虑。

在贺龙指挥下，14日，十八兵团解放了广元；17日，占领著名关隘剑门关，打开了通向成都的门户；20日，十八兵团进抵巴中、绵阳。此时刘、邓大军亦进到了简阳、仁寿、双流。胡宗南集团及其他国民党军数十万人被人民解放军包围在成都附近。

刘伯承、邓小平、贺龙决定，21日发起成都战役。

这时的胡宗南早已是惊弓之鸟，他自知难逃失败。尽管他在新津召开了一个国民党军以上高级干部会，要大家"同舟共济""共赴危险"，打到西昌去，作为反共的最后堡垒。他自己却悄悄地坐飞机从成都逃到海南岛去了。

就在胡宗南逃走的这一天，贺龙乘车经过剑阁前往梓潼。他兴致勃勃地与周上第、王维舟、张经武登上了七曲山顶。七曲山山势雄伟。此时，旭日东升，群山在灿烂的阳光下，显出一种特有的气势。贺龙望着成都方向，兴奋地说："离1950年元旦，还有最后一个星期了，无论是武力解决，还是和平解决，我们都可以到成都过年了。"

在梓潼，马识途陪同贺龙与当地代表人物召开了一次座谈会，了解当地情况，后经涪江、绵阳，直至新都。在途中讨论接管时，贺龙问马识途："我们进成都后要办的第一件大事，你说是什么？"马识途回答："到成都后第一件最紧迫要办的事，是抓紧时间抢修都江堰岁修工程。清明节放水前必须修好，时间已很紧迫，否则误了春耕，问题就大了。"贺龙听后，认为此事甚为紧迫，便立刻和其他领导商议。当时便做出决定，一到成都就要抓这件事，虽然带的银圆不多，也要拨出五万银圆来，并派一八四师等部队参加，马上开工。

抵达新都后，成都地下党同志江伯言来到新都与马识途等人见面，汇报了成都现在的情况。第二天清晨，马识途、王宇光和江伯言悄悄进入成都，在成都暑袜南街与地下党同志王宇光、贾唯英、李致、彭塞等人开会，准备发动群众，欢迎解放军进城。一切商谈妥当，马识途又回到新都。

1949年12月27日，南北两线解放军在成都附近胜利会师。鉴于大势已去，国民党十八兵团守军在罗广文带领下宣布起义，28日，成都宣告和平解放。历史终于掀开了新的一页，成都人民即将迎来新的时代。28日，马识途随贺龙一野总部搬至成都近郊的新都县。当晚，贺龙让马识途准备第二天随成都地下党负责人进城准备解放军进城仪式。12月29日，成都各界123个单位组成四川省会各界庆祝解放大会，欢迎解放军胜利入城。马识途与参谋长张经武带先遣部队分乘30余辆大、小车辆浩浩荡荡开进市区。当晚，张经武、马识途回新都向贺龙汇报解放军入城式相关问题。贺龙决定："明天，12月30日，举行解放成都的'解放军入城式'！"

临进城前，贺龙特意将马识途等人又找来谈了一次话，要他们一定要多关照地下党同志。他语重心长地告诫说："地下党同志在国民党地区斗争有功劳，应该肯定，但是也要注意组织性和纪律性，入城以后，一切都严格置于区党委和军管会的领导之下，地下党同志决不容许自行其是。地下党如果随便招兵买马，自行接收财物或者乱打旗号，会给接管工作带来麻烦。要注意，现在是你们可能犯错误的时候了。"

听到贺龙将军这样说，马识途意识到这个问题必须高度重视。虽然早在西安他们便参与制定并学习过《入城手册》，知道必须遵守的一切纪律，但白区的很多地下党同志却并不清楚《入城手册》中相关的内容。成都刚刚解放，政治形势和社会情况是很复杂的，如果一些同志不遵守入城的纪律，甚至自行其是，是很容易犯错误并且给革命带来损失的。带着贺龙将军的嘱托，马识途等人再次入城，当天下午就把地下党同志集合起来，把贺龙的这一席话作了传达。贺龙事先的告诫确实起到了很好的作用，使成都地下党基本没有犯什么大的错误，和老区同志一起，有序接管了成都这座西南最大的城市。

12月30日上午9时，解放军入城式正式开始。马识途坐第一辆吉普车带领解放军经北门入成都。紧接着，是参加欢迎仪式的起义将领刘文辉、邓锡侯、裴昌会、罗广文等人。其后，是率部入城的贺龙、李井泉、周士弟、王新亭等解放军将领，乘坐13辆美式吉普车和小轿车。

那天，天公作美，是一个大晴天。解放大军排着整齐的队伍，精神抖擞，一路上旌旗蔽天，烟尘滚滚。

队伍还没有走近北门，欢迎的群众已经把道路快塞住了，马识途等人只得缓缓前进。群众在车前和左右载歌载舞，如醉如狂。有许多花束向车上的人抛去，花片撒在马识途等人的头上、脸上和衣襟上，不多一会儿，一路汽车都变成了花车。

几百辆汽车在前面，后面是扛着各种武器、仪容整洁的解放大军队伍，威武雄壮。越是进入城中，欢迎的人越多。真是人山人海，一片欢腾。各种锣鼓敲得震天响，却压不住更为响亮的满街爆竹声。人们久久微笑不语，有的流下成串的热泪，跟在大队伍的旁边和后边游行起来。

入城车队缓缓地开到盐市口，忽然出现许多男女青年在街上扭秧歌，这是四川大学的同学连夜赶练的。他们在尽情地唱，过去他们只能用压抑的低嗓子唱《山那边哟好地方》，今天却可以扯开嗓子高唱《东方红》了。有几个同学在背上写上"天亮了"三个大字，跳得更是欢快。成都的历史翻开新的一页，这一天是充满光明的。

当天新华社发表社论《庆祝成都解放》。看到成都解放，远在北京的毛泽东主席非常高兴，他说："四川民间有一句流传已久的谚语'天下未乱蜀先乱，天下已治蜀后治'。讲得不错啊，现在成都是我们的了，天下就是人民的了，人家蒋委员长永远不回来喽。"

入城后，马识途办的第一件事就是和地下党全体同志见面。因为地下工作的保密原则，很多人马识途并不认识。那天，当他大声地宣布开会时，他内心极为激动：

> 同志们！天亮了，成都解放了，我们终于见到了今天的胜利，我们再也不必过今天姓张，明天姓李，东躲西藏的日子了，今天，我们可以堂堂正正地在大街上走着，骄傲地大声说："我们是共产党员！"

说到这里，全场爆发出雷鸣般的欢呼声。

接着，马识途又讲道："我们终于从地下走到地上来了，可惜有许多伙伴没有来得及迎接这一天，在敌人的屠刀下英勇献身了，让我们为他们默哀悼念。"

到会的同志纷纷脱帽低头默哀，不时可以听到有同志在低声哭泣。马识途也止不住流下悲伤的眼泪，周围的许多同志也掉下眼泪。是啊，为了这一天，我们牺牲了多少同志，有的就牺牲在这胜利的前一刻。马识途强压住自己的感情，大声地说：

> 我们要为死难的同志报仇！贺龙同志向我们地下党同志号召，我们一定要尽力协助南下同志接管城市。特别要协助解放军和公安部门维持秩序，打击公开的和暗藏的敌人。目前成都是最后解放的城市，许多乌龟王八蛋都逃到这里来了。他们是不会甘心灭亡的，我们一定要提高警惕，响应贺老总的号召，更多的人参加到公安工作中去，这就是复仇的最好机会。

当他讲到这里，大家爆发出一片热烈的掌声，许多同志举起手，愿意到公安战线参加战斗。马识途再次把贺龙前天在新都所说的话作了传达，要求成都地下党要有严格的组织性和纪律性，一切置于区党委和军管会的领导之下，不能各行其是，要和老区同志搞好团结，尊重他们的领导。

锦江建设

　　很快，马识途加入成都军管会工作，担任保障成都正常运行的工作。同时，还担任川西区委组织部副部长，负责清理地下党和进步群众社团工作。

　　过了没多久，马识途收到国民党十五兵团司令罗广文赴宴请帖。罗广文是国民党嫡系部队的司令，他的部队战斗力较强，前几天才在成都彭县宣布起义。马识途拿着请帖十分犹豫，去不去呢？最后，他把请帖拿去向贺龙请示。马识途本想不去，这样能划清界限。但贺龙却对马识途说："去，为什么不去？你有这个关系，为什么不利用？这是最重要的工作。"贺龙向马识途布置："你去对罗广文说，要他老实接受改编，准备开出四川到指定的地方去整编。只要他把他的兵团完整地交出来，不但既往不咎，还要立功受奖，有他的光明前途。你去劝他，他要掌握好他的部队，就要把他部队里潜伏的特务清除干净。"

　　按照贺龙要求，马识途按时前去罗广文的公馆赴宴。在宴会上，罗广文提了许多政策性的问题，这显然是国民党特务想挑起叛乱，对他们的煽动。马识途对他们提出的问题都一一按政策做了解释，指明利害。宴会后，马识途又和罗广文单独进行谈话。马识途告诉他，前几个月，罗广文驻防重庆川东一带时，马识途在武汉的二野城工部。城工部的领导曾经要马识途写一封信给罗广文，要他相机起义立功，必有大奖。可惜城工部的信没有送到，因为他已经转移到川西，而解放大军已攻占重庆了。马识途劝说罗广文这回不要错过机会。马识途最后对他说，这些话是贺龙说的。罗广文感到放心多了，他要马识途转报贺龙，决不辜负好意，诚心接受改编。

1950 年元旦，马识途陪同贺龙等人参加在顺城街蓉光大戏院举行的新年联欢会。在会上，贺龙对大家说："成都是解放战争中继北京和平解放以后，保存下来最无破坏、最完整的一座大城市，这是奇迹！"

成都刚刚解放，马识途工作异常繁忙。元旦那天在成都解放军司令部，马识途与代表国民党十五兵团司令罗广文的三哥马士弘（时任国民党少将副师长）时隔近 8 年见面。马识途带领马士弘与贺龙、李井泉、周士第见面。1 月 2 日，马识途陪同贺龙、周士第在中国人民解放军十八兵团司令部设宴款待罗广文、马士弘，商谈罗广文所率领的起义部队接受改编事宜。1 月 3 日，在川西区党委礼堂，马识途陪同贺龙等一野领导参加老区南下同志和地下党同志的会师大会。1 月 4 日，又参加了成都十二桥烈士的起灵封枢仪式。1 月 4 日那天，马识途还亲笔致信中共乐山地委鲁大东，将杨子明、华文江等地下党同志的组织关系转至该处。

乐山地委鲁大东同志：

兹介绍，乐山地下党工作同志杨子明（杨彦经）、华文江、陈文治（在沐川）、高静培、喻发峰、毛文成六同志和你们联上工作关系。他们都是正式党员，组织关系以后由川南区党委转过来。你们即可分配工作，杨子明同志可参加青年工作，余同杨同志商量决定，他们所介绍各县同志关系都是真实的，都可联上工作关系。你们如有疑问，可来电川西区党委向我查询。

此致

布礼

川康地下党特委负责人马识途

一月十四日

1 月 20 日，马识途参加由川西北军政委员会主任王维舟主持，贺龙主祭，成都党政军及各界群众出席的 36 位烈士（十二桥烈士以及连同被杀于王建墓墓道的刘仲宣、云龙、彭代俤和在重庆渣滓洞牺牲的周从化烈士）迁葬青羊宫烈士陵园仪式。这 36 位英烈是：杨伯凯、于润、王干青、晏子良、许寿真、毛英才、黄子万、王侠夫、曾鸣飞、谷时逊、王伯高、刘骏达、杜可、龙世正、彭代俤、刘仲宣、云龙、张大成、余天觉、缪竟韩、田宗美、方智炯、黎一上、王建昌、曹立中、杨辅宸、姜乾良、陈天钰、吴惠安、张维丰、张垣、徐茂森、徐海东、高昆山、严正、周从化。

1950 年初春，马识途正在川西区党委组织部工作。一天，有一个穿着褪色的长衫、不修边幅的清瘦中年男子来找马识途。马识途觉得此人身形颀长，脸上有霉晕，便认为此人是个烟鬼，心里不禁嘀咕道："怎么有抽大烟的共产党员来找我呢？"他一看条子上写的是"沙汀"，马识途有点疑惑，他会是那个著名作家沙汀？攀谈起来后，马识途得知此人正是沙汀，他是奉南方局周恩来之命，隐蔽在四川家乡安县。但因他的关系是在南方局，按规定他和地方地下党是没有组织关系的，是不能给他接上关系分配工作的。这使马识途很为难，于是他赶紧去向贺老总请示此事。贺龙和沙汀以前很熟，于是贺老总便把沙汀调到重庆去筹办西南文联。

为进一步推动成都当地工作，使人民感受到新政权的不同，组织要求马识途负责成都市皇城坝棚户区改造及成都农村土改工作，并积极推动成都的恢复与建设。

在成都市中心皇城，除了有个实验小学、省博物馆之外，几乎全是贫民棚户区，这里垃圾成堆，卫生条件极差。为了改善居民条件，马识途等人想了很多办法。他们从市政府要来一笔专款，先后在青羊宫、通锦桥兴建劳动人民新村，建房 350 万平方米，安置皇城坝、御河边等棚户和无房居住的贫苦市民 1500 余户（后经扩建成为 2 万平方米和 16 万平方米以上的新一、新二村住宅区）。可还有居住在棚户区的小商人不愿意搬走，他们担心搬走后，自己无生意可做。为了解决他们的实际问题，马识途带领工作队集思广益，后来在征得市长同意后，他们在盐市口北的空地上盖了一个人民商场，其实就是一个简易市场，这里卖的商品琳琅满目，老百姓买东西很方便。

新中国成立后，成都的经济百废待兴，此时马识途等人要面对的是如何让这个城市里的人有活路，有钱赚，有饭吃。正在这时，成都发生了一件让人哭笑不得的事。一天，成都很多黄包车夫到军管会门口要饭吃。起因据说是一个解放军看到成都大街上有人坐黄包车，他认为这是剥削，极不人道，不仅把坐车的人拉了下来，还把他训斥了一顿。这一来，成都市民不敢坐车了，黄包车夫没有客人就没有收入，生活、吃饭马上出现问题，他们以为这是军管会的意思，便集体到门口抗议。马识途很快将这件事向贺龙做了汇报。贺龙非常生气，认为这简直是乱弹琴，他说："不准人坐黄包车，是叫工人饿肚子。"为了迅速平息这件事，贺龙命令叫人穿上解放军军装坐着黄包车在成都满城转悠。这让成都这个消费城市许多行业的从业者吃了颗定心丸。

从这件事可以看到，贺龙将军不仅打仗有一手，搞经济也很有办法。他做事给人感觉是胸有成竹。成都刚解放没多久，周边的土匪勾结国民党残余势力搞武装暴动，当时的气氛有些紧张。但贺龙将军毫不紧张，他每天都按照他的日常程序办事，见到马识途时还照样说上几句玩笑话。其实他早已安排好部队准备严厉镇压这些土匪袍哥。不久，解放军便被他一一派出。布置以后，贺龙依旧显得十分轻松，甚至有几分悠闲。吃罢晚饭，他还下楼来和马识途等人下棋。

有一天晚饭后，马识途和一位同志正在下象棋。贺龙走过来看了一会儿，便蹲下来帮着另一位年轻人走棋，慢慢就变成他和马识途对战。贺龙走棋节奏很快，而且他嘴上还老催马识途快走。马识途下棋比较慢，不习惯快走，贺龙这一催把马识途搞得心慌意乱。贺龙几下子就将了军，他大叫："将军！将军！"马识途一看，原来贺龙走了一步拐脚马，把马识途的帅

"将"住了。马识途说："咳，老总，你怎么走起拐脚马来了？"贺龙笑了起来，说："我才不管你的拐脚马，打起仗来，反正以吃到你的老帅为原则。"他于是丢开棋局，和马识途等人谈起打仗的事来。过去红军时代，他们和国民党打仗，每次对阵，都不按国民党的《步兵操典》打。管你什么德国战术，就不按他们那一套章法，总是出敌人意料之外，远程奔袭，一下就搞到他的司令部里去，捉了他的师长、旅长。他们还不服气，说没有按打仗的章法打。贺龙笑一笑说："我才不管你的呢，反正把你的部队打垮，捉到你的将军，这就是原则。"

马识途说："所以老总就走起拐脚马来了。"

贺龙说："他们觉得拐脚马走不过去，吃不到他的老帅，我这马偏能走拐脚，一下子就抓到他的老帅了。"说罢，他哈哈大笑起来。不过，他又补一句："当然我们走棋耍，还是要有规则的，不能走拐脚马的。我看你一被催慌了，乱了阵脚，我就好偷你的棋了。打仗就是要把敌人搞得心慌意乱，才好争取主动。"贺龙的讲解让马识途意识到：这哪里是在说走棋，分明是在给他传授打仗经验了。

1952年，马识途被任命为成都市建设委员会副主任，主抓成都建设。对于自己从川康特委副书记到成都市委组织部长，再到市建委当副主任，马识途没有任何怨言，他没有过多的个人考虑，他认为自己无论在哪个岗位上，只要是能为人民服务，能为新中国做出属于自己的贡献就足够了。

上任后，马识途虚心地向经验丰富的工程师请教。他问这些工程师，成都的城市建设首先要从哪里着手。工程师们建议要从城市的下水道开始，马识途经历过新中国成立前成都发大水的日子，知道如果一个城市的排水系统不灵光，那城市就要遭殃，老百姓就要受苦。他一听，马上就答应了。在市政府的大力支持下，一条从城西北横穿到城东南的下水道工程被提上了议事日程。虽然当时有很多议论，但市领导坚定地支持马识途的建议。在明清时期，成都修有相当规模的地下通道，但早已年久失修，国民党时期这些地下通道几乎没有任何的修缮，这导致成都的污水只得排泄到城里的御河与金河，或者就地排到低洼地区。年复一年，日复一日，这些地方和河道早已是臭气熏天，由此滋生了大量的病菌与蚊蝇，周边穷苦民众苦不堪言。当马识途带领施工队伍将街道挖开，埋进第一批长约一米、内径一米多的水泥管预制件时，周边的民众都聚集起来看这个新鲜事物，他们觉得花这么多钱弄了这么些大家伙到底能干啥。当时成都没有任何大型设备，全靠工人人力操作，终于在大家齐心协力的努力下，马识途完成了这项大工程，将成都主城区的污水引入了这个新建的管道里，使得城市的污水和积水问题得到一定的解决。也是在这一年，成都掀起了第一次爱国卫生运动高潮。清除了皇城坝堆积多年的大垃圾山——煤山，将其改造成为体育场。

正当马识途准备为成都的城市建设大干一番的时候，他又有了新的工作。他被委派到四川省人民政府建筑工程局。从市里到省里，可谓是高升。可这个建筑工程局却是个"三无之局"：无办公住房、无资金、无人员，一切都要从头干起。不过，这丝毫没有难倒马识途，他很快就开始进入角色，他在成都四处寻找合适的办公地点。最后，他找到早已人去楼空的法国驻成都领事馆，经军管会同意，建筑工程局征收了这所馆舍，办公地有了，马识途又开始四处找人。经调查研究，他得知省公安厅手中有一批水平较高的工程师，同时他还了解到成都有一家由旧国民政府缮营科和建筑队组成的国营单位"川西建筑公司"，在泸州、南充还分别有川南建筑公司和川北建筑公司。很快，马识途便把它们全部收编在工程局名下，改名为省建一公司、省建二公司、省建三公司。工作任务由省建筑工程局统一下达，工资福利也由局里承担。随后，他又带领团队创建了材料公司，勘测设计院、规划设计院和给排水设计院，以及砖厂和水泥预制板厂。

单位基本架构支了起来，马识途又开始进一步培养队伍的整体素质。为此，他首先从政治水平入手。他从军区特地要来了一个完整建制的原本准备复员的步兵团，在对他们展开一到两个月的业务训练后，把这些军转干部充斥到局里下面的各个单位部门充当管理干部。

单位建了，队伍有了，架构有了，还要有实践检验才行。这时，省里来了一个建设任务：在成都东二巷为苏联专家修建招待所。这个任务不轻松的地方是：时间短、工期紧，要求高。这也是马识途担任局长以来，第一个大活。为了打好这一仗，他亲临一线督战。他选派人员到二郎山寻找上好的木材，选派最好的设计师挑大梁，选派最好的施工队建设，终于在各方努力下，专家招待所如期完成，省里很满意这次任务的完成。

1952 年 7 月 1 日，马识途参加了成都庆祝"成渝铁路通车和宝成铁路开工典礼"。在间隙，马识途还被安排了一项新任务，就是接待来蓉休假的邓小平、胡耀邦，陪他们打桥牌。对于那次打桥牌，马识途记忆深刻。他到现在还记得：

"胡耀邦打牌不保守，甚至冲劲很大，诈诈唬唬地冒叫，想以气势压倒对手打，我不摸底，应得不对，打起来容易失局。邓小平打牌却是稳扎稳打，尽可能摸清对家牌况，感到可以制胜，他才敢冲敢打。而且他很善于抓住对家已经暴露的弱点，一冲到底，结果叫对家毫无还手之力，彻底垮台。

"记得有一局我们就输得很惨。当时胡耀邦手上的牌大概只够开叫一副，他却一开叫就跳叫三副，我以为他手上的牌一定很好，于是我马上应他叫四副，这样一来，他也以为我手上的牌不错，便一下叫到五副。其实当时邓小平手上的牌比较好，他看到胡耀邦决心要打，于是有意抬了，也叫了一个五副。我表示不能再高叫了，pass，心想就让他们打五副吧。但是胡耀邦却坚持要打，他跟叫一个小满贯，打六副。邓小平手头上大概已有两个帽子，稳拿两副，知道我们这回肯定要垮，但叫了一个'加倍'。胡耀邦却反叫'加加倍'。听他这样一叫，我就知道这回要输惨。邓小平反客为主，抓住不放，我们最终全军覆没。因是'加加倍'，结果算起来乘四倍，我们输惨了。

"在和他们打桥牌的过程中，我从他俩的牌风上多少看出他们的不同作风。邓小平同志十分稳重，注意把双方的底子摸清楚，没有看准，绝不开打，但是当他搞清楚了对手的底，看准了的，就大胆地打，坚决地打，绝不手软，一冲到底，不达胜利，决不罢手。而胡耀邦有一股天不怕地不怕的冲劲，思想解放，不拘泥于牌经规矩，敢拼敢搏，有时也能获胜，但稳准狠不够，不当心就会失局。"

1953年，马识途被任命为新成立的四川省建设厅厅长，并兼任省政府工业办公室分管基本建设副主任。建设厅依旧是一个"三无"单位，一切都需要从头开始，但因为有了省建筑工程局的经验，马识途积极想办法，同时还虚心求教学习，很快单位组建完毕。随着四川省建设厅的成立，四川的全省建设逐渐走上正轨。马识途后又改任省建设委员会主任，主管全省基本建设。尤其是为国家一百五十六个重点工程监理成都、德阳、绵阳三个国防建设基地任务。马识途通过自己的勤奋学习与努力实干，出色地完成了省委交办的各项任务。

经过一年多的摸索与探寻，马识途很快便将自己的一些思考写成一篇文章《在四川省基本建设工作中的几点体会》，发表在《建设月刊》第7期上。在马识途的领导下，四川制订的第一个五年计划中有关建设的蓝图全部实现。成都的市政建设也进入了全新发展阶段。

1958年3月，中央在成都召开会议，马识途被委派陪同周恩来参观金牛坝附近新农村建设。

在成都会议召开前后，马识途听到一些有关周总理的各方面消息。但在成都，当马识途见到自己的老领导时，使他最为惊奇的是他眼中所见的周恩来是怎样的胸怀坦荡。

当马识途正在奉命督修金牛坝工程时，四川省委领导就安排了中央领导人到成都后将参观访问的地方，如都江堰、红光人民公社等，省委领导要求马识途在金牛坝不远的农村，修建一批农民居住房舍的示范性建筑，要精心准备。这可真叫马识途为难。因为当地农民的草棚子还相对好拆掉，但要修成现代化的楼房，叫农民上楼，却有些不好办。当地农民听说后，纷纷要求必须要有烧柴草的厨房和猪舍茅房粪池，这些东西可怎么上楼呢？为了完成这个政治任务，并让农民居住干净的楼房，马识途不得不带人在每排楼房后给每户修一个厨房带茅房猪圈粪坑，但是猪牛吼叫，苍蝇乱飞、臭气熏天等问题却无法解决。最后，总算修好了几排农舍，在成都会议期间供开会的领导参观。

一天，马识途接到通知，说周恩来总理要参观他负责的正在建设中的农村居民点。马识途按时在那里等候，他陪着周总理一起参观。马识途很关心自己的这位老上级的身体和情绪。但在参观的过程中，周总理是那么精神焕发，谈笑风生，并饶有兴趣地看这看那，问东问西，还仔细地询问农民住房的设计思想，和马识途等人谈农民新村的规划和设想。

这次近距离的接触，让马识途深深折服，他不禁感慨：周恩来总理真是一个伟大的政治家，真的是能做到泰山崩于前而色不变，他光明磊落，就是在逆境中，也始终是那么坦诚从容。他从不考虑自己的得失，一心想到的只是人民，他从未忘记自己从事革命的初心是什么，他是那样地关心农民的居住房应该怎么建设，这实在让人感动，这是何等的胸襟情怀！

也正是在这一年，已经在建设领域越干越出色的马识途又接到新的任命。在成都会议上，中央号召全国人民"向科学进军"，并要求各省都建立中国科学院的分院。四川省委考虑到马识途曾在西南联大学习过，受过高等教育，又懂英文，而且这几年他在筹建新单位上成绩卓著，便再次让他领命出战。一天，一位负责此事的四川省委领导将马识途叫到办公室，对他说："你是大学生，现在要向科学进军了，给你一个中国科学院四川分院筹备处的招牌，你去当主任。"不由分说，马识途再次成为"三无主任"。

接到新的命令，马识途很快沉下心来搞钻研，不久他便进入了自己的新角色。他一边看有关科学的资料，一边到北京向上级单位虚心求教，了解世界及当下中国的最新科学发展动态。了解得越多，他发现自己越喜欢这个领域。

回到四川后，马识途撸起袖子便开始干了起来。为了解决单位办公住房问题。他利用自己的老关系，硬是从建设厅扣下一栋大楼，调出两个处长和十几名干部，帮他一起筹建。

筹建之初，马识途手中并无什么专家，只有两个化学教授，一个来自四川大学，一个来自华西大学。但有了两个化学教授，马识途就马上建立起了化学研究所。对于其他研究所，马识途只得给每一个研究所的中层行政人员安排任务，让他们每人领受一个研究所，先把牌子安起来，然后各自带着人四处招兵买马。对此，马识途的解释是："我没有别的办法，只能先挂上研究所的牌子，开了门，再招揽研究人员。"

万事开头难，只要开了头，一切就不是那么难做了。有了化学研究所，慢慢地马识途领导的科学分院开始逐渐扩大领域。他在整个四川寻找适合的人选和单位。经过调研，马识途得知重庆有一家中药研究所，光技术人员就有100多人，生物、化学专业人才比较齐整，而且这里设备齐全，有房有人有架构，但没有什么单位愿意管它。马识途一听高兴极了，立马申请接管这家单位，并把科学院的牌子马上送了过去，立在门口。不久，他从这里面抽调了一些出色的技术人员来到成都，在这里成立了四川科学院生物研究所、有机化学研究所。

在马识途的努力下，三个多月后，11月13日，中国科学院四川分院正式建立。省政府领导亲自参加成立大会，中科院学部委员刘承钊教授担任院长，马识途则被任命为党组书记、副院长。此时，马识途多年寻找女儿的事出现了变化。

新中国成立后，除了忙于工作，马识途一直在悄悄地寻找自己与刘蕙馨的孩子。自1941年11月17日，刘蕙馨与何功伟被敌人枪杀于恩施五峰山下，女儿便从此下落不明（当时被一位周姓妇女抱走，后转送恩施甘溪线务段工人吴有华夫妇收养）。不知为什么，马识途一直坚信女儿应该还活着，也许是出于父亲的本能。从那时起，他便在从事革命工作之余，开始寻找女儿，却一无所获，但他一直没有气馁。1958年，当马识途在北京向自己的老上级中纪委副书记钱瑛提到自己一直在查找孩子的事情后，钱瑛严肃地对他说，这个孩子是革命烈士的后代，寻找孩子不只是你一个人的事情。要相信组织。她建议马识途应寻求公安部门的帮助。

对于自己的这位老上级，马识途内心一直充满着钦佩与亲切。每次到北京，他总要去看望她。钱瑛对马识途的每次到访都十分热情，她常常自己出钱去办几个菜来吃，甚至拉他到四川饭店去吃高级菜。她一边吃一边询问他的情况。她常告诉马识途要做好一切思想准备，今后会面临许多新的任务、新的工作，一定要不断学习新知识，适应新形势，不要畏首畏尾，也不要满不在乎，总之要不掉队，少跌跤。这些话使马识途受益匪浅。对于自己的这位老上级，马识途也曾听到有关她在中央纪委工作的传闻。一次，马识途笑着问钱瑛："传说周总理称赞你铁面无私，是我们当今的'包公'。还听说有两个省的群众说你是'女青天'，有这样的事吗？"钱瑛没有直接回答马识途的提问，过了好一阵，她不无感慨地说："过去我抱定必死的决心去和敌人进行斗争。现在我还是这样，为了原则，不怕牺牲。不过现在的斗争比那时要复杂得多，困难得多了。"马识途知道钱瑛所要面对的其实在某种程度上，比过去还要难，还要艰险。

这次北京之行，马识途听从了钱瑛的建议。1959年3月，马识途拜访湖北省公安厅负责人，请求帮助寻找自己与刘蕙馨烈士失散十八年的女儿。湖北省公安厅很快成立专案组。

1959年，新中国即将迎来成立十周年。此时正在忙于科学院工作的马识途突然接到已担任四川作协主席沙汀的邀请，要他为《四川文学》创作一篇革命文章。沙汀知道马识途从西南联大毕业，曾师从闻一多、朱自清、沈从文等文学大师，而且他又有丰富的革命斗争生活经验，所以非常希望他写一篇革命小说。碍于朋友的面子，加之自己也很想写一篇文章，于是经过精心创作，他根据自己当年在湖北襄樊老河口的革命经历写出了一篇文章《老三姐》。这篇文章是马识途在新中国成立后写的第一篇极具代表性的文学作品。在文中，马识途为我们塑造了一个光辉的革命母亲形象"老三姐"。她有着独有的生活、遭遇、性格和思想，她是一个平凡的人，做的也是平凡的事，但她给人的感觉却不一般。她具有伟大的思想情感和高贵的革命品质，她对革命充满信心和期待，她身上有着旺盛的革命朝气和充沛的革命乐观主义精神。她虽不识字，却愿意努力学习。正因为她的这种精神感染了读者，使读者深深地记住了这个充满斗争精神的老三姐。她常说："我不相信这么多人，就扳不倒几个恶霸。将来扳倒他们，我们见了天日，你说的苏联那种好日子是不是就快来了？那种好日子能看上一眼，也不枉活了这一辈子。"在文中，当老三姐临终时，带着微笑吃力地说："老陈说的那种日子，我多想挨到，看上一眼……我挨不到了……你们会看到的……"正是坚定的革命信仰让人感动。

马识途在《老三姐》的创作中，将革命浪漫主义和革命现实主义有机地进行了结合。此文一出，很快便被《人民文学》关注并转载。这在《人民文学》的历史上，并不多见。《老三姐》也让远在北京的中国作协领导注意到马识途这个人。不久，在一次去北京开会的间隙，马识途被中国作协党组书记邵荃麟邀请一起聚餐，在交谈中，邵荃麟对马识途说："看你是个老革命，有丰富的革命斗争生活积累，看你的文笔能够写文学作品，且有自己的特色，老同志又能写作品的人不多，我们要求你参加进作家的队伍里来。"可马识途从内心来说还是有些顾虑，他推托自己工作忙。邵荃麟并不放弃，他继续劝说道："你写革命文学作品，对青年很有教育意义，你多做一份工作，等于你的生命延长一倍，贡献更大，何乐而不为？"邵荃麟的这番话打动了马识途，写文章能有这么大的贡献，马识途很是高兴。坐在旁边的侯金镜也说："你的脑子里有一个文学富矿，你是不能拒绝我们开发的。"一顿饭后，马识途便被拉进了作家队伍中。

1960年4月下旬，担任中科院西南分院党委书记、副院长的马识途正在上海开中国科学院学部委员会议。会议期间，马识途接到湖北省公安厅电报。历时一年多，湖北公安厅专案组终于在武汉找到了马识途失散二十年的女儿吴翠兰，希望他能立刻前往武汉。抵达武汉后，省公安厅同志立刻前往马识途所住的武昌饭店。一见面，马识途激动得一把抱住工作组同志的肩膀，说："我真不知道怎样感谢你才好，你们为党为人民办了这样一件好事，我替刘蕙馨烈士向你们道谢！"说到这里，马识途早已是热泪盈眶。

这时工作组拿出吴翠兰的一些照片，马识途看着照片，又从自己的小皮包里取出自己一直珍藏的刘蕙馨烈士遗照。他看着照片，呆呆地站在原地，他说："我可以认定这就是我女儿，她和她母亲在世时长得一个样。"正如马识途一直所想的那样，这个孩子果然从敌人的枪口下活了下来，而且现在还是一名北京工业学院的大学生。

1941年11月17日清晨，敌人准备在这一天对刘蕙馨执行枪决，刘蕙馨知道自己即将牺牲，她亲昵地把女儿搂在怀里，给女儿喂了最后一口奶，然后坦然地抱起女儿，从容地走向刑场。她不为自己的牺牲而难过，她只是不放心她的女儿。在走向刑场的路上，她问特务："你们打算把孩子怎么样？"毫无人性的特务对她说："哼！共产党员还要孩子吗？"便凶恶地从她的怀里把孩子夺过去，扔在了路边的草丛中，任她自生自灭。刘蕙馨没有哭泣，她知道这是对自己最后的考验。她爱自己的孩子，她希望孩子能活下去，但是在这种关头她无法考虑到这些了，她不能表现出一个母亲的软弱，她毅然转过头去，按照一个共产党人那样，高昂着头，走向了刑场。

被丢在草丛中的女儿当时被一位围观的周姓妇女悄悄抱走。后来，她将这个失去母亲的孩子转送给了恩施甘溪线务段工人吴有华夫妇收养，起名为吴翠兰。抗战胜利后，吴有华夫妇因工作原因被调往武汉。在他们的悉心照顾下，吴翠兰茁壮成长。

第二天，马识途亲自前往养育自己女儿的吴有华同志家中，一见面，马识途便紧紧握住吴有华夫妇的手，激动地说："老哥哥，老嫂子，我们现在是一家子了，我真不知道用什么来感谢你们。"在交谈中，吴有华夫妇给马识途讲述了吴翠兰儿时的故事：

"小毛从小就逗人喜欢，我们在九江的时候，正要过年，老吴出差，我病在床上不能动弹，家里什么都没有准备，同屋的人送来了一些汤圆。我知道小毛不爱吃汤圆，内疚地对她说：'小毛，我动不得，家里只有汤圆。'小毛那时才五六岁。谁知道孩子懂事地点着头说：'好，姆妈！我喜欢吃。'

"小毛从小就爱劳动，在甘溪住，我到屋后山上打猪草，她一点点小，也拿了个小镰刀，跟我一起打猪草。从小，只要我一说地下脏了，她就拿起扫帚扫了起来。她爱朴素，从来不羡慕别个穿好的、吃好的，我们对她一直像亲生女儿一样疼爱。"

马识途听后十分感动，他深情地说："感谢你们用工人阶级的优秀品质把姑娘教养成人。养生父母大如天，小毛还是姓吴，今后还是跟着你们。能看到刘蕙馨烈士的遗女已经长大成人，而且能坚决跟着党走，我也就心满意足了。"

在武汉，专案组成员为他详细介绍了他们所掌握的刘蕙馨烈士入狱后的英勇表现。有的是被抓捕的国民党特务交代的，有的是曾在监狱与刘蕙馨一起战斗的革命者讲述的。

刘蕙馨入狱后，因生的孩子还未满月，她的身体还没有康复，狱中生活很苦，她还要面临着严重的酷刑。敌人捉住刘蕙馨后，对她的审讯由陈诚和反共专家朱怀冰亲自策划，他们以为刘蕙馨是"女流之辈"，又是拖着孩子的妈妈，只要一硬压就可以压垮，就可以突破"缺口"。于是，他们选择各种酷刑来对付刘蕙馨。但敌人的判断完全错了，各种刑罚并没有把刘蕙馨从肉体上压垮，反而使她变得更为坚定。当敌人派叛徒郑建安来劝降她时，刘蕙馨横眉冷对地看着站在自己面前的郑建安，大声叱喝他，并对敌人说："我就是共产党，你们又能把我怎么样？"无计可施的敌人甚至对她采取了卑鄙的"野外审讯"，实行假枪毙，企图从精神上压垮她，可是仍然不能动摇她的意志。一个人要是抱定了大无畏的牺牲精神，的确是任何力量都不能损他一根毫发的。在狱中，她给女儿起了个名字，叫"狱成"，意思是在监狱里成长。那时她已经抱定要把牢底坐穿的思想，同时也做好了孩子在这监狱里锻炼成长的准备。

这时敌人又准备从刘蕙馨是一个初生婴儿的母亲上做文章。女儿生下来不满月就被敌人捉到监牢里，作为母亲的刘蕙馨身体不好，奶水并不足，她曾要求特务准许她买饼干和奶粉给小孩吃，但都被特务拒绝了。为了摧垮刘蕙馨的意志，敌人故意为难随她一起入狱的孩子，他们把刘蕙馨和孩子关在一个谷仓里，除了破仓板缝透进一线光明外，什么也看不见。这样就可以使一个初生的婴儿见不到阳光，他们企图这样来要挟刘蕙馨。但刘蕙馨回答敌人的是绝食斗争，她为了给自己的孩子争取开一个小窗的机会而绝食斗争。在刘蕙馨绝食中，敌人一反常态，故意用油煎蛋饭来代替平时给她的一碗盐水臭米饭。刘蕙馨连看也不看一眼。绝食斗争获得监狱同志的支持，大家一起选择绝食。敌人怕出现不可控的事情，终于同意了刘蕙馨的要求。后来，当敌人在仓库开了一扇窗子后，刘蕙馨抱着脸色发白的孩子到窗口去呼吸新鲜空气，望着光明的天空和孩子开心地晒着太阳，刘蕙馨作为一位母亲是多么高兴。那时的她常给女儿唱自己编的儿歌：娃儿啰，莫哭哒，锻炼嘛，坚强点……

敌人并不甘心，为了让刘蕙馨屈服，他们常常威胁她要弄死她的小孩。刘蕙馨对女儿十分疼爱。在如此困难的环境中，她仍然无微不至地抚育孩子，把自己几乎是用鲜血凝成的一点儿淡奶喂给孩子，她要自己的孩子活下去，希望小家伙能走出监狱，看到未来的光明。为使孩子不致在严冬冻坏，刘蕙馨用自己的破衣服给女儿做衣服。早春时节，天气很冷，孩子没有鞋和袜,刘蕙馨便用一块布给孩子包上小脚。

有一次刘蕙馨遭受酷刑昏死过去后,被敌人拖回仓库。住在仓库楼上的难友从仓库的木板缝望下去,看到刘蕙馨过了很久才苏醒过来。当她醒后听到女儿在哭时,她猛然抬起头来,想过去抱孩子,可是身受重伤,一步也挪不动了。她向孩子伸出两手后,又倒下去了。过了一阵,当她积聚起自己剩下的最后一点力气后,她努力地在地板上爬过去,勉强坐定后,她抱起孩子,拉开她那带血的衣服,把干瘪的奶头塞到孩子的嘴里去。当孩子用力吸奶时,刘蕙馨再也支撑不住,又昏过去了,可是她仍然紧紧抱着孩子,让孩子能够吸住奶头。楼上的同志看到这个景象不禁痛哭起来。

刘惠馨醒来听到楼上的哭声后,冷静地说:"这里不是哭的地方,这里不是流泪的地方。"

每次敌人企图用打死小孩来威胁刘蕙馨时,她都毫不犹豫地选择做一名革命战士,她宁肯牺牲自己心疼的孩子也要保持自己的革命气节。当然可以想象,当敌人威胁着要打死小孩的时候,她作为母亲的痛苦。敌人的诡计并没有成功,他们也不敢真打死小孩,他们知道这样办只能使刘蕙馨更坚定地与他们展开坚决斗争。

在狱中,刘蕙馨还与何功伟一起领导监狱里的斗争,坚持革命气节。在这里,刘蕙馨争取到读英语的机会,她组织牢房里的年轻人一起跟着她学习英语;看见有同志在学习世界语,她也跟着学,然后用世界语写条子鼓励革命青年坚持下去。她还常唱《五月的鲜花》给狱友们听,"五月的鲜花,开遍了原野,鲜花掩盖着志士的鲜血,为了挽救这垂危的民族,他们曾顽强地抗战不歇……"除此之外,她还承担狱中组织工作,刘蕙馨利用自己给孩子洗衣服、上厕所、吃饭的间隙,机智地传递着党的消息,组织大家跟国民党反动派做坚决的斗争。她知道向她冲来的风暴,她大部分已经抵挡过去,在敌人带来的最后一次冲击——置她于死地还没有到来以前,她必须抓紧时间工作。她组织狱中党支部的学习,积极抵制敌人进行的"青年训练"讲演，鼓舞同志们的斗志，稳定动摇分子等。她在狱中还接收她所培养成熟的一个妇女入党。她知道自己迟早会牺牲，因此她希望有更多的人站在她的岗位上，继续斗争。同时，作为母亲，她曾告诉自己身边的狱友泳耀、宁忠恺、徐良泳等人，自己的孩子叫"狱成"，在孩子的左脚内侧有一块乌青的胎记，她希望自己如果牺牲了，她的孩子会有人帮她继续照顾下去。

刘蕙馨不仅把监狱的党员组织起来变成一个坚强的战斗集体，而且把青年组织起来进行革命教育，她还带头学习化学和英文，要青年同志在监狱里不要忘记利用时间学习知识，以便将来出去把自己的知识贡献给祖国光明的未来。

敌人为刘蕙馨这样一个女共产党员大伤脑筋，最后他们对她采取了最后的凶残的杀戮手段，他们决定把她和何功伟一起拉出去枪毙。而刘蕙馨毫不畏惧地面临她久已料到的日子的到来。

1960年4月29日，马识途迫不及待地踏上前往北京的列车。当晚，在北京工业学院党委的安排下，马识途与女儿吴翠兰相见。看到女儿的那一刻，马识途呆住了，孩子和母亲长得是那样像。不仅如此，马识途还意外得知何功伟烈士的孩子也在这所大学求学，何功伟的孩子曾在马识途的重庆老家住过几个月，后来和母亲去了延安。没想到他和自己的女儿还是同一年级。4月30日，马识途与女儿吴翠兰前往天安门游览。当晚，马识途还与女儿一起作诗《致湖北省公安厅感谢电》。"离散二十年，父女庆团圆。多劳公安厅，特电表谢忱。"5月1日凌晨，兴奋不已的马识途又作诗《喜逢佳节庆团圆》。

马识途找到失散二十年女儿的消息很快传回四川。等他回到四川后，四川作协主席沙汀等人建议马识途应以找到失散女儿为引子，将自己与何功伟、刘蕙馨等烈士在湖北恩施从事地下斗争的传奇故事写下来。除了沙汀等人，马识途的家人与朋友也都鼓励他，把当时地下斗争中可歌可泣的革命事迹和烈士们在监狱中的英勇战斗、慷慨牺牲的经过写下来。

其实早在很多年以前，马识途就曾想过要将何功伟、刘蕙馨的故事写下来。这一点，马识途在 1961 年 5 月湖北《恩施日报》发表的《告读者》中，就有提及：

> 要写点文字纪念两烈士是很多年前的事了，一直没有如愿。去年（1960 年）国际劳动节前夕，在党的关怀和湖北省公安厅的努力下，在北京与刘蕙馨烈士临刑时未满一岁、下落不明的女儿团聚。"五一"狂欢节日，我们父女二人携手漫步在天安门前慈祥庄严的毛主席像下，看红旗在蓝天迎风飘荡。广场上的人们欢呼雷动……真是百感交集，热泪横流……一种负疚的感觉猛袭心头，我是应该写一点纪念他们的文字了。

正是在这种怀念烈士的强烈的感情冲击下，1960 年夏，在多方的鼓励下，马识途开始了《清江壮歌》的创作。当时他正担任着中共中央西南局宣传部副部长、西南局科委副主任、中科院西南分院副院长三个职务，繁重的行政领导工作使得他不可能脱产写作。白天他要正常上班，日常行政工作一点也不减，写作的事只有等到他晚上回到家后开夜车来完成。创作期间，马识途几乎每个晚上都要熬到后半夜。开初还比较顺利，但是要创作一个长篇，是需要向纵深发展的，不久马识途便感到力不胜任。总是心到手不到，做不到得心应手。加之白天他已忙到精疲力竭，回到家一见到摆在桌子上的方格稿纸，他的头就痛起来。他深刻体会到一个作家创作的辛苦。但马识途咬着牙努力坚持着，其实他的日常行政工作没受任何影响，但单位还是有人开始说"马识途在搞自留地，搞小自由"。那个时候，这种话对于一个共产党员来说，是一种危险的罪名。听到这种话语，马识途心中还是有些害怕，他甚至想过放弃。可是那时的他已经从感情上"进入角色",一块战斗过的烈士,特别是何功伟和刘蕙馨常常走进马识途的梦乡与他相见,与他谈笑风生。他们要求马识途一定要把他们的事迹写出来,要让新中国的年轻人知道他们为新中国的成立做出过怎样的贡献。如果不写,他们的故事很有可能就淹没在历史的长河中。这种感情、这种责任催促着马识途,使他下定决心即使受讽刺、受批评,也要勇敢地拿起笔写下去。

成都的夏天晚上蚊子很多,那时成都的房子也没有纱窗,开夜车的马识途常被叮咬得受不了,思路常常被妨碍。马识途的妻子王放为了让丈夫安心创作,特意为他在床上安了一张小桌,挂上电灯,放下蚊帐,让马识途坐在蚊帐里写作。但是蚊帐里闷热,为了驱热,妻子王放又为马识途安了一个小电扇,这样总算有了一个相对好一点的开夜车环境。不过电扇的质量不好,总是嗡嗡地叫,十分打扰马识途的创作思路。最后,电扇只得弃置不用。为了帮助马识途更好地创作,妻子王放不时进帐来给他扇扇子,每过一段时间还来给他的茶杯添水,有时还要给丈夫煮两个荷包蛋来提精神。那时,正是三年自然灾害时期,四川的灾情最是严重,平常家里连饭都吃不饱,每人一个月只有十九斤粮食,马识途家中还有三个孩子要照顾,两个鸡蛋得来很不易。就这样,马识途一连开了一百八十多个夜车,加上所有的节假日,总算创作完成初稿。初稿完成,马识途如释重负,他感到从未有过的痛快。初稿完成后,马识途将书稿拿去给沙汀审阅,沙汀看后觉得不错。

那一时期,马识途日常工作确实非常忙。繁忙的行政工作,让他很难有大空时间写文章。加上他那时主要忙于《清江壮歌》的写作,答应《人民文学》的稿子迟迟未动手。《人民文学》倒也不催他,只是派了编辑周明到成都陪着马识途聊天。在聊天中,马识途开始摆起自己的龙门阵,给周明讲述自己当年的革命经历。等他摆完了,周明高兴地说:"好,就是这一个,把你口说的写下来就行。"马识途一听,自己讲的就可以的话,这确实不难。就这样，马识途陆陆续续创作出革命小说《找红军》《小交通员》《接关系》等，先后刊登在《人民文学》《解放军文艺》上。

1961 年 3 月 12 日，短篇小说《找红军》在《人民文学》第 3 期发表。

1961 年 8 月 1 日，中篇小说《接关系》在《解放军文艺》第 8—9 期发表。

但 1961 年对于马识途而言，是一个文学创作的集中爆发期。也就是在这一年，他的第一部长篇小说《清江壮歌》完成初稿。小说从任远 1960 年找到失散二十年的女儿开始，讲述了贺国威、柳一清、任远等人曾经在恩施地区的革命故事。

贺国威、柳一清、任远是 20 世纪 30 年代走向革命的知识分子，他们怀着推翻旧中国、建立新中国的理想来到清江河畔的鄂西恩施开展秘密地下工作。在艰苦的斗争环境中，他们满怀豪情，坚信真理、坚信胜利、不怕牺牲地忘我工作。"皖南事变"发生后，国民党反动派在恩施地区掀起了新的反共高潮。因叛徒陈醒民的出卖，贺国威、柳一清被捕入狱，柳一清被捕时刚生孩子不久。在狱中，贺国威、柳一清与国民党反动派进行着坚决斗争。尤其是柳一清不仅经受住敌人的严刑拷打与折磨，还含辛茹苦养育着自己的女儿，表现出了一位母亲伟大的母爱。贺国威、柳一清在狱中不仅积极团结党员、群众与进步学生，还与狱外的任远相互配合，筹划劫狱。在走向刑场时，贺国威、柳一清毫不畏惧，柳一清更是临危不乱，将自己的女儿巧妙地置于路边的草丛中，使孩子逃脱大劫（一对普通百姓后来收养了这个孩子，亲生父亲任远 20 多年后才终于找回孩子）。

这些故事既是小说，其中大部分也是历史的真实。该小说中的男女主人公贺国威、柳一清是马识途以自己曾经并肩战斗的同志何功伟、刘惠馨为原型写成的，而刘惠馨正是马识途的妻子，而小说中的任远正是马识途本人。

时任成都市委书记米建书听说老战友马识途创作了一部反映中共地下

党革命斗争的长篇小说，便联系他，希望能在当地《成都日报》连载此文，教育现在的年轻人不要忘记先烈为新中国诞生所做出的巨大牺牲与贡献，要珍惜来之不易的好生活。就这样，1961 年 5 月 21 日，长篇小说《清江壮歌》率先在《成都日报》连载，截至 1961 年 12 月 14 日，共连载了 160 期。这一时期，小说《清江壮歌》成为成都街头巷尾大家争相阅读的文学作品。《成都日报》因此也大大增加了发行量。马识途认识的一位四川大学教授柯召告诉他，每天一到晚饭前，他必须要去门房那里取晚报，看连载的《清江壮歌》，他说他身边的许多教师和同学都如此。

1961 年 7 月，《四川文学》在第 7 期也开始连载《清江壮歌》。从 1961 年 7 月到 1962 年 7 月，《四川文学》共用 12 期连载《清江壮歌》。同一时期，湖北《武汉晚报》也来信，要求连载这部发生在湖北恩施的革命小说。

不久，四川作家协会还就《清江壮歌》文稿专门组织了讨论会。与会嘉宾一致肯定了马识途这部作品，认为这部小说以马识途亲身经历的真实生活为基础，既歌颂了革命英雄主义，也反映了悲壮的革命斗争历史，充满了人情味，小说将故事性与抒情性融为一体，在传统章回小说的结构模式中又有时空交错的现代手法，情节曲折生动，语言清新流畅。

1961 年小说《清江壮歌》的连载及影响，引起了人民文学出版社的关注，尤其是社长兼总编韦君宜对这部小说情有独钟。因为她和马识途、刘蕙馨当年都是鄂豫皖苏区七里坪党训班的同学，也曾和刘蕙馨一起做过地下党工作，与马识途、刘蕙馨有着很深的情谊。当她看到马识途写出这部反映我党在恩施地区从事革命工作的小说后，力主由人民文学出版社来出版该书。很快，人民文学出版社派出编辑王仰晨前往成都与马识途商谈出版事宜。当商定妥当后，王仰晨作为老编辑也谈了自己和韦君宜对这部小说的看法。譬如有两章需要砍掉，有两章需要改写，前后应该如何贯通得更好，如何收尾，特别是悲惨牺牲的结尾的调子如何处理，都需要马识途再斟酌斟酌。老上级钱瑛看了《清江壮歌》后，也提出了自己的看法。她认为在以后的修改中，应该加强第一主人公何功伟的分量。

鉴于这些意见，马识途开始修改小说。他准备用一年的时间从头改写，韦君宜也催促马识途抓紧改完，人民文学出版社（以下简称"人文社"）急着出版。可马识途日常工作相当繁重，他的修改只能在业余时间做，想在一年内完成这部长篇小说的修改，着实困难很大。为此，韦君宜特地在马识途到北京开会时，带他见了中宣部主管文艺工作的周扬同志。这是马识途第一次见到周扬。马识途还没有来得及诉苦，韦君宜便帮他说起好话来。她当面向周扬提出马识途修改小说的时间困难，希望周扬能同四川省委的李大章书记打声招呼，给马识途一定的创作时间。周扬听后，表示他会尽快与四川省委领导沟通此事，争取小说早日出版。

在这次见面中，周扬饶有兴致地与马识途谈起文学创作。他说，文学创作需要激情，你情动于中才可以写好，不管别人给你提多少建议和主张，你可以不管，就按你在生活积累的素材基础上，任你的激情写下去。写了再改，改了再写。

马识途回到四川后，李大章书记特意批给他每天的半天创作假，但要求马识途"工作任务不减，还要完成"。就这样，马识途利用下午和晚上时间，一章一章地重写，一年内完成了修改任务。等马识途将书稿寄给人文社后，人文社在做了一些修改后很快打出清样。经马识途再次看过后，书稿基本定型。但这一年北戴河会议突然提出"以阶级斗争为纲"的口号。马识途又要对之前已经修改完成的书稿再次进行修改。沙汀特意忠告马识途：《清江壮歌》中存在丰富的感情、又有童云这样的"中间人物"，这些都要加以修改。文中许多地方有痛哭流涕的场景，虽是人的正常情感流露，但也可能犯忌讳，建议要减。韦君宜作为出版方和好友，也告诫马识途"犯嫌的地方都加以必要的改写，最后被屠杀的悲惨局面，一定要把调子提高一些，亮色一些"、"现在不准流泪，你就暂时不流吧。"

基于这些建议，马识途对《清江壮歌》进行了诸多修改。人文社对《清江壮歌》也提出了自己的修改意见。马识途十分认可这些意见。根据出版社提出的意见及其他各方意见，马识途开始修改小说，很快马识途便将修改稿送交人文社，人文社收到后于1962年便将清样打出寄给马识途。但自此之后，《清江壮歌》的出版便陷入长期停滞状态。一个很重要的原因是，1962年马识途前往北京开会并拜访自己的老领导中纪委副书记钱瑛时，钱瑛当面建议马识途《清江壮歌》不要出版，并讲了自己的原因。马识途听后，对于是否出版该书也陷入了思考。虽然当时他心中很希望《清江壮歌》能够出版，但老领导所讲的现实原因又是他必须顾及的，考虑再三，马识途决定延后出版。

对于马识途迟迟不交《清江壮歌》清样，人文社是一催再催，而马识途也是一拖再拖，直到1966年初，马识途才最终把清样交给出版社。编辑在文字上又做了些修改后，1966年3月《清江壮歌》由人文社正式出版。

《清江壮歌》出版后，感动过20世纪60年代的中国读者，更感动了清江两岸的人民，是清江人永远的精神滋养。《清江壮歌》是马识途的代表作，它也被认为是新中国"十七年文学"中一部较有影响的红色经典。

20世纪60年代初，韦君宜来成都拜访马识途时，马识途还将自己前一段时间重新动笔写的《夜谭十记》中的《破城记》和《报销记》部分手稿拿给韦君宜看。韦君宜看了这两个章节。作为一名优秀的编辑，韦君宜觉得此稿很有特色，而且素材都是源于马识途所从事的地下党活动，是他在血与火的斗争中收集而来。这些素材在马识途笔下，已然变成"嬉笑怒骂皆成文章"的小说，其细致刻画很有特点。韦君宜当即向马识途约稿。不久，她还让人文社和马识途签了出版合同。其后，每次遇到马识途，韦君宜就催他赶紧完成《夜谭十记》的创作。可惜"文革"一来，马识途便被打倒，《夜谭十记》手稿被当作罪证抄没。

在20世纪60年代初期，社会上出现了一些让人们深恶痛绝的官僚主义、形式主义等现象，马识途据此创作了一批讽刺小说。他运用讽刺文学的形式来反映人民内部矛盾的问题。

1961年9月12日，讽刺小说《最有办法的人》在《人民文学》第9期上发表。

1962年2月12日，短篇小说《两个第一》在《人民文学》第2期上发表。

1962年9月10日，讽刺小说《挑女婿》在《四川文学》第9期上发表。

马识途的这些讽刺小说，无论在思想上还是艺术上，都具有一定的成就。《最有办法的人》反映出马识途对当时社会上出现的投机取巧、拉来扯去、买空卖空和行贿受贿的行为进行了严厉批判。一时间，"最有办法的人——莫达志"成为这类人的代名词。《挑女婿》则表达了马识途对资产阶级家庭生活、恋爱观点、人伦关系、审美观点等方面的丑恶本质的暴露与鞭挞。《两个第一》则表达出马识途对生活中出现的一些同志拘谨、机械、不踏实的缺点的揭露，作者以善意的幽默予以讽刺。

对于自己坚持讽刺小说的创作，马识途的观点是："中国有许多惰性的文化和思想沉积，成为我们民族的沉重包袱，如不加以无情地清除，我们就不能前进。"其实这也正是马识途历史观、生活观、文学观的体现，是他的艺术主张指导下的自觉的执着的艺术探索。

时间转瞬即逝，1965年，马识途在自己五十岁生日时，特意给自己作了一首诗《七律·五十自寿》。

七律·五十自寿

荏苒韶华五十秋，江湖风雨寄沉浮。

不伤半世流亡苦，但憾平生志未酬。

朽木诚难充砥柱，滴涓仍可入洪流。

虽然驽马难重任，孤竹识途说干休。

注：春秋时齐桓公伐孤竹，风雪迷路，幸为识途老马引归。

在"文革"期间，马识途屡受冲击与迫害，但他依靠对党的坚定信念熬过了那段岁月。进入 20 世纪 70 年代，当他恢复工作不久，马识途便碰到一个棘手的问题。当时他被调到四川省政府工业办公室管基本建设。一到任，四川林业局便来给他汇报工作，说森工局乱砍滥伐，严重破坏了四川森林资源，导致森林被严重破坏。马识途找来森工局的同志了解情况，森工局的同志解释道，国家第一个五年计划向四川下达了很大的木材指标，不砍树，根本完不成任务。为了完成任务，省森工局分解指标到各个下级单位。就这样，上万人进入岷江两岸，一路走一路砍伐，因为数量巨大，几乎将很多森林破坏殆尽。林业局知道情况后，非常痛心，他们不是不让砍伐，而是不能只砍不种，砍伐要有节制。否则按照这种没有节制的砍伐，所有森林都会在我们手中全部毁掉。森林的消失，直接导致的后果就是水土流失，出现沙漠化。这个恶果，森工局其实也能够预见到。但指标任务就在头顶悬着，未来的事情谁又能管得了那么长远。

那一时期，马识途又回到中国科学院成都分院工作。没过多久，中国科学院成都生物研究所的植物专家印开蒲等人来向马识途汇报九寨沟的事。印开蒲，四川宣汉人，1960 年 17 岁的印开蒲高中毕业后，便进入中国科学院成都生物研究所，他就此和自然界中的植物结缘，逐渐成长为中国科学院成都生物研究所的生态学家。他长期从事中国西部地区植物生态学和保护生物学研究，倡导有节制地利用自然资源，致力于中国西部生物多样性和生态环境保护。他从采集植物标本和绘制植被图做起，参加了四川植被、四川薯蓣资源、横断山植被等多项科学考察，找到了曾被认为已经灭绝的五小叶槭等多种珍稀植物。1970 年 8 月，印开蒲与成都生物所的科研人员为调查四川省薯蓣资源偶然来到川西北人烟稀少，但植物十分丰富的南坪县普查植物。在这里，他们得知附近有一个叫九寨沟的地方。九寨沟的得名源于这里有九个藏族寨子（树正寨、则查洼寨、黑角寨、荷叶寨、盘亚寨、亚拉寨、尖盘寨、热西寨、郭都寨），这九个寨子又称为"和药九寨"。由于有九个寨子的藏民世代居住于此，故名为"九寨沟"。他们慕名而来，看到这里植物繁茂，风景幽美，风光旖旎，犹如一个童话世界。九寨沟动人的景色让一行人都惊呆了。"沉没在水中的钙华长堤和树木，在湖水荡漾中晃动，让我一度产生了幻觉，心想，水里会不会真有恐龙和湖怪出现。"印开蒲回忆当时初见九寨沟时的场景。这次偶然的相遇让印开蒲与九寨沟结下了不解之缘。

九寨沟是全国生物多样性的核心之一，岷山山系大熊猫 A 种群的核心地和走廊带，具有典型的自然生态系统。这里动植物资源丰富，具有极高的生态保护、科学研究和美学旅游价值。景区内生物多样性丰富，物种珍稀性突出。九寨沟的高山湖泊群、瀑布、彩林、雪峰、蓝冰和藏族风情并称"九寨沟六绝"，被世人誉为"童话世界"，号称"水景之王"。九寨沟还是以地质遗迹钙化湖泊、滩流、瀑布景观、岩溶水系统和森林生态系统为主要保护对象的国家地质公园，具有极高的科研价值。

1975 年，生物所植物室的印开蒲等人约了四川农业大学的专家一起再次进山考察，他们一进九寨沟，同样惊呆了，不过这次不是为风光旖旎惊呆，而是因为他们发现森工局正在进一步往沟口砍伐，他们一路见到了许多被砍倒的大树，植被破坏极为严重。他们担忧这样砍下去，九寨沟这个"童话世界"便毁于刀锯之下了。随后，印开蒲便立即向阿坝州革委会、四川省科委提出应当尽快建立自然保护区的建议。1978 年，植物专家们又去九寨沟考察，他们发现，九寨沟口以外的植被几乎被砍伐殆尽，正要往九寨沟纵深砍伐进去，情势十分严重。生物所的植物专家印开蒲等人，向生物所及成都分院领导汇报，起草了《中国科学院成都生物研究所关于四川建立几个自然保护区的报告》，要求分院转呈中国科学院和中央。

对于四川出现的乱砍滥伐,马识途也曾有过切身体会。他曾陪伴中科院西南综合考察队去阿坝一带考察。他们从岷江边的灌县出发,沿着岷江溯源而上直到阿坝草原。沿途他们看到许多森林被砍伐殆尽,曾经茂密遮日的绿色世界变成一片黄土,树木少了导致沿江气候变得干旱,雨水稀少导致四川的重要水源岷江水量急剧减少。好不容易下了雨,因为没有树木根系的固牢,泥石流常常发生。科学家一路看,一路谴责这种祸国殃民的举动。作为主管部门的负责人,马识途谦虚地请教如何治理干河谷的办法。专家说,关键要恢复植被,因为目前河谷已经干枯,现在不能种树,因为种了也活不了。现在的补救措施是:

1. 种草。

2. 种植灌木。

3. 在灌木中种树。

整个过程大概需要 100 年来恢复。听到这儿,马识途心痛不已。

当印开蒲执笔的报告摆在马识途的办公桌上时,还附来一摞九寨沟风光的照片。马识途看到照片也惊呆了,这里四周雪峰高耸,湖水清澈艳丽,飞瀑多姿多彩,急流汹涌澎湃,林木青葱婆娑。蓝蓝的天空,明媚的阳光,清新的空气和点缀其间的古老村寨、栈桥、磨坊。他没想到四川竟然有如此绚丽的人间仙境。他认真地审读了报告,他明白这件事绝不能再拖,否则后果极为严重,如果九寨沟在自己这一代手中毁掉,那自己将会是中国的千古罪人。他告诉成都生物所的同志们说,他不久将去北京参加中国科学院召开的会议,他一定可以见到中国科学院的院长方毅,他一定亲自将报告送给他。

到了北京在开会间隙,马识途赶忙去拜访国务院副总理方毅。早在1938年方毅便与马识途在湖北七里坪党训班上相识,差一点方毅还成为马识途的入党介绍人。虽然几十年未见,但方毅依旧认得马识途,他高兴地对马识途说:"我们竟然是同行了。"当马识途把带去的《中国科学院成都生物研究所关于四川建立几个自然保护区的报告》和那一摞九寨沟风景彩色照片送给方毅副总理时，他认真地拿起照片看了起来，边看边吃惊，他也惊讶于中国居然有这么美丽的地方，他不停地反复地看。见此情景，马识途赶紧把报告内容向他简述，还没有说完，方毅副总理指着照片说："这么美丽的地方，怎么下得去手砍伐呢？"他把报告拿来翻看了一下说，"我一定批示转农业部，停止砍伐。"

马识途了解方毅的性格，知道这位国务院副总理的批示一定会很快做出，下达后一定会有效。果然自己回到成都后不久，印开蒲来告诉说，他们的报告在 10 月由方毅副总理便批给农业部，12 月国务院就正式下达文件。中央同意建立九寨沟等四个自然保护区，并决定立即撤销正在那里砍伐木材的森工局。经过印开蒲、马识途等人的大力奔走与呼吁，中国终于保住了九寨沟这片人间仙境。

从此九寨沟的风光传遍世界，海内外游人如织。20 世纪 80 年代，马识途也去看过两次九寨沟，住过几天，亲身游走了一遍，他认为实际的风景比自己看过的照片上的风光更美，真是人间仙境，世界无双。

焕发新春

　　"文革"结束后，韦君宜再次遇见马识途，依旧不忘他的《夜谭十记》，她常催促着马识途赶紧写稿。在老友的"催逼"下，加之自己难以割舍对已经三灭的《夜谭十记》的喜爱，马识途决定重打锣鼓新开张，再写《夜谭十记》。1978年，已经63岁的马识途再次动笔创作。但写了一年，成效甚微。幸运的是，这时马识途偶然找到《破城记》油印本。就是这个油印本，被《当代》主编秦兆阳看中了，并决定刊登。就这样，1979年7月，《夜谭十记》之一——《破城记》在文学刊物《当代》创刊号上发表。发表后，读者反响不错。这更让韦君宜和马识途有了信心。之后每次见面，韦君宜依旧是催促马识途快马加鞭，一鼓作气写完这本自己等了多年的书稿。1982年7月，应中科院邀请，马识途前往青岛疗养。在青岛疗养期间，67岁的马识途终于完成了自己历经40年，从青年写到将近古稀之年的《夜谭十记》。1982年10月1日，马识途为即将出版的《夜谭十记》特地撰写了《后记》。在《后记》中，马识途讲述了自己创作这本书的前前后后。1982年11月，《夜谭十记》在人民文学出版社出版。出版后，《夜谭十记》深受读者欢迎。韦君宜对于好友的这本《夜谭十记》也十分欣赏。她曾亲自撰文《读〈夜谭十记〉随笔》，谈了自己对这部小说的一些看法：

　　　　《夜谭十记》到底算长篇小说还是短篇小说集？这问题我也回答不出来。说它是长篇呢，十篇故事各自有头有尾。说它是短篇呢，十篇有一个总的布局，或曰总的故事，是十个科员在开冷板凳会摆的龙门阵。十篇所写的背景，也基本一样，都是那黑暗年代里在四川小县和山乡发生的人吃人的故事。如果把头尾去掉，一篇一篇完全分开，就有点儿损伤了作者的总体构思了。反正这本书在目前出现，光体例就挺特别的。它有点像《一千零一夜》或《十日谈》，你说它们到底算长篇还是短篇？好像我们一般都还是把这两本书作为一个整体来看，也即长篇。……反正我是觉得这书很有味道的。我分析不出来什么思想性、艺术技巧等道理，只是觉得读它可以采用我们平时读《红楼梦》《水浒传》的方式，下午疲乏了，抓起来就可以看一段，躺在床上也能看一段，而且看了前半段总想知道后半段怎么样。反正，它很能抓人，跟我们的新小说不一样。

　　……

　　这部作品是民族形式的。这所谓民族形式，既不是指章回体的"且听下回分解"、舞韵合辙，也不是指塞进大量的方言俗语（当然，它也有一点儿），而是那富有故事情节的、段段都有悬念的、叫人拿起来放不下的形式，描写叙述都极简洁、水分很少的形式，是为我国的多数读者所欢迎的一种形式。……我们搞创作的人，能从写法上来吸取民族形式的长处的，实在不多，马识途同志能做到，实在是值得高兴的。

在该文中，韦君宜认为马识途的《夜谭十记》描写极具特点，"说《夜谭十记》简洁，并不是说作者不注意描写形象，也不是描写得不细致。他的描写是一个接一个的真实细节，摆出这大量细节，那人物形象便自然跃出。"其后，她以《沉河记》《报销记》《禁烟记》《盗官记》为例，阐明了自己的这个见解：

　　像《沉河记》里那位吴老太爷，自己执行封建规矩，要把相恋的青年男女捆起来沉河，而他自己年轻时却正是一个好色之徒。作者将他所执行的封建陋规，一项一项细细摆出：他怎样保存旧轿子、怎样办私塾、怎样立贞节牌坊、怎样在牌坊上加上"待封孺人"的头衔……他和吴王氏的关系，他想出的舍远房本家保女儿的妙计，最后却给他来了个当场出彩，把这位老太爷的形象在我们头脑里显现得清清楚楚，而整个章节中几乎没有关于这个老太爷在什么天气、什么风景下如何说话的描写，真使人不能不拍案叫绝。

像《报销记》里所写的那些官场鬼名堂，为了报销用尽心机，特别是那时候重庆的亦官亦商，互相搞鬼，抬高粮价，用"海损"的办法搂粮敛财，谋害人命。

像《禁烟记》里写的名为禁烟、实系贩毒，甚至先将人害死，然后用死人肚子来装烟土的奇闻……看了不只觉得吓人，而且真长见识：原来旧社会是那样搞法的！光是为了这点，青年人也大可一看。

例如《盗官记》里那个当了县长又行侠仗义的土匪张牧之。可是细想一想，那年头反正是卖官鬻爵，偶然卖错了主顾，也未必不可能。这部写旧社会的《夜谭十记》，同样用此笔法。常常叫人在听他讲极惨痛的故事时也不能不笑出来——这是觉得那个社会太可笑了。

最后，韦君宜在文中提出："这部独特的作品，未必能（甚至肯定不会）成为当代创作的一种普遍趋向。但我想读者是会欢迎它的，它有着为群众所'喜闻乐见的中国作风和中国气派'。"

1982年11月，人民文学出版社出版了马老的《夜谭十记》。该书初版就印了20万册，后因读者追捧，该书很快再次加印。《夜谭十记》一时颇为红火。于是，韦君宜专门去成都找到马识途。一见面，她就向马识途提出了一个创作建议：《夜谭十记》出版后反响很好，你不如把你脑子里还存有的那些千奇百怪的故事拿出来，就用意大利著名作家薄伽丘的《十日谈》那样的格式，搞一个"夜谭文学系列"。马识途回忆起这段往事时，说自己当时一听就脑子发热，赶忙在自己的记忆库里开始搜索，结果一口气就说出了十个故事的题目和几个故事的梗概。韦君宜听后很高兴。很快，两人就当场商量先创作出一本《夜谭续记》。

不久，马识途便开始动笔写故事提纲。但其后因韦君宜突然中风，没人再继续督促他创作此书，加之自己当时公务繁忙，也就放下了这个写作计划。但这些故事本身，一直存在他的脑子中。他常常梦到这个故事里的人物，还与他们不断对话。也许他自己也没想到，这本书一放，就是30年。

1979年10月，担任四川中科院院长的马识途参加了中科院组织的欧洲交流考察团，考察团先后前往瑞士、英国、瑞典。这次参观让马识途开阔了眼界，看到了世界先进国家科技发展的广度和高度，这对他产生了很大触动。

在英国东方科技史图书馆，马识途随考察团一起拜访了英国著名科学家李约瑟教授。李约瑟教授（Joseph Needham）是英国著名生物化学和科学史学家。他在20世纪40年代曾漫游中国，对中国的历史与文明产生了极大的兴趣。其后便开始《中国的科学与文明》的写作。他计划《中国的科学与文明》共出7卷：第1卷，总论；第2卷，中国哲学；第3卷，前科学；第4卷，中国技术；第5卷，"李约瑟问题"；第6卷，中国的发展与世界文明史的关系；第7卷，展望未来。1954年，该书以《中国科学技术发展史》为名陆续出版，在世界上产生了极大的影响。它被认为是20世纪完成的重大学术成果之一，是欧洲人学术研究的最高成就。本书是通过对中国和西方科学技术进行大量具体的分析和比较，全面而又系统地论述了中国古代科学技术的辉煌成就及其对世界文明的重大贡献。

当马识途等人来到李约瑟教授的书房时，发现这里简直就是一个书海。看到他所著的皇皇巨著《中国科学技术发展史》，马识途从心中由衷地佩服这位科学家。马识途认为这个英国人在并不精通中国汉字的情况下，以严谨的精神，锲而不舍的钻研与著述，认真地创作这本有关中国的著作，对推动世界认识中国产生了积极影响。

在这次欧洲参观考察中，马识途等人去了很多欧洲科研机构，他发现这里非常安静，有一次他们参观研究所时，因为走路声大了一些，便有科研人员出来制止。在参观时，马识途看到科研机构的墙上常常挂着一些"Hurry up""Forward""Keep you with time"标语，鼓励研究人员与时俱进、争分夺秒地做自己的科研工作。欧洲科学家在与马识途等人座谈时，严格遵守规定时间，他们的谈话时间几乎都以分为单位，超过时间他们便要起身离开去做自己的研究。这些都让马识途印象深刻。

欧洲科学家在面对从中国来的交流考察团时，更愿意与中国科学家进行充分的交流。起先他们以为马识途具有行政身份，只是礼貌地握手致意。可当中国团长告诉他们，马识途还是一名中国作家时，这些科学家便产生了极大兴趣，他们与马识途再次握手，热情地探讨起做作家和科学家的难易来，还询问马识途写了哪些文章。欧洲科学家认为做科学家不易，但做作家更难。科学家通过努力是可以做到的，但作家一定要有天赋，这不是谁都有的。所以他们认为作家这个职业更难。马识途则认为做一名大作家很难，一个国家、一个时代，大作家凤毛麟角。但一般的作家还是很多，正如金字塔塔底基座的作家成千上万，而塔尖则很少。

马识途这次出国考察，主要目的是考察西欧科学工作的组织与管理。他发现西欧的研究机构都是设立在大学、企业或民间，具有极强的独立性，其组织与领导者都是科学家。而政府只是出钱，不参与科研机构的组织架构。科研机构的发展方向、研究内容、研究方式，由研究机构自己提出意见，上报国家科教部下属的各种委员会。等项目经费批下来后，科学家就自己组织班子、聘用人员，领导科研。欧洲科学家在介绍这方面经验时，也谈到科学研究要具有独立性，这一点非常重要。

在这次考察旅途中，马识途诗兴颇浓，先后创作了《七律·乘机过阿尔卑斯山浮想》《英国皇家学会晚宴上口号顺口溜，译员译诵，举座粲然》《赴哥德堡途中》《七律·瞻仰周总理日内瓦旧居》《七律·秋晚游日内瓦湖》《七绝·中瑞科学交流协定签字会上口占》《瑞典皇家学会晚宴上口号，译员译诵，教授齐鼓掌》等诗作。其中，《英国皇家学会晚宴上口号顺口溜，译员译诵，举座粲然》颇有意味。

> 举步入华堂，晚宴灯初张，右手坐胡子，左边美娇娘。张口却无声，舌头不帮忙。友谊心相印，不用费辞章。何人说"东方自东方，西方自西方"？中国火药英国用，西洋电灯北京亮。人民心中有桥梁，山高水远难阻挡。晨观北京之朝晖，晚送伦敦之夕阳。而今科学能缩地，金桥飞架通四方。握手通款曲，举杯祝健康。灯火在欢笑，酒杯也歌唱。笑语盈盈满华堂，人民友谊万年长。

考察回国后，马识途深感中国科学技术离世界水平还有很大差距，他本想在科学院成都分院的岗位上继续发光发热，促进中国科技的进步。但不久他接到省委通知，要求他退居二线，前往四川省人大担任副主任，开辟省里的法制新工作。马识途没有考虑太多，欣然领命。这次马识途再次遇到一个"三无"单位的情况，但他早已习惯了这些。那时候，不少到人大常委会工作的老同志以为到人大是组织上的一种安排，属于二线，事不多，因而比较散漫。可马识途却天天爬上几层楼，认真上班，积极工作。他和大家一起，热烈讨论民主法制建设。他主管文教方面的工作，每事必问，对一些教育方面的案子，认真组织调查，弄清是非。他曾为一个教员挨打的事，一直过问到底，直到公平解决。他是全国人大代表，每次到会都积极发言，和别的代表联名提出议案。他认定了中国要前进，不把民主和法制建设好是不行的。

一次，他代表四川前往北京参加由全国人大常委会委员长彭真主持的会议。在会议上，彭真认真倾听了来自全国各地的代表发言。随后，他发表讲话：中国革命历经艰辛，牺牲很多，我们要建立的是一个社会主义的民主法治的新中国。党中央之所以要把人大常委会办起来，就是要为国家立法，真心做到有法必依，违法必究。中心是在法律面前人人平等，犯了法的，要依法进行公开审理。他说，很多老同志转到人大这条战线来，可能是因为失去行政权力不大习惯，可以理解。但要认识到我们并不是退到第二线，而是走上了法制工作的第一线。我们要为国家建立许多基本法，要为在法律面前人人平等而斗争，责任重大。我们是为人民掌权，任重道远；我们要认真学习法律，自己守法，才能做好立法工作。彭真的讲话让马识途记忆深刻。回到四川后，他积极履职，为四川法制建设，作出了自己的贡献。

改革开放后，马识途当选为四川省作协主席。他将自己的主要精力放在了文学创作与作协工作的开展上。

1978 年 10 月底至 11 月中旬，他带团前往北京参加全国第四次文代会、第三次作代会，被选为中国作协理事会理事。11 月 11 日，在参加作家座谈会时，他见到自己的老友韦君宜。韦君宜说自己应向马识途道歉，因为是自己当年坚持出版马识途长篇小说《清江壮歌》，而让此书成为批判"大毒草"的靶子。在见到原《人民文学》主编陈白尘时，陈白尘问马识途："你那个《最有办法的人》怎么样了？"他指的是，马识途 20 世纪 60 年代在《人民文学》杂志发表的讽刺小说《最有办法的人》。马识途回答："当然更有办法了。"陈白尘说："你为什么不把它拉出来让我们见识一下呢？"陈白尘希望马识途能坚持把这个系列往后写下去。这个约定一晃直到 2021 年，马识途才完成。在 2021 年 4 月—6 月，马识途还创作了一部小说《真有办法的人》。

自 20 世纪 70 年代末起，马识途的文学创作进入了一个新的高峰。1979 年 2 月，马识途的代表作《清江壮歌》由人民文学出版社再版。其后，他开始创作一系列极具特色的讽刺小说。1982 年 6 月，讽刺小说《学习会纪实》在《四川文学》第 6 期发表。1982 年 8 月 3 日，讽刺小说《学习会纪实》在《小说选刊》发表。1982 年 10 月 20 日，《讽刺小说二题：〈好事〉〈五粮液奇遇记〉》在《人民文学》第 10 期发表。1982 年 12 月 1 日，讽刺小说《大事和小事》在《解放军文艺》第 12 期发表。

《学习会纪实》是其中较为典型的一部小说。小说展示了一个包括正副书记、局长等 15 人的局机关领导班子，在中心学习组一次"学习会"的纪实，展示了一幅典型的官僚主义百态图，这些领导的言谈风貌、举止做派在这里表现得淋漓尽致。有的察言观色，有的故作姿态，有的夸夸其谈，有的牢骚满腹，有的密探"关系"，有的闭目入定。不是天南海北，就是东拉西扯。

1983 年 1 月，长篇讽刺小说《夜谭十记》终于创作完成，开始在《四川文学》刊载。1983 年 1—9 月，《夜谭十记——〈前记〉·〈报销记〉》《娶妾记》《禁烟记》《沉河记》《观花记》《买牛记》《亲仇记》《军训记》先后在《四川文学》第 1 期至第 9 期发表。同年 11 月，《夜谭十记》由人民文学出版社出版。

对于讽刺小说的写作，马识途十分喜爱。他认为讽刺是一个社会永远需要的，我们正处在从一个旧社会到一个新社会，从一个旧时期到一个新时期的大转变中。在转变中，一些陈旧的、腐朽的、落后的，有时甚至是反动的旧事物、旧思想总不肯自动退出历史舞台，总要和新生事物进行垂死的斗争。马识途相信，在一个社会中，越是讽刺文学兴盛，越能显出这个社会对于自己存在的自信和强大，越是敢于把旧社会不可避免地带来的种种痼疾和丑恶揭发出来，越能早日求得治疗，使自己变得更为强健。对于自己的讽刺小说，马识途谦虚地表示"只不过是浮光掠影地描绘一点社会现象，给那些可笑、可气、可恼、可恨的'现世活宝'，勾几幅速写照而已"，他希望自己的这些作品能够抛砖引玉，有更多更好的讽刺文学问世。

改革开放以来，中国当代文学渐渐出现文学商品化倾向。面对中国文学出现的各种问题，马识途也在认真思索。他认为文化这种产品和艺术活动是特殊商品，虽具有商品的性质，却不可以商品化，所谓"化"者，彻头彻尾彻里彻外之意也。他认为，文化政策应该是根据社会主义文艺的规律，按"提倡有益，允许无害，反对有害"的原则，分别加以提倡和保护，允许或限制，甚至采用禁止和取缔的办法来制止，而且还要有相应的可以操作的运行机制来施行。

无论文学环境如何变化，马识途依旧坚定地走自己的文学之路。

1983年，当马识途看到四川省委为曾在国民党军统特务电台英勇战斗牺牲的张露萍等7位烈士平反的报道后，他的心情久久不能平静，长久压在他心上的一块石头终于落地了。他早在20世纪50年代就听说过张露萍的英雄事迹，也曾在国民党特务写的"息烽集中营"内部资料中看到过有关内容。好友罗广斌在创作《红岩》时也曾告诉马识途自己想把张露萍从容走上刑场的事迹用在他笔下的江姐身上。对于罗广斌的这种艺术表现想法，马识途十分赞成。

在张露萍身上，马识途似乎看到曾与自己一起战斗、已经牺牲的战友们的身影，他们在催促马识途："你作为地下党的老战友，作为一个作家，为什么不把我们的形象显现出来，让我们也为社会主义四个现代化建设，提供一点精神鼓舞力量。"马识途决定以张露萍为原型创作一部歌颂革命烈士的小说。说干就干，马识途每天伏案十几个小时，他一直处于精神昂扬之中，根本停不下笔。即使在夜晚的梦中，他还看到那些牺牲了的战友在对他笑，在不断鼓舞他。家里人看到已经68岁的马识途如此拼命，纷纷表示反对，并强迫他休息。后来因为脚肿，马识途只得前往医院治疗。即使这样，他也在病床上摆上一张小书桌，继续写起来。经过半年的努力，他终于写完了30多万字的初稿。该小说后来被中国青年出版社相中，马识途在与编辑王维玲交流时，也谈到自己的创作初心，"出于政治责任感，我应当表现他们，有一种无形的力量在推动着我，使我来不及酝酿成熟就动笔写了起来，因为我熟悉地下斗争生活，了解地下党人，知道他们的心灵，所以比较顺畅地把这部小说写出来了。"根据编辑提出的意见又多次进行修改。1986年4月，长篇小说《巴蜀女杰》出版。出版后，1987年第1期的《当代文坛》曾刊发过一篇这样的评论文章。

> 这是马识途同志继《清江壮歌》之后的又一部描写地下斗争的长篇。作者怀着对英烈的无限敬意，以烈火般的革命激情，真切地描绘发生在敌特机关的革命与反革命的一场生死搏斗，谱写了一曲共产党人革命气节和高尚情操的赞歌，读之，使人衷肠炽热，血液沸腾，雄心壮志昂扬而起。

对于主人公张萍的描写，评论者认为这是此小说最大的亮点。

> 《巴蜀女杰》虽然有惊险的故事、曲折的情节，但并不单纯以此取胜，作者仍然集中笔力在写人，特别是集中笔力在写主人公张露萍，写她的成长、斗争和牺牲，以及她的爱情和家庭生活，特别是她所进行的特殊斗争。她自始至终没有在敌人面前暴露自己，在监狱也没有急于找监狱支部表白自己，直到牺牲时还不能以一个共产党员身份去死，还披着特务的皮，以致她的死长期不为人们所了解。这是她与过去英雄人物重要不同之处，也是她精神境界高尚之处。

革命文学创作一直是马识途所钟爱的，20 世纪 90 年代初，他又相继创作出章回体长篇小说《雷神传奇》《京华夜谭》和中篇小说《秋香外传》。

《京华夜谭》是马识途比较有代表性的一部小说，它是马识途在 20 世纪 80 年代开始从事通俗文学创作的尝试。该小说的主人公肖强是一个老党员，1940 年，南方局要他打入国民党特务机关里去，从敌人内部获取情报。经过艰苦的努力，他终于打进了国民党四川省特务委员会。四川省特务委员会是一个由国民党的党、政、军、警、宪、特联合组织起来的特务领导机关，专门对付中国共产党和进步势力。南方局为了保护党的组织和进步群众，才下决心派党员打进敌特内部去活动。肖强冒着生命危险，把敌特机关的准备动手逮捕的党员和进步分子的名单及时送了出来，并在解放大军入川以前，又提供了敌特内部情况和阴谋潜伏的特务线索，使我大军进城后，按图索骥，给特务以沉重的打击。该小说是马识途根据战友亲身革命经历，以摆龙门阵的形式描写共产党员肖强在国民党敌特机关潜伏的故事，该作品被称为"传奇式的通俗文学"。

肖强的原型是马识途 1947 年在成都做革命工作时认识的地下党员黎强。黎强原名李长亨，原是四川大学学生，思想进步，为了追求光明，他去了延安，上了陕北公学研究班。抗战初期，黎强在延安受特别训练后被派回四川，经党组织和董必武的亲自安排，他进入国民党特务组织。他一直隐藏得很好，取得了特务机关的信任，后被调到四川省特务委员会工作，在情报部门负有相当的责任。每次敌人的军警宪特召开联合会议，他都有资格参加。抗战胜利后，他的组织关系转到川康特委手中。因此特务的活动计划，川康特委都是从他那里得到机密情报。

1947 年夏，国民党特务实行全国"六一"大逮捕。黎强把特务在成都要逮捕的地下党员和进步分子、民主人士 100 多人的名单，设法送了出来，交到川康特委书记蒲华辅手中。当马识途接到名单一看，名单上竟有 100 多人，其中共产党员和进步分子就有 50 多人。按这个名单，马识途赶紧通知上了黑名单的地下党员疏散。凡是走了的都没有被捕，黎强为四川地下党立了一大功。因马识途主管组织工作，为保证及时得到消息和地下党的安全，在他的争取下，根据钱瑛的指示，黎强的组织关系很快转到了马识途手中。

1948 年下半年，黎强从成都调往南京，被派往一个国民党整编师去做新闻室主任，其实就是那个师的特务头子。1949 年初，那个师准备撤退到台湾去，他只得跟去。可是这个师在退往杭州附近时，被我解放大军围歼，黎强也被俘房。他对解放军部队政委密报，他是被党派往敌特机关潜伏工作的。他的情况南方局和川康特委是了解的。部队就这件事迅速报告了中央军委，中央军委立刻向中央社会部查证。同时，黎强被解放军严密护送到北京，又由北京转往武汉钱瑛处查证。当钱瑛向马识途询问此人情况时，马识途虽和黎强有联系，却从未见过此人。恰巧与钱瑛、马识途同在武汉的成都市委副书记彭塞认识他的川大老同学黎强，这下黎强的身份便得到确认。就这样，黎强和马识途等人正式会师了。很快，黎强就他知道的敌特内部情况，写了许多材料，其中有关成都的潜伏特务那部分交给了马识途。不久，他随刘邓二野大军进军四川，解放重庆，在西南公安部工作。

马识途等人则去西安随贺龙大军南下四川，解放成都。他把黎强写的材料交给军管会公安处，他们按图索骥，照提供名单抓了一批潜伏特务，又从他们身上扩大了线索，又抓到了一批，给敌特方以致命打击。黎强又为党立了一个大功。新中国成立后，他们没有再见过面，直到 1978 年马识途到北京，才在国务院二招待所里见到了来北京治病的黎强。后来，马识途与他的交往多了起来。在每次交谈中，黎强给马识途讲述了很多革命潜伏故事，马识途据此写成一部长篇小说《京华夜谭》。

在这次创作中，马识途特意采用传统章回小说的形式。小说共十回，以"楔子"开头，以"幺回"结束，每回的标题均为十字，对仗工整，主旨鲜明。每回的开端均以"我"和肖强交流对话开始，使前后内容环环相扣。

在文中，马识途使用相当多的四川方言和与四川风俗有关的文字来体现小说的语言地域特色，如"歪""咋个""巴适""欺头""讨人嫌""认黄""兴妖作怪""海大爷""海袍哥""给一点水""巴巴适适""卫生汤丸"等。

对于自己创作的这部小说，马识途认为它只能归于"说故事"一类。而自己也很愿意跻身于"说书人"的行列，如有人将他的作品直称为"故事"（或者按四川话来说，叫"龙门阵"），他并不以为羞。对于当时在社会上出现的雅文学与俗文学的争论，以及汹涌出现的庸俗文学，马识途有着自己的思考："我则以为文学本不该雅俗分流，而应该无分雅俗，全民雅俗共赏。""把雅文学向通俗化、民俗化的方向靠一靠吧，甚至有一批雅文学的作家转向，以支援通俗文学，来尝试通俗文学的创作吧，而通俗文学的作家也向雅文学靠一靠，提高自己作品的质量，做得更雅致一些。如果最后能做到雅文学和通俗文学的融合，产生一种雅俗共享的中间体，一种具有社会主义内容和民族形式的新文学，这将是中国人民之福，也是中国文学之光。"最后，马识途直接表达了对自己文学创作的定位："我很愿意从雅文学的作家转化为通俗文学的作家，以致降格为市井的说故事者或摆'龙门阵'的人。"

1987年，《京华夜谭》由四川文艺出版社出版，反响很好。1990年，马识途将该小说进行了一次修改，将其改为一本更纯粹的章回体小说，更名为《魔窟十年》，由重庆出版社出版。

对于自己一直以来创作的小说风格，马识途有着独到的见解与追求。他在20世纪80年代初就曾谈到自己所追求的是"中国作风和中国气派"。这种特点与他幼年的经历有关。20世纪20年代，马识途生活在一个重庆忠县偏僻农村，那里很少有文化生活，连背着破烂衣箱、牵一只干瘦小猴子和一条癞皮狗耍猴戏的人，还要奔波十几里山路才能见到，而且也只是在乡场上才偶尔看得见。听山村里业余川剧爱好者"打围鼓"，马识途就是不吃晚饭，自己也要打起火把跑十几里路去那破烂的观音阁里通夜站着，欣赏那震耳欲聋的咚咚咣咣的大鼓大锣声和那干燥得像拉锯声的高腔。但那时的马识途最喜听走乡串院长年流落在外的说书人"说善书"、讲评书。

那时"说善书"的人戴一顶三家村老学究的红顶瓜皮帽，穿上一件真可谓捉襟见肘的褪了色的老蓝布大褂，他装模作样地在供桌上供着"吾皇万岁万岁万万岁"的神牌，然后点上香烛，恭敬地叩三个头，才坐上高凳，在供桌上摆开线装的话本，一面用手指蘸点水翻着书页，一面用一块"醒木"在桌上轻轻拍打，开讲起来。他讲的都是劝善惩恶的因果报应故事。那故事都是那么曲折离奇、生动有趣，总是恶人逞凶、好人受苦，生离死别、百般辛酸，最后不是奉了圣谕，便是遇了清官，好人得救，恶人得报。或者人间无处讲理，便由天神、雷公、鬼怪出来伸张正义，把恶人惩治，揪他到阴间去讲理，下油锅，上刀山，受轮回之苦。在马识途看来，这些说书人讲起故事来总是那么委婉有致，引人入胜，语言通俗生动，白描淡写，几句话便传了神。

后来他又喜欢乡下说评书、"讲古""摆龙门阵"的人，他们讲的故事大多源于《三国演义》《水浒传》《西游记》《东周列国志》《今古奇观》和《聊斋志异》等。他们讲起故事来更加生动活泼、曲折复杂、神奇美妙、乐观诙谐，他们根据听众的反应，该简就简，该繁就繁。他们喜欢开始先讲一个小故事或本地的奇闻，叫作"入话"，然后再引入正文。他们讲得绘影形声，故事中的人物好似就站在你面前，活生生的。他们说风景总是在人物活动和故事进展中，渲染几句，便有一幅背景画立在面前了。他们描绘人物性格也总是在人物的活动中，在人物对话中，在性格冲突和斗争中，采取白描淡写的方法，人物生动，笔墨干净。他们十分讲究人物音容笑貌、行为气质的描写，十分注意细节的刻画。需要交代的过场往往是用"一笔带过""这且不表"来处理。他们所使用的语言都是本地老百姓通俗的语言，但却并不庸俗和鄙陋。一句方言口语，十分传神，心领神会，妙不可言。他们喜欢用夸张的手法，还时常夹点小幽默，往往妙趣横生，振作精神。他们说书在故事情节的安排上，力求曲折神奇，扑朔迷离，神龙见首不见尾，决不让你一览无余。在结构上虽然有头有尾，却不平铺直叙，有时前后颠倒，有时左右穿插。至于"扣子"和"包袱"更是他们讲究的。他们说的总是一扣压一扣，不给你解开；包袱丢了一个又背上一个，不给你打开。总是一波未平，一波又起，他们讲到紧要处，比如正在危难中，前面来了一个人，他忽然说："来者何人，放下暂且不表。"又从另外一个情节开头了。他讲到刀都举起来了，接着却说："一刀砍下，吉凶如何，且听下回分解。"叫你回去，明晚再来。总叫你回去吃不下，睡不着就是了。这种巧妙铺排，叫马识途十分入迷，念念不忘。

年少的马识途还曾当面向这些说书师傅请教说书技巧。有一个师傅说，讲书好比引人游山观景，总不能只是平原大坝，一览无余。总要引他到小桥流水、曲径通幽的去处，一时异峰突起，一时波澜壮阔，一时山穷水尽，一时柳暗花明，这才有个看头。

读书之后，马识途很喜欢看那些著名的古典小说，尤其是一些带着绣像的石印小字本。父母不让看，他便深夜躲在帐子里点着油灯看，还差点把帐子点着。午睡时，他钻进被单里偷看。看多了，他渐渐明白，那些说书的原来是继承了古代小说家和说书人的长处，形成了为中国老百姓喜闻乐见的特别风格。从那时起，马识途便认为要给中国老百姓写书的话，就要继承这样的风格。

新中国成立后，马识途开始写起小说来，他渐渐地由一名长胡子的文艺新兵变成了一名作家。他有时也会想自己要成为一名作家，要追求一种什么风格呢？尤其是进入 20 世纪 80 年代后，马识途将自己大部分时间都用在了文学创作上，经过多年实践与思考后，他认为自己要用摆龙门阵的方法写自己的小说，尽量把民间艺人的长处，吸收到自己的作品里去，他愿意把自己写的某些革命斗争故事叫作"新评书"或者"新传奇"。同时，他也努力吸取西方小说和中国现代小说的写作长处。

经过二十几年的努力，他逐渐形成自己的风格，找到了一种为中国老百姓所喜闻乐见的中国作风和中国气派。那就是：

> 白描淡写，流利晓畅的语言；
>
> 委婉有致，引人入胜的情节；
>
> 鲜明突出，跃然纸上的形象；
>
> 乐观开朗，生气蓬勃的性格。
>
> 曲折而不隐晦；
>
> 神奇而不古怪；
>
> 幽默而不庸俗；
>
> 讽刺而不谩骂；
>
> 通俗而不鄙陋。

2004 年 9 月 27 日，成都芙蓉古城，90 岁的马识途与参加"人文四川名家论坛"的新派武侠小说大师金庸第一次见面。两人都是擅长写章回体小说的大家。在此次论坛上，马识途向四川作家提出了自己的倡议："有华人的地方就有金庸，这样的'金庸现象'，在文学上，在中国产生如此大的影响，四川作家应该从他的创作中得到何种启示？"马识途认为金庸的成功之处，在于对中国历史、文化、传统、思想等各方面有深刻的表现和承载。为了这次见面，马识途专门为金庸先生作了一首诗《七言四句·赠金庸》。

七言四句·赠金庸

凡有井水唱"三变"，今日到处说金庸。

新声本自俚歌出，缪斯殿堂拜查翁。

注：宋神宗时，有水井处即有歌柳永词者，今日有华人处即有读金庸武侠小说者。竟有无知小子叽叽喳喳，殊可悲也。金庸来蓉，万

人空巷。席间有感，立就顺口溜一首，并书以求教。

金庸也手书回赠马老书法一幅："慧增于寿，识途因齿，不喜伏枥，志存万里，腾飞行空，云生足底，千里之行（金庸后注明应为'力'），路遥方知。"（拟马字成语四则　敬赠马前辈识途先生）

新时代文学创作

2012 年党的十八大开幕前夕，马识途特作《沁园春·祝中共十八大开幕》诗一首，表达一位老党员的心意。

> 十月小阳，不是春光，胜似春光。正中枢盛会，全民瞩望，群英汇聚，大计同商。国力增强，黎民增富，万绪千头待锦囊。寰球望，忽风云聚变，东海震荡。任他风雨癫狂，尽我自从容奔小康。且千帆齐放，乘风破浪。万骑并出，驰骋疆场。改革创新，以民为本，五项文明尽发扬。抬头望，看中华崛起，峙立东方。

通过这首诗，可见马老对新一届党中央充满着深深的期许与希望。

2013 年 1 月，马识途在四川文艺出版社出版了《在地下》一书。该书具有当年地下党"行动指南"功能，马识途在书中细致地写出了当年地下党的组织架构、行动经验、工作原则。全书共分为三个部分：第一部分，白区地下党工作的一般要领；第二部分，白区地下党工作的十个主要问题；第三部分，白区地下党秘密工作方法。

2013 年，为了给历史留下一笔宝贵财富，马老开始动笔写自己的百年回忆录《百岁拾忆》。当年 5 月 25 日，他开始草拟《百岁拾忆》的提纲。6 月，开始正式动笔。历时半年，12 月 9 日完成 26 万字的《百岁拾忆》初稿。在这本书的"絮言"中，马识途谈了写这本书的初心："这是一个日薄西山的百岁老人的回光返照，这是他在漫漫其修远的长途跋涉中登音。这是他为追求遥远而朦胧的彼岸而沉浮沧海的回忆。这是他在近百年间所见所闻所思所感的东鳞西爪。这是一本他学习巴金说真话的书。他讲的可能不是真理，却是出自肺腑之言。错误的真话远比虚伪的假话要好。这本书不求上榜畅销，能供知音消闲足矣。也许从中可以寻到某些零金碎玉。"

2014 年 8 月，100 岁的马识途先生在三联书店推出了《百岁拾忆》。此前两个月时，2014 年 6 月，他的三哥、103 岁的马士弘先生在三联书店推出了自己的百岁回忆录《百岁追忆》。马士弘、马识途两兄弟出生于重庆忠县石宝镇、长江边上一个大户人家。马士弘的父亲马玉之，在新中国成立前曾当过三任县长，两任在洪雅县，一任在大邑县，是个清官。马玉之为马家男丁定了一个家规：家里的男孩满 16 岁时，一律要赶出三峡，到外面闯荡安身立命。在父亲的鼓励下，马士弘和马识途两兄弟都出峡求学，寻求救国之道。两位年轻人身上都有着救国兴邦的满腔热血。随着日本帝国主义侵华日益加深，马士弘决心抗日，他投笔从戎，考入中央陆军军官军校（前身是黄埔军校），参加中国国民党，舍身抗战。马识途则立志抗日，考入大学后参加了中国共产党，投身革命。两个亲兄弟从此走上了不同的人生道路。

在为哥哥马士弘的《百岁追忆》撰写序言时，马识途这样写道："国共兄弟，异翮分飞，殊途同归，终及于解放……离退之后，兄弟重聚，虽然苍颜白发，垂垂老矣。常相聚谈，追怀往事，仰不愧于天，俯不怍于人，襟怀坦白，差足自慰……家兄已高寿一百零三岁，我亦进入百岁，子孙绕膝同庆高寿，乐何如之。加以家兄之《百岁追忆》、我之《百岁拾忆》二书即将同时出版，国共兄弟，两个百岁，出两本书，堪称人间佳话。"

在中国历史上，两个亲兄弟同时活到百岁，又同时出版回忆录，这确实是绝无仅有的事情。这在当时的中国文坛引起了不小的轰动。

为了这个创举，出版方三联书店特意选择 2014 年 8 月 4 日上午 10 点，在成都新华购书中心举行马识途回忆录《百岁拾忆》和马士弘《百岁追忆》新书发布会。兄弟两人携手参加这次活动，他们并排而坐，不时交头接耳谈论。周围的读者将两位老人围得水泄不通，围观加拍照，面带敬意。活动开始后，两位老人先后发言。

百岁的马识途步伐坚定地走上前台，在感谢出版社为他和哥哥的回忆录出版所做的工作之后，马老直诉衷肠，"我这本书是我百岁人生的真实写照，也是我为理想而奋斗一生的真实记录。我这本书，不求畅销上榜，只希望青年人能从中读到对自己有用处的东西。"马识途还提到，这本回忆录是一本"学习巴金说真话"的书。他说："虽然我说的真话并不一定都是真理。但是我觉得，说真话，比说那些自以为正确的假话要好。"台下掌声雷动。

103岁的马士弘老人坐在轮椅上发表致辞："我是一名老兵，当年日本人侵占中国，咱们国家面临危亡关头。我也投入了抗战的阵营当中……希望年轻人不要忘记那段历史。"老人思维清晰，中气十足，在场读者赞叹声一片。

已经80岁的著名作家王蒙顶着酷暑，专程赶到成都参加这次新书首发式。发布会开始之前，王蒙见到马老，送上一个结结实实的大拥抱。在发布会上台讲话时，王蒙全程面带笑容，话语生动幽默。他大赞马老及哥哥的两本回忆录："马氏兄弟这两本回忆录，我已经先睹为快读完了。真的很好看。他们用质朴的语言，将历史以生动、真诚、平实的方式呈现出来，返璞归真中，让人见识大历史。百岁兄弟一起出书，是书界奇迹，历史瑰宝。"他激动地表示，自己已经替出版社推广想好这两本书的"广告词"：读马氏兄弟新书，获千年灵瑞之气！

在现场，王蒙更是认真分析了马氏兄弟的这两本回忆录，"这两本回忆录，细节生动、鲜活，心态豁达。语言没有任何矫饰，有一股真纯之气。同时表达力又很强。更妙的是，兄弟俩是国共兄弟，各自的回忆既互相印证，又互相补充，可以让读者看到中国走过的百年历史的完整面貌。"

茅盾文学奖获得者、90岁的著名作家王火也亲临现场祝贺。他告诉记者："百岁兄弟齐出书，经历和见识又如此不凡。我把《世界大百科全书》关于作家卷的部分，全部翻完了，我查到的记录是，对高寿依然笔耕不辍的作家记录中，萧伯纳93岁还在写作，雨果是写到83岁。但像马老这样到百岁依然写作的作家，我还没找到。马老百岁笔耕不辍，而且跟他的哥哥百岁齐出书，肯定是创了新纪录了！"

2015年1月，当马识途迎来了自己的百岁华诞时，他特意作了诗两首（《七律·百岁寄远》《七律·百岁怀远》）。

七律·百岁寄远

年逾百岁意迷茫，绕膝子孙奉寿觞。

蜡烛滴红怀故友，金杯未尽泪满腔。

同舟每忆波澜阔，夙夕常思风雨狂。

每读讣文肝欲裂，几人再聚话炎凉。

七律·百岁怀远

岁月飞驰驹过隙，回头便是百年身。

青春背我悄悄去，白发欺人日日生。

仰望丰碑思烈士，常闻噩耗怀亲人。

皮囊百毁未成土，清气仍将贻子孙。

2017年1月14日，我国著名语言文字大师周有光去世。得知此消息后，马识途十分伤心。他与周有光虽认识较晚，但一见如故。他十分钦佩周有光的眼光与见解。待心情平静后，马识途提笔写下悼念周有光的文章《怀念周有光老人》。

我认识周有光先生很晚，慕名已久却无缘识荆。一日在京和老友张彦（《今日中国》原副主编）说起，恰他是周老旧友，于是便引我去周老家拜访。我们寻寻觅觅，终于在人民文学出版社的背后找到了坐落在后拐棒胡同的一幢旧楼，这便是周老家所在地。我们沿楼内陡梯而上到三楼，走进周老的家，来到他窄狭的书房。书房两壁书架的中间，靠窗有一张三尺小桌，周老坐在桌前一边的椅子上。经介绍后，他请我在他对面的木凳上落座，那是一个陈旧的凳子，我坐上去只听得叽叽咯咯一阵响，很担心会把凳子坐垮了，周老似乎并不在意。

虽然当时我和周老是初次见面相识，可他却如见老友一般，像摆家常放言恣肆地高谈阔论起来，语多幽默机智，言人之未能言，言人之未敢言，使我大开脑筋。

周老说他本是研究经济的，1955年周恩来总理把他从上海调到北京，到文字改革委员会，改行研究语言学，创制汉语拼音字母。他后来才悟出，这原来是周总理有意救他，不久上海打右派，他的经济著名同行沈志远辈，全罹大祸，他独在北京而安然无恙。他还说后来"文革"中他年老力衰还被下放宁夏五七干校劳动，十分辛苦，但是他顽固难治的失眠症却不药而愈，至今未犯。他慨然道：人生失意莫自悲，逆顺祸福本相依。山穷水尽似无路，柳暗花明又一村。笑说："塞翁失马，安知非福。"我们问他长寿之道，当时他已近百岁，他幽默地说，大概上帝把他忘记了吧，一直没有召唤他。引得大笑。他说，古来皇帝为了长寿，没有不去求仙的，可哪有一个活过一百岁？现代许多富豪人家，总是怕死，其实怕死才是催命鬼，任你花钱吃名贵补药，甚至求神拜佛，但有几个活到一百岁？关键是人到百岁不言老，真到点不请自去，如此达观，才能长寿。

我听了周老关于人生哲学的至理妙言，感佩不已。回来后作了一首七律诗，写成书法，连我的文集十二卷送给他。我的七律诗是这样写的："行年九七未衰翁，眼亮心明耳未聋。西学中文专且博，语言经济贯而通。随心闲侃多幽默，恣意放言见机锋，垂老初交惟憾晚，听君一席坐春风。"周老看了很高兴，把我纳入他的朋友行列。他每出版一本书，都要签名寄我一本，前后已有三四本，都是文短而意长，言浅而思深，其中一些幽默而略带辣味的话语，更启人思考。我还把周老的长寿之道融入我与家兄马士弘斟酌写成的"长寿三字诀"中，据说此"三字诀"经报刊登出后，不胫而走，全国流传，实在是转述周老的要言妙道而已。

后来，我只要去北京，必争取去看望他，每次一见面，必大放"厥辞"，互相交流切磋。还记得大约是他年已逾百后的某一年，我已经有九十八岁了，到北京后去看望他，仍是一如既往，放言恣肆。说到不言老却偏言老的话题，我随口念了我作的顺口溜："老朽今年九十八，渐聋近盲唯不傻。阎王有请我不去，小鬼来缠我不怕。人生能得几回搏，栽个筋斗算什么。愁云忧霾已扫尽，国泰民安乐无涯。"他听后拊掌大笑，如一顽童。

现在周老走了，我那与我一起共同拟得"长寿三字诀"的兄长也在他进入 105 岁那年走了。我今年已进入 103 岁，却还老是想起周老的人生哲学和长寿之道，不自惭形秽，也不是鲁迅说的那种无聊之人，借死去的人不能说话之机写纪念文章以自衒，我已近瞎渐聋，还摸索着执笔写这篇纪念文字，了我心愿而已。

马识途

2017 年 2 月 10 日

"汉语拼音之父"周有光先生是马识途极为敬佩的朋友之一。他们上一次也是最后一次见面还要追溯到 2011 年。那一年的 5 月 24 日上午，北京的阳光温暖而和煦。马识途在友人的陪同下，来到朝阳门内大街后拐棒胡同甲 2 号拜访 105 岁的周有光先生。后拐棒胡同甲 2 号是国家文改会的宿舍大院，这里有几幢 5 层红色砖楼。周有光先生所住的这栋红砖楼房没有电梯，这对已经 96 岁的马识途而言确实很有些困难。爬楼梯时，马识途右手紧紧握着栏杆，左手拉着友人，小心翼翼地走到位于三层的周老家。

一见到周先生，马识途边挥手边大声地自报家门："周老，四川的马识途又来看你了。"

周老双手抱拳道："天气那么热，你还来。谢谢！谢谢！"随后，周老双手示意马老坐到他书桌的另一边，这样他们好面对面说话。

马识途坐定后，从包中拿出两幅书法亲自递到周老面前，高声讲道："周老，我这儿有一个拜门帖，我马识途拜门来了，你看一下哈。"马识途左手拿住书法的一角，右手一字一字指着大声读给周老听。

"百岁已早过　茶寿已到门　大师曾自许　百十一归田

后学为预卜　百廿老寿仙　春蚕丝未尽　传文待新篇"

"周老，我这次来，还把上次你 97 岁时，我来看你的一首旧诗又抄了一遍，这次我也拿过来了。

行年九七未衰翁，眼亮心明耳尚聪。

西学中文专且博，语言经济贯而通。

无心闲侃多风趣，恣意放言见机锋。

垂老初交惟憾迟，听君一席坐春风。

"周老，你后年 108 岁，我今天买了 108 朵鲜花，预先祝你茶寿，我希望你活到 120 岁。"说到这儿，马识途示意随来的家人把他精心挑选的鲜花递给周老。

周老高兴地接过鲜花，闻了闻花香，不住地点头，连连抱拳向马识途表示感谢："过了 100 岁，人就很自然地退化，尤其是耳朵坏了，记忆力也差了。我以前知道的许多事现在都忘了，但还好思维退化得还慢些。"

马老听后，点头表示赞同："我这次来，看你身体各方面机能都很好，特别是思维，一点都没有减退。

"周老，我这次来，是想向你请教一个问题。你在文章中谈到中国发展的问题，我很赞成你的观点……"

周老认真地听马老讲完，他稍微沉思了一下，说道："我的看法是：历史发展道路总体上只有一条。这就好比开运动会，大家都在跑道上比赛。一开始有的人跑在前面，有的人跑在后面。跑在后面的人只要努力一下也是有机会跑在前面的，跑在前面的一不当心就有可能落到了后面。

"我 80 岁后就离开办公室，在家里随便看看书，随便写写，我的这些看法是靠不住的。"

听周老这么讲，马老连忙摆手道："周老，你的看法哪里靠不住？靠得住！你的观点，你的许多著作我都读过。我把你送给我的著作也给我周围的朋友看了，大家都觉得你的思维敏锐、前卫，不像一个百岁的人。"

周老听到马识途的夸奖后笑了笑，他用手帕擦了擦嘴，接着谈道："北京发展很快，我记得 1955 年底，我当时还在上海，被叫到北京开会。开完会，周恩来总理就把我留在北京，让我搞文字工作。1956 年我搬到北京，北京当时 100 万人，现在北京是 1900 万人。

"北京的大发展一直到改革开放才真正开始，以前北京 30 年是不怎么造房子的。改革开放开始建造，我的房子就是当时第一批建的，那时是很新的建筑。30 多年过去，现在这房子落伍了。我现在老了，也不想搬家，老年人最害怕搬家。北京现代化很明显，特别是地铁的开通。

"我们中国现在搞经济现代化水平还不是很高，我们不能太满意。还要多向别人学习。"

马识途边听边表示认同，"周老，你这六十年经历了很多。尤其是你创造的汉语拼音对中国影响很大呀。"

周老连连摆手道："不敢当，不敢当。关于汉语拼音，我只是一个参与者，我所做的微不足道。我本来是搞经济的，汉语拼音当时就有人跟我说那是小儿科，叫我还是回去搞经济，我说我回不去了。

"关于汉语拼音，我们不能绕开瞿秋白。瞿秋白是留学苏联的，他在中国汉语拼音拉丁化运动中是倡导者、推进者、启蒙者。虽然苏联的拉丁化语言有缺点，理论也有错误，但我们还是要尊重瞿秋白，他毕竟为我们开创了一条道路。"

"周老，我记得在上海求学期间，上海也兴起了'拉丁化新文字运动'。后来，竟还有人提出废除汉字。"马老适时地提出了一个问题。

听到马识途提出的这个问题，周老沉思了一下，很严肃地答道："我认为汉字是没办法否定的，废除汉字也是不可能的。这不是'应不应当'的问题，而是根本就做不到。我们提倡汉语拼音是来帮助汉字的，而不是来代替它。我们过去也用过从日本传过来的一种汉语拼音法，但是那种不好用，现在中国台湾也决定要学习大陆的汉语拼音法。我们当年用了三年创造了汉语拼音，又用了三年根据国际标准化准则讨论它的可用性，花那么多时间我认为是应当的，那时我们对这件工作还是很慎重的。"

随后，两位老人又谈到周老的夫人和她那著名的"张氏四姐妹"（她们是 20 世纪 20 年代苏州乐益女子中学校长张冀牖的四个女儿张元和、张允和、张兆和及张充和。大女儿张元和嫁与民国著名小生名角顾传玠；二女儿张允和是周有光的夫人；三女儿张兆和则是著名作家沈从文的夫人；四女儿张充和最后嫁给了美国耶鲁大学著名汉学家傅汉思教授）。

谈到张氏四姐妹，周老笑着跟马识途聊道："老大活到95岁，老二活到 93 岁，她是我的夫人。老三也活到 93 岁，她是沈从文的夫人。老四现在还在美国，98 岁，她嫁给了美国人。前几天她给我打电话，我耳朵不好，听不清。"

听周老讲完张氏四姐妹后，马识途从桌上的包中拿出了一本内部杂志递给周老：

"周老，这是一本内部刊物，被别人认为是野史，但我认为野史更好。我的《党校笔记》就在上面，那是 1980 年胡耀邦做中央党校校长时，专门开办了一个高级研究班。他把我们这批'文革'中曾经被打倒的人召到一起，希望大家对当时整个国家的问题、对'文革'，各抒己见，敞开来谈。我则把大家的发言记了下来。今年，中央党校出版社要出我这本《党校笔记》，请你有时间看看。

"周老，今年冬天中国作家协会要在北京开作代会，我还要来北京。到时，我还要来看你。你多保重！我今天就不耽误你太多时间了，你好好休息！"

说完，马识途起身与周老紧紧握手告别。那次与周有光先生的见面，给马识途留下了长久的印象。在悼念文章中，马识途深深地流露出对周老远去的不舍与哀伤。

2017 年 10 月 19 日，为庆贺即将到来的西南联大八十周年大庆，马识途特意作七言诗《西南联大八十周年大庆》。

西南联大八十周年大庆

烽烟万里启征程，桢干移枝到春城。

茅草为顶遮雨露，泥墙作屋听书声。

笳吹弦诵依前彦，继晷焚膏望后生。

八十周年逢盛世，同圆两梦万年春。

2018 年 6 月，马识途推出了自己的 18 卷本《马识途文集》。该文集由四川文艺出版社出版。第一卷长篇小说《清江壮歌》；第二卷长篇小说《夜谭十记》；第三卷长篇小说《巴蜀女杰》；第四卷长篇小说《京华夜谭》；第五卷长篇小说《雷神传奇》；第六卷长篇小说《没有硝烟的战线》；第七卷《中短篇小说》；第八卷《讽刺小说及其他》；第九卷长篇纪实文学《风雨人生》；第十卷《沧桑十年》；第十一卷《百岁拾忆》；第十二卷《盛世二言》；第十三卷《盛世闲言》；第十四卷《未悔斋诗钞》；第十五卷《笔记 史料》；第十六卷《文论 讲话》；第十七卷《序跋 游记》；第十八卷《毛泽东诗词读解》。这套文集的出版，不仅是马识途文学成果的集大成汇，更是对中国现当代文学史有较大的史料价值和研究意义。

2019 年恰逢新中国成立 70 周年，年满 105 岁的马识途在新年年初，难掩激动心情，先后创作了两首《寿登百五自寿诗》。

寿登百五自寿诗·其一
华年背我悄然去，回首烟云意若何。

壮岁曾磨三尺剑，平生喜读半楼书。

砚田种字谋新获，墨海腾波隐旧庐。

犹道夕阳无限好，奋蹄驽马终识途。

寿登百五自寿诗·其二
寿登百五兮日薄山，蜡炬将烬兮滴红残。

历尽沧桑兮犹自在，文缘未了兮终身憾。

回首风云兮无愧怍，浮名浪得兮皆幻烟。

三年若得兮天假我，党庆百岁兮希能圆。

为向祖国母亲生日表达自己的心意，9 月 18 日，马识途在《人民日报》

特意发表祝福文章《我爱我的祖国》。在文中，马识途感慨：

> "光阴似箭，日月如梭。仿佛转瞬间，我已经跨过一个世纪，进入一百零五岁了。回首百年岁月，既如梦如烟，又历历如在眼前。""置于百年沧桑的历史里，新中国成立七十周年是多么来之不易，有太多值得记住的故事。""在我生活过的一百年里，中国发生了多少翻天覆地的变化，中国人民为争取民族独立、国家富强而进行的革命是多么悲壮，又是多么绚丽！有多少慷慨悲歌之士，多少壮烈牺牲之人，多少惊天动地之事，都可以作为我们加以提炼与展现的文学素材。遗憾的是，我写出的只是这丰富素材中的一小部分。"

对于当下的文学界后生，他抱以殷切的希望，"伟大时代呼唤伟大作家和伟大作品。时代永远是需要文学和作家的。如果我们拿出人民喜闻乐见的文学精品来，人民永远是欢迎的。因此，我始终怀抱乐观的态度关注文学界。"

2020年初，一场突如其来的新冠疫情在武汉暴发。武汉曾是马识途革命战斗过的地方，自己的女儿曾在那里成长，武汉的疫情牵动着马识途的心。为鼓舞人们的精神，表达自己作为一位老党员的心意，2月8日，元宵节那天，马识途特意创作了《借调忆秦娥·元宵》。

借调忆秦娥·元宵

元宵节，中华自古称佳节。称佳节，全民欢乐，笙歌通夜。

今年元宵大减色，千门万户守家宅，守家宅，冠状病毒，城乡肆虐。

战妖孽，中华儿女不畏怯。不畏怯，全民动员，鏖斗不歇。

病毒扩散全阻绝，冠状恶魔尽歼灭。尽歼灭，大功告成，欢呼祖国。

不久，他积极响应北大校友会发起的"百万口罩行动"，捐赠 2 万元，支援前线抗疫。3 月 20 日，他又创作《满江红·战疫》发表在《光明日报》。

满江红·战疫

　　众志成城，齐奋起、雄心似铁。目眦裂、怒挥利剑，疫魔斩绝。铁血男儿皆壮士，白衣天使多豪杰。面剧毒、尽救死扶伤，未停歇。

　　调强师，召义士。救武汉，护湖北。中南海引领，英明决策。守望相助明大义，同舟共济疫能灭。待来日、扫尽新冠毒，报大捷。

当年 6 月，历经 34 年的创作，马识途的新作《夜谭续记》（上卷：夜谭旧记《狐精记》《树精记》《造人记》《借种记》《天谴记》；下卷：夜谭新记《逃亡记》《玉兰记》《方圆记》《重逢记》《重逢又记》）终于由人民文学出版社隆重出版。对于这本书的写作方式，马识途延续了人民文学出版社 1982 年出版的《夜谭十记》的方式：

　　四川人以四川话讲四川故事耳。内容皆四川十来个科员公余之暇，相聚蜗居，饮茶闲谈，摆龙门阵，以消永夜。仍以四川人特有之方言土语、幽默诙谐之谈风，闲话四川之俚俗民风及千奇百怪之逸闻趣事。虽不足以登大雅之堂，聊以为茶余酒后、消磨闲暇之谈资，或亦有消痰化食、延年益寿之功效乎。读者幸勿以为稗官小说、野老曝言，未足以匡时救世而弃之若敝屣也。幸垂察焉。

其实对于这本书的创作，2010 年底才出现转机。那年 12 月，随着改编自马老《夜谭十记》之《盗官记》的电影《让子弹飞》在那一年成为中国电影票房冠军，出版了 28 年早已有些沉寂的《夜谭十记》，也跟着这部电影红火起来。那两年，《夜谭十记》被 4 家出版社先后出版，出版社大多都会在书的腰封上大大地写着"让子弹飞"。报纸也不甘落后，天津《渤海早报》和深圳《深圳特区报》先后对《盗官记》进行了连载。

面对《夜谭十记》的再次火红，马老很想把原来和韦君宜一起计划好的《夜谭续记》重新完成，也算是对好友的纪念吧。这次创作因为各种原因也长达 7 年，直到 2018 年 1 月在医院他才终于完成了这部创作跨度近 40 年的讽刺小说集。这对一位年过百岁的老人而言，简直是不得了的事啊！要知道那时的马老已检查出两种癌症，正在治疗期间。这本《夜谭续记》的书稿，马老之前就已开始努力创作，而这次住院使得书稿面临半途而废的可能。这时，马老想起了司马迁发愤写《史记》的故事，这使他深受鼓舞。马老决定自己要继续发奋而作，和病魔抢时间，一定要在有生之年完成这次创作。打定主意后，马老让孩子把稿纸带到医院，他要坚持写下去。治疗期间，无论是住院中还是出院后，马老一面积极配合医生治疗，一面坚持写作。医院里，医生护士们都觉得这位百岁老人得了这么危险的病，自己一点都不在乎，还在奋力写作，真是个怪人。马老却说："其实这毫不可怪，我就是要和病魔战斗到底，正像当年我做地下革命斗争不畏死一样。一个人只要不怕死，便会勇气百倍，一有勇气，更有力量战胜危险和痛苦。"

就在马老完成这本书的初稿时，他的保健医生告诉他，经过半年多的药物治疗，马老肺上那个肿瘤阴影竟然看不到了，验血检查指标也完全正常了。听到这个好消息，马老戏说道："咋个，癌魔和我斗，落荒而逃了吗？"

这位已过百岁的老人，在癌症的折磨下，依然凭着自己顽强的毅力和对文学的赤诚，以及对故友韦君宜的承诺，为中国当代文学史再次贡献出一部精彩的讽刺小说集。这本承载着马老诸多故事的"夜谭系列"第二部终于在 2020 年 6 月出版发行。

马识途对于自己的文学创作一直有着坚定的信仰，那就是为人民而书写，为中国而书写，为我们的党而书写，他用自己手中的笔向我们描绘着中国这个古老大地上发生的故事。正如他在 2018 年 5 月出版的《马识途文集》自序中所说：

> 我写的作品，如果可以叫作文学作品的话，那算是革命文学作品吧。我是想用我的一支拙笔，从一个侧面来反映中国人民的革命斗争生活，表现他们在外受列强侵略、内遭专制压迫的极其困难恶劣的环境中，仍能保持中华民族精神，前仆后继、英勇斗争的革命事迹。

马识途常说，作为一名作家应无愧于这个时代。他创作的初衷就是要让读者知道：中国的确经历了一场伟大的人民革命，的确出现过许多民族英雄，世界上的确有崇高的事业。中国的民族精神、中国的英雄和他们所从事的神圣事业，中国人民永远不应该忘记。

他是这样说的，也是这样做的。《夜谭续记》就是他在 106 岁时献给中国文学最好的一份礼物。对于这本书，青年女评论家教鹤然有过评述：

> 《夜谭续记》较之《夜谭十记》的写作风格出现了一些微妙的变化，其中最为鲜明的变化之一是对于女性的重视。一方面，续记增加了水月庵姑、镜花馆娃、浣花女史三位女性作为故事叙述者，而前作的十位讲故事的人都是男性身份；另一方面，续记

156

收录的每一篇故事都有至少一位令人印象深刻的女性核心人物，如《狐精记》中的二老爷娘子杨小红、《树精记》中的小寡妇陈秀秀、《造人记》中的杨善人、《野狐记》中的陈小娟等。

除却对于女性叙述者比重的增加、对于女性人物塑造的重视以外，对比阅读《夜谭十记》的第六记《沉河记》与《夜谭续记》的上卷第一记《狐精记》这两个题材相似的故事，我们可以发现作者对于女性命运的书写也渐趋圆熟。《沉河记》与《狐精记》关注的都是旧时代女性道德观的问题，均涉及在乡间为守寡女性竖立贞节牌坊、将未守节的女性与相恋者双双沉河的封建"族规"。《沉河记》中的王馥桂反抗封建宗族霸权的代表吴老太爷，不仅当众咒骂他"满口的仁义道德，一肚子的男盗女娼"，而且指出他旧时与自己相好，并要求推倒自己的贞节牌坊。王馥桂可以称得上是勇敢破旧立新、追求自由与解放的新女性代表，但与此同时，故事情节的铺陈和人物性格的塑造也相对较为简单。

反观《狐精记》中的杨小红，她出身贫贱农家，在上海做舞女维持生计。她与二老爷赵进义结识并相恋后，从十里洋场的都市生活返回乡野，也遵从了大老爷的要求和乡下传统规矩举行婚礼，但却在大老爷妄图侵吞田产时有理有据、不卑不亢地予以反击。二老爷意外病逝以后，她与私塾的古先生经过长期相处培养了新的感情，被大老爷得知要将两人捉来沉河时，杨小红与古先生携手逃走，将二老爷名下的田产尽数捐赠给县教育局兴办了中学。与王馥桂相比，杨小红的人生经历显然更为丰富和复杂，因此，她的故事也更立体地呈现出她在面临人生选择之际的犹疑与焦虑，她不仅仅是打破旧道德的新女性典范，而且更接近一个普通的、真实的、血肉丰满的女人，这预示着"夜谭文学"系列中的民间女性形象真正落在了乡土中国的厚重与踏实之上。

　　"虽不足以登大雅之堂，聊以为茶余酒后、消磨闲暇之谈资，或亦有消痰化食、延年益寿之功效乎。"这是作家马识途对《夜谭续记》的自我评价，能在茶余谈资和街谈巷语之中有所体悟，未尝不是"大俗者大雅"的艺术境界，想必很多读者在阅读这些引人入胜的短篇故事时也定然会出现"片言苟会心，掩卷忽而笑"的审美体验，而那些隐匿在"夜谭"故事背后的丰富而复杂的历史细节，也值得更多的文学读者与研究者去不断探索，持续发现。

　　2020年7月5日，马老在成都发布了自己的《封笔告白》，宣告自己从此不再创作。为此，他特地写下一段说明，并以五首诗作为自己的告别演说。

　　　我年已106岁，老且朽矣，弄笔生涯早该封笔了，因此，拟趁我的新著《夜谭续记》出版并书赠文友之机，特录出概述我生平的近作传统诗五首，未计工拙，随赠书附赠求正，并郑重告白：从此封笔。

自　述

生年不意百逾六，回首风云究何如。

壮岁曾磨三尺剑，老来苦恋半楼书。

文缘未了情无已，尽瘁终身心似初。

无悔无愧犹自在，我行我素幸识途。

自　况

光阴"逝者如斯夫"，往事非烟非露珠。

初志救亡钻科技，继随革命步新途。

三灾五难诩铁汉，九死一生铸钢骨。

"报到通知"或上路，悠然自适候召书。

自 得

韶光恰似过隙驹，霜鬓雪顶景色殊。

近瞎近聋脑却好，能饭能走体如初。

砚田种字少收获，墨海挥毫多胡涂。

忽发钩沉稽古癖，说文解字读甲骨。

自 珍

本是庸才不自量，鼓吹革命写文章。

呕心沥血百万字，黑字白纸一大筐。

敝帚自珍多出版，未交纸厂化成浆。

全皆真话无诳语，臧否任人评短长。

自 惭

年逾百岁兮日薄山，蜡炬将烬兮滴红残。

本非江郎兮才怎尽，早该封笔兮复何憾。

忽为推举兮成"巨匠"，浮名浪得兮未自惭。

若得二岁兮天假我，百龄党庆兮岂能圆。

　　7 月 24 日下午，四川作协主席阿来拜访马识途。见面后，马识途对阿来说："你现在处于创作的高峰期啊，佳作不断。"他特别谈到阿来的新作《云中记》，并提到了"灾难文学"。马识途认为，中国所经历的灾难有很多，但灾难文学没有多少好的作品。阿来的《云中记》，在这方面做了一些深入探索。虽然自己因为眼睛不好没能读完《云中记》，但是他阅读了大量关于这本书的文学评论，"评论里的认可，也是我的认可！"

　　稍后在提及自己的封笔之作《夜谭续记》时，马识途很想听阿来的看法。阿来笑道："你看，这不是考我嘛，本来我上周就要来看你，但是，新书都没读，不好意思来啊！"阿来说自己专门抽空阅读了其中三篇，看完之后觉得写得好，"这不光是马老说的四川'龙门阵'传说啊！这是将《笑林广记》《官场现形记》《儒林外史》的那种写法，结合四川'龙门阵'写出来，很深刻，如果结合《夜谭十记》来看，更有意思！"

阿来透露，自己还从书中学到几个多年来一直没搞清楚的四川话中的字，"一个是'蜡波头'，一个是'耍交'，经常听到，就是不晓得字咋写。"蜡波头，像蜡一样光亮的波浪式大背头；耍交，玩遍。"这下我知道怎么写了，马老又让我长知识了。"

闲谈间，马识途拿出几张稿纸告诉阿来，自己又写了几首古体诗；桌子上还摆着他上午写的书法作品。他向阿来透露了一个自己未了的心愿："你知道我的革命经历，我一直在想，藏族和汉族人民之间融合，他们的感情、友谊。长征时，有很多生在雪域高原的孩子，我曾经有个打算，想搞个电影'雪山姊妹花'，讲述寻找革命后代的故事。两姊妹长征时一个留在了当地，几十年之后，她们久别重逢……我连提纲都写过，但我做不出来了，我希望……"阿来立刻表示："马老，我来做，我们来做。'雪山姊妹花'以后做出来，就在片子上打出'灵感来源马识途'。"听到这儿，马识途连连点头。

在交谈中，马识途谈到自己很想听别人谈谈自己这部封笔之作的读后感，阿来承诺："马老，我来组织，给你开一个小型的研讨会。我来邀请作家、评论家，大家一起坐下来，聊一聊。""什么时候啊？"马老期待地说。阿来直言："10月！凉快一些，方便你老人家出门的时候，我们开一个马识途封笔小说研讨会。"

告别时，阿来特别叮嘱马识途要注意身体，保持良好的休息。

在四川省作协的筹办下，2020年10月11日，由中国作家协会指导，中国作家协会创作研究部、四川省作家协会、人民文学出版社和四川日报社联合主办的"马识途《夜谭续记》作品研讨会"在成都举行。中国文联主席、中国作协主席铁凝出席并致辞。马识途本计划出席研讨会，但因为旧疾复发，未能到场。他委托家人带来他的答谢词，深情寄语本次研讨会顺利召开。

　　我没有想到有这么多嘉宾济济一堂，光临《夜谭续记》作品研讨会，特别是中国作家协会铁凝主席亲临指导，我深受感动，不知用什么语言以表达我的感激之情。用我们四川话来说，我硬是不晓得是咋个搞起的，我竟然活到106岁，现在还能说能写，没有成为痴呆，看样子还准备继续活下去。我更是不晓得咋个搞起的，年逾百岁，还能进行文学创作，写出了不太满意的《夜谭续记》这本小说。这本小说正如我在序言中所说的，不过是四川人用四川话"摆龙门阵"，作为茶余酒后的谈资的野老曝言之类的通俗小说而已。这显然不是一本成熟的作品，不足以进入作为当代文学主流的雅文学的行列，当然也不入时新的网络文学的类型化小说之流。不过是继承从古到今的传统通俗小说之余绪的俗文学作品。而且和古典著名通俗小说相比，无论质与量，相去何能以数里计，只是这本小说具有四川地方文学的特色，主要的是和四川茶馆文化的渊源相关。四川茶馆和茶馆文化是颇有特色的，它蕴含了各色各样的人物形象，有特异的民俗民风，有千奇百怪的故事、传说，有丰富多彩的幽默谐趣的语言，这些无疑都是小说创作取之不尽的素材。我所作的"夜谭小说"就是受润这些素材的结果，只是取用得粗疏一些。所以这本书可以说是四川的茶馆文学。

　　四川的茶馆文学，造就了两位著名作家，就是沙汀和李劼人。沙汀的《在奇香居茶馆里》，李劼人的《死水微澜》，都是历来有口碑的。我就是跟随他们的后辈，我也热心于四川茶馆文学式地创作《夜谭十记》，也曾热闹过一阵。但是时代大变，人事皆非，随着四川茶馆文化的变质，所谓茶馆文学自然也逐渐式微，在读者群里消逝了，现在有多少人还会去关注那些陈古八十年的旧人凡事呢？我的这本《夜谭续记》或许可以说是我为四川茶馆文学发出的最后哀叹吧。

当然四川文学一直是比较有特色的地方文学，将永远保持四川特色，有四川味儿。不过，"味儿"是一个看不见、摸不着、说不明的词，到底什么是四川的文学味儿，说实在的，我还真说不清楚。《夜谭续记》这本书实际是一本我没有写好且不入流的小说，却多承各位作家评论家热心点评研讨，我受益不浅，在此我再一次向大家表示衷心的感谢。

会议结束时，马识途通过视频连线致辞，向与会嘉宾表达了诚挚的谢意。在视频中，马识途用普通话说：

大家好，我感谢各位嘉宾光临盛会，我因有病住了医院，没有到会，我在此向诸位嘉宾表示深切歉意，祝大家身体健康，家庭幸福！

2020年11月30日，马识途参加在成都金牛宾馆举行的《没有硝烟的战线》主创交流会。该电视剧由文化控股有限公司、北京文投剧制影视文化有限公司、新华影轩（北京）影视文化股份有限公司及北京紫禁城影业公司出品，刘涛担任导演，知名编剧梁振华任总编剧及监制，于2020年12月1日在横店开机，2021年首播，该片为建党百年献礼。在见面会上，马识途谈道："我没有想到，年逾百岁的我，在有生之年，还能看到我写的《没有硝烟的战线》被改编并开始拍摄成电视剧。"马识途介绍说，《没有硝烟的战线》小说是根据其朋友黎强的英雄事迹，结合自己当年做地下党工作时所见所经历的人和事编写而成的。"当年，黎强对我讲述了他在潜入国民党特务机关十年之久得幸凯旋的故事后，曾对我说过，他们很希望有更多的机会让更多的人了解当年我们地下党所从事的艰苦卓绝、九死一生的斗争生活和坚贞不屈、视死如归的斗争精神，理解我们为之所付出的鲜血、眼泪、痛苦和迎来胜利的欢乐。在这条没有硝烟的战线上，地下党员们前赴后继，献出自己的青春和生命，甚至还要忍受亲友们一生的误解。更有的人到牺牲也没有留下他们的真实姓名，连坟墓在哪里都无从知道。"同时，马识途在观照近年来反映隐蔽战线的影视作品后表示，有些作品由于不了解当时的社会情况，更不了解隐蔽战线的活动规律和斗争情况，以至于造成对当年地下党斗争生活的误解。更有的追赶潮流，哗众取宠，胡编乱演，有辱隐蔽战线的英雄形象。"我相信，在大家的共同努力下，一定可以拍出一部较好反映隐蔽战线英雄和烈士战斗精神的电视剧，用以纪念那些曾在没有硝烟的战线上奋战牺牲的烈士们。"

交流会上，马识途向主办方赠送了亲笔书法题字"酌奇而不失其真，玩华而不坠其实。"

2021年，马识途已入107岁高龄，但他依旧笔耕不辍。继2020年推出长篇讽刺小说《夜谭续记》后，这年下半年他完成了自己的第一部学术专著《马识途西南联大甲骨文笔记》。这部甲骨文研究著作主要包含了上、下两卷和附录。上卷为"马识途拾忆"，下卷为"马氏古字拾忆"，附录则包括"马识途甲骨文形训浅见"等内容。在上卷，马老回忆了自己当年在西南联大古文字学专业求学时，罗常培、唐兰、朱德熙、王力等先生讲授的古文字学，尤其是唐兰先生的甲骨文研究精髓，同时还记录了他自己当年对部分甲骨文的研究，以及他现在对甲骨文做的形训注解。谈及此书，马老谦虚地说："我这个书不是什么高深的甲骨文学术书，就是给大家科普一下甲骨文，供大家消遣读的。"

谈及这本书的创作原因，还要追溯到 2019 年 11 月 1 日。那天，马识途在家里看到甲骨文发现 120 周年纪念座谈会在人民大会堂隆重召开的新闻。习近平总书记致信祝贺，向长期致力于传承弘扬甲骨文等优秀传统文化的专家学者们致以诚挚的问候，寄语广大研究人员坚定文化自信，深入研究甲骨文的历史思想和文化价值，并提出要确保甲骨文等古文字研究有人做、有传承。马识途看到中国甲骨文研究大有进步，欲为甲骨文普及效力。他想起自己当年在西南联大古文字学专业求学时的学习场景。当时的马识途在西南联大一方面参与地下党工作，担任联大党支部书记；一方面在西南联大著名大家学者的门下勤学苦读。当时他曾选修了文字学大家唐兰教授所开的说文解字及甲骨文研究两门课程和陈梦家教授所开的金文（铜器铭文）课程，颇有心得。四年后他大学毕业，获得学士学位，他很想继续深造，却得到南方局通知，调他离开昆明。作为共产党员，他深知自己的使命与责任，他遵守了党的纪律，奉命执行，不得不放弃了在西南联大的学术研究，并将所有相关的笔记文稿付之一炬。新中国成立后，马识途遂与甲骨文绝缘。但常回忆当年，大师们谆谆教诲，念念不忘，无可奈何。

离休之后，在文学创作的闲暇时，马识途竟就回忆当年所及，开始撰写"甲骨文拾忆"，尤其是 2017 年他的封笔之作《夜谈续记》完稿后，更是投入了关于甲骨文、金文在内的古文字研究，写出拾忆两卷，藏之书箧，未敢示人，一任鼠偷虫蠹。

看到新闻，马识途便想将自己曾经所听到的课及自己的一些研究写下来，出版成书，为中国甲骨文的研究做出属于自己的贡献。

对于自己第一本学术研究科普书，马识途投入了极大的精力，他力求最大可能的准确。在 2021 年 3 月 3 日，他特地致信四川人民出版社黄立新社长。

四川人民出版社黄立新社长：

你们编辑工作很忙，辛苦了，谢谢。

有几件事请考虑：

1. 书名由你们定，我意叫《甲骨文拾忆笔记》。2. 原序言（1—6 页），我想抽调。我另写了序言稿送来，请酌。3. 草稿上写的甲骨文太差，可否都用红字，找标准甲骨文字编入。4. 原稿错别字请校改。5. 编成稿本请待定稿前，交我复看一下。

谢谢！

马识途

2021 年 3 月 3 日

20 天后，3 月 23 日上午，四川人民出版社社长黄立新再次到访。他和马识途商谈了马识途首部甲骨文著作的最新修改意见。黄立新落座后，马识途拿出最新写的甲骨文形训浅见笔记本。马识途一边翻阅他的第二本甲骨文笔记本，一边对黄立新说道："上次把书稿给你们之后，我又继续解读，这次解读的字更全面、更准确，可以把之前的全部替换了。"马老在笔记本上写着"重读甲骨文说解"七个大字。马识途首部甲骨文著作正式定名为《马识途西南联大甲骨文笔记》。自从 1 月 22 日把书稿交给四川人民出版社之后，马识途又重新读了现今市面上几乎所有的甲骨文专著，并对甲骨文从头至尾进行了详细梳理和解读。其批注之细致、解读之全面，让黄立新叹道："马老 107 岁高龄，博闻强记，思维敏捷，精益求精，完全靠回忆在不到 2 个月的时间里又写了如此多的内容，实属罕见，难得难得。"黄立新向马识途介绍，书稿正按照之前制订的编辑出版计划紧锣密鼓地进行。除了原件扫描、文字录入、专业人士甲骨文撰写、文字梳理、甲骨文插入等流程外，责任编辑已经进行了 3 次仔细的审稿。目前，上、下两卷的初稿已具雏形，附录则需要再把马识途今天所给的最新修改内容加进去，整个书稿就完整了，"我们将尽最大的努力，争取让此书尽快面世。"

马识途听后很高兴，他提醒责任编辑："你们审完后要出版前我还要再看一遍，必须再看一遍，不能有差错……""我这个书不是什么高深的甲骨文学术书，就是给大家科普一下甲骨文，供大家消遣读的。"

同时，这一年马识途还创作了自己的另一部长篇小说《真有办法的人》。《真有办法的人》是马识途1961年创作的讽刺小说《最有办法的人》《最没有办法的人》之后，时隔60年，再次创作名为"办法的人"小说。如顺利完成，这三篇则将构成"马识途'办法的人'系列三部曲"。1961年，马识途创作完成《最有办法的人》后，该小说便被时任《人民文学》副主编的陈白尘看中。陈白尘是我国现当代著名剧作家和讽刺小说家，因对中国讽刺喜剧有着独到的贡献，陈白尘被誉为"中国的果戈理"。当年9月12日，陈白尘特地将《最有办法的人》在《人民文学》第9期头条发表。文学大师茅盾看到这篇文章后，说讽刺小说本来是文学的重要部分，大家不愿写，现在开始有人写了。后来因各种原因，马识途很长一段时间没有再创作"办法的人"系列小说。改革开放后，马识途遇到陈白尘。陈白尘问他："你写的那个'最有办法的人'，现在怎么样了？"马识途回答："当然更有办法了。"陈白尘说："那好啊，你把'更有办法的人'写成一本书。我给你做一个计划：最没有办法的人，没有办法的人，少有办法的人，真有办法的人，最有办法的人，五章，一章一章地写，写成'有办法'世家。"可当时马老公务十分繁忙，加之他一直有个顾虑，就是这个系列设定的是讽刺小说。如果写到"真有办法的人"，那是真真值得佩服的人，讽刺不得。所以后来马识途写到七八万字后便放下了。

近期，马识途的二女儿马万梅老师在电脑上找到了这个《真有办法的人》未完稿。看到这部未完稿，马老从内心很想把它写完。他希望能把自己在特殊年代遇到的一些人写出来，马识途认为改革开放中那一批真真帮助中国变得繁荣富强的人，是真正有办法的人。正是带着这个心愿，马老开始了这次创作。每天伏案三个小时，到 2021 年 5 月，马识途已经续写出十多万字，小说整体也已进入收尾阶段。马老期待自己早日能够完成这部小说，并看到它的出版。

虽然 2020 年 7 月 5 日，马老在成都发布了自己的《封笔告白》，宣告自己从此不再创作。但他脑中还存有太多精彩的故事没有写出来，不写实在可惜。中国作协副主席、中国现代文学馆馆长、著名文学评论家李敬泽在 2020 年听闻马老宣布封笔后，就曾感慨道："马老是一个非常宽阔的作家，是一个奇迹。子弹在龙门阵中飞了一百年，到现在也依然充满活力，充满力量。"他笑言，虽然马老已宣布封笔，但他相信马老还是会继续写，"因为他的枪里还有子弹，总要打出去。我也期待马老还能写出新的好作品。"四川作协主席、著名作家阿来也曾当面问马老，"真的要封笔吗？"马老的回答是，"是的。但是还有一个构思没有写。我把这个构思送给你吧。"阿来笑着说，"我不敢要。"阿来说马老和他讲了半个小时他的构思，很完整，如能写下来就是好的小说。阿来跟马老说："还是您自己来写吧！"

2021 年 4 月，为迎接中国共产党建党百年这一伟大时刻，作为一名老党员，马识途早早便开始构思，最终写出了这首充满豪情的词作《满江红·中国共产党成立百年志庆》。

满江红·中国共产党成立百年志庆

建党百年，航指向，千秋伟业。回首望，几多苦战，艰辛岁月。十亿神州全脱贫，万亿超百真奇绝。应记取，环视犹眈眈，金瓯缺。

定方向，划长策，大开放，深改革。肃党风政纪，更当严格。船到中流浪更高，登山半道须防跌。十回忆，奋勇齐前行，尽豪杰！

2022 年 1 月，马识途在人民出版社出版了自己的另一部回忆著作《那样的时代，那样的人》，全书共 24 万多字，近 300 页。2017 年初春，马老便在成都完成初稿，当时书名暂定为《人物印象——那样的时代那样的人》。后来该书一直在不断地修改。历时 5 年，该书终于顺利出版。

在字里行间中，马识途用自己的笔深情讲述了他在百年岁月中所认识的、所结交的、所遇到的那些让他钦佩与感动的朋友、亲人。这些人中有的是已进入历史的大家、名家、英雄、烈士，而有的则只是籍籍无名的平民百姓，但他们都一直鲜活地存在于马识途的记忆中。虽已百岁，但马识途的记忆还是那样清晰，他笔下的人物还是那样鲜活，他笔端流露出的情感还是那样真挚与热烈。书中所写有大事、也有小事，但居多都是些小事，但正是这些小事让我们看到了那些朋友的可贵，也正是这些小事让马识途的人生是那样的精彩与传奇，让历史变得更加完整与真实。

在该书后记中，马识途诚挚地写道："这本书呈献在读者面前，已经浪费了大家不少时间，不想再啰唆了，只是有几点说明：一、列入这本书的人物，全是去世了的；二、这些人物都或多或少曾经和我有点关系，至少是我认识的；三、我写的都是我回忆得起来的事实，或者偶有错误，我无法去查对了；四、最后还想说一句，又一度想学巴金，我说的是真话。"这是一本马识途说真话的著作。说真话不易，但却非常重要。因为讲述者的"真话"，将会为中国的历史、中国的现当代文学史留下极为珍贵的史料。

《那样的时代，那样的人》共分五卷：文人、友人、亲人、凡人、洋人。在第一卷"文人"篇中，马老深情回忆了自己曾经见过的鲁迅先生，与自己有过交往的郭沫若、周扬、巴金、冰心、阳翰笙、张光年、韦君宜、闻一多、吴宓、汪曾祺、夏衍、曹禺、刘绍棠、黄宗江、曾彦修、周有光、李劼人、李亚群、何其芳、沙汀、艾芜、周克芹、车辐，还有自己一直想见却未曾谋面的杨绛先生，共 20 余位文坛名家。这些名家在中国现当代文学史上都是赫赫有名。一开篇马识途便出手不凡，他讲述了自己两次见到鲁迅先生的情景。当今中国文坛能见过鲁迅先生的，应该已是屈指可数；还能亲耳聆听鲁迅先生的演讲，更可以说是荣幸之至！鲁迅先生是中国现代文学史上著名的文学家、思想家和民主战士，他不仅是"五四新文化运动"的重要参与者，更是中国现代文学的奠基人。他被公认为中国现代革命文学的旗手，毛泽东同志曾评价："鲁迅的方向，就是中华民族新文化的方向。"两次与鲁迅相见，对年轻的马识途影响至深，用他自己的话就是："我虽然只看见过两次，却一直是在我的人生途程上立着的一块丰碑，……鲁迅是中国的脊梁骨。"在其后讲述巴金先生时，马老高度评价了巴老的人格魅力和文学品格：

> 巴金一生别无所有，只有一颗善良的心和一支犀利的笔。他用这颗心和这支笔，曾经为中国人民的苦难而痛哭，为中国人民的解放而战斗，为中国人民的心声而欢呼。当中国人民遭受挫折的时候，他负罪式地进行深沉思索和灵魂的拷问，告诫人们不要忘记教训。

他还深情回忆了巴老1987年回家乡成都的往事，尤其提到当巴老在参观老友李劼人故居时，曾写下过这样一句让人"涕泪欲出"的话语：

> 一九八七年十月十三日巴金来看望仁兄，我来迟了！

在第二卷"友人"篇中，马老写了31位自己印象深刻的朋友，他们有马老当年从事地下革命工作的战友袁永熙、罗广斌、黎强、何功伟、陈俊卿等人，有自己钦佩的女性朋友舒赛、王德伟、凌起凤，还有自己至今印象深刻的启蒙老师陈孟仁、卢诗于等。

在第三卷"亲人"篇中，马老追忆了三个他的亲人。第一个是自己在西南联大的老同学、好战友、亲妹夫齐亮；第二个是自己第一任革命伴侣刘蕙馨；第三个则是自己第二任妻子王放。在《舍身救地下党员》一文中，马老讲述了齐亮与自己一起在西南联大从事地下革命的往事，回忆了齐亮在重庆、成都和监狱中与国民党反动派进行坚决斗争的故事，以及他与自己妹妹马秀英的爱情。文中最后，讲到齐亮在重庆地下党组织被破坏时依然冒死去通知同志转移。有人问：这是一种什么力量，使烈士们视死如归？文中的答复是：信仰，就是坚定的革命信仰。马老的总结则是"人无信仰，生不如死"。在《伟大的革命战士和母亲》和《刻骨铭心的往事》中，马老先后深情记述了自己生命中最为重要的两位革命伴侣，他们都是因共同的信仰而走到一起，在革命斗争中他们相互鼓励、相互扶持。正因为有了她们的爱与支持，马老对于革命信仰更加坚定，对于革命事业更是充满希望。

在追忆刘蕙馨烈士牺牲时，马识途这样写道："她毅然转过头去，按照一个共产党人那样，高昂着头，走向刑场去了。"几十年后，当追念妻子刘蕙馨时，马识途写下了这样一段话："我能够告慰于蕙馨的是：我并没有背弃我们的共同理想，我和其他同志一起继续举起她留下的红旗前进，终于胜利了，'那个日子'真的到来了。"在追忆妻子王放时，马老不仅写了王放在成都与自己一起从事革命工作时的忘我精神，"王放打开收音机，戴上耳机，去捕捉延安新华电台的女高音，不断地在纸上写出让人振奋的字眼，然后编、撰，刻蜡版，搞油印，几乎每个晚上都要弄到第二天凌晨三四点钟"，而且还讲述了自己在傍晚创作《清江壮歌》时，妻子王放对自己无微不至的关心与照顾。即使在她身患重病时，她依旧对身处旋涡中的丈夫给予极大的安慰，"我们的历史是我们自己写的，谁也没有办法篡改的"。

在第四卷"凡人"篇中，马老写了《郭德贤和邱嫂》《王叔豪和姚三妹、郭嫂》《高奇才》《大老陈》四篇文章。在文中，马老讲述了自己身处险恶环境时，七个普通人曾对自己的重要帮助。如果没有他们的帮助，可能马老早已被捕入狱，其人生路便不是后来这般。由此，马老也深深地感受到：正是因为有了这些善良的人，中国的革命、中国的建设与发展无论遇到怎样的挫折与困难，也都会顺利地进行下去。

在第五卷"洋人"篇中，马老写了自己在成都从事革命时，遇到的曾给过自己巨大帮助的加拿大籍教师云从龙。还有一位是新中国成立后，自己在成都结识的日本"杜甫迷"松村谦三，以及 20 世纪 40 年代自己在西南联大读书时结交的几个飞虎队队员。

这本书，是一位百岁老人对自己往事的追述，但更是一部对中国这百年历史的思索。

2022 年 7 月 8 日，马识途在家中接受中央电视台《吾家吾国》栏目组采访。在采访中，马识途向主持人王宁讲述了自己入党、从事地下革命工作、对待写作的态度等。采访结束时，马识途为该片欣然题字：

人民可以忘记我，我永远不会忘记人民。

2022 年 12 月 25 日，农历腊月初三，马识途在家中与家人共同度过了自己 109 岁生日。在微信群中，他中气十足地向全国各地的亲朋好友道谢。

"今天是我生日，谢谢大家来祝贺我的生日，我一切都很好，我刚才吃了汤圆了，很好！"

当天，他为自己的生日作了两首七言诗《生日自寿》《生日分寿糕口念》。

生日自寿

少年负笈出三峡，报国无门随地家；

风雨同舟历险夷，兴亡有责同见赊；

三灾五维余傲骨，九死一生剩白发。

生日分寿糕口念

谬得终身成就奖，几多遗憾思无涯。

不怕病毒多凶险，亲友分地庆寿辰。

壬寅腊月初三晚，分吃寿糕庆团圆。

没有终身成就，只有终身遗憾

截至 2023 年 6 月，马识途先后出版 730 余万字的各类体裁（小说、诗歌、杂文、电影剧本、文论等）作品。其中：

长篇小说 6 部，分别是《清江壮歌》（37 万字）、《夜谭十记》（31 万字）、《夜谭续记》（27.6 万字）、《巴蜀女杰》（32 万字）、《京华夜谭》（35 万字）、《雷神传奇》（47 万字），将近 210 万字；

电视剧本 6 部，《没有硝烟的战线》（40 万字）、《这样的人》、《报春花》、《十个回合》、《闻一多颂》、《咫尺天涯》，近 51 万字；

长篇纪实文学《风雨人生》（56.7 万字）、《沧桑十年》（32.8 万字）、《百岁拾忆》（26 万字），将近 116 万字；

中、短篇小说 12 部，分别是《秋香外传》《三战华园》《老三姐》《找红军》《小交通员》《接关系》《回来了》《我的第一个老师》《大事和小事》《新来的工地主任》《接力》《丹心》，37 万字；

讽刺短篇小说 29 部，分别是《最有办法的人》《最没有办法的人》《挑女婿》《两个第一》《学习会纪实》《张大嘴纪事》《五粮液奇遇记——大人的童话之一》《对策》《好事》《五猪能人》《钱迷的奇遇》《风声》《钟懒王的酸甜苦辣》《我错在哪里》《臭烈士》《典型迷》《挑战》《但愿明年不再见》《笑死人的故事》《在欢送会上》《不入党申请书》《专车轶闻》《红旗记者王》《五车书不如一本书》《一个老导演的告别发言》《跳不出如来佛的手掌心》《坏蛋就是我》《老白平反》《这没有什么》，总计 21.1 万字；

散文集有《西游散记》《景行集》《西窗札记》《那样的时代，那样的人》，将近 66 万字；

杂文235篇，先后收入《盛世微言》《盛世二言》，将近78万字；

诗歌正式发表540多首，大多收入《未悔斋诗钞》，总计33万多字；

学术著作1部《马识途西南联大甲骨文笔记》，15.4万字。

……

除此之外，还出版了三本书法集，一部十多万字的小说正在修改中，马识途早已是一位著作等身，影响巨大的作家、书法家，但对于自己的艺术成就，马识途曾多次有过讲述，他每次都讲到自己没有终身成就，只有终身遗憾。2013年1月13日，马识途在参加四川省文联成立60周年纪念大会暨"百花天府——四川文艺界迎春大联欢"时，被授予"巴蜀文艺奖·终身成就奖"。在上台领奖时，他首次谈道："我其实没有什么终身成就，我有的是终身遗憾。"

在2017年接受《青年作家》记者张杰采访时，他又谈到自己其实没有终身成就，只有终身遗憾。对此，他的解释是：

这不是谦虚，是真实想法。我很清醒地知道，我不是那种可以写出具有传世艺术品质的作家。我首先是一个革命家，一个我自认当之无愧的革命家。我为中国的革命做了努力，也有牺牲。我写的很多文学东西，都是为革命呐喊，但在艺术水准上，我真的不够。革命胜利后，我又走上从政的道路，工作很忙。我白天工作，晚上就抽时间写作。但一个人的精力毕竟有限，所以很多东西都没时间写。我在1935年就开始在上海发表作品，其后1938年也在《新华日报》上发表过报告文学；1941年在西南联大中文系学习的四年中，接受许多文学大师如闻一多、朱自清、沈从文等教授的教诲，在文学创作上受到科班训练。我又长期在为中国解放战斗和参加建设中有了丰富的生活积累。照理说在这样的良好条件下，我应该创作出远比我已发表作品更好的作品，然而令我遗憾，没有实现我应有传世之作的理想。

2018 年 10 月 10 日，马识途在北京参加"马识途书法展暨《马识途文集》发布会"时，他再次讲到自己没有终身成就，只有终身遗憾。他说：

我这个年逾百岁的老人这次趁高铁之便，坐轮椅到北京来参加"马识途书法展暨《马识途文集》发布会"，是为了来表白我的感谢之情、惭愧之意和终身之憾。

首先我衷心感谢中国作家协会为我主办这次书法展和文集发布会，感谢中国现代文学馆、四川省作家协会、四川新华发行集团、四川文艺出版社、四川新华文轩出版传媒股份有限公司、四川新华文化公益基金会、西南联大北京校友会参与承办和协办此次活动，感谢四川文艺出版社为我精心编辑出版了《马识途文集》共 18 卷。同时，我还要感谢所有今天到会的嘉宾和朋友，谢谢你们的厚爱，并请不吝赐教。

从我已出版的文集和已展出的书法作品来看，没有多少能受青睐的出色作品，只可说是没有滥竽充数，或金玉其外、败絮其中，但在艺术上可称上乘之作的还是很少，至于传世之作却没有一部。所以从严格意义上说，我只能说是一个业余作家，而书法家则未敢自称，现在作品在北京展览，我的确感到愧不敢当。这就是我要来表白的原因。

至于说到终身之憾，我深有感触。我曾被授以终身成就奖，但我一直都说，我没有在艺术上的终身成就，我只有终身遗憾。为什么如此说呢？我入党 80 年，几乎经历了整个 20 世纪，这是一个大动荡大变革的时代，既有风起云涌的大革命，也有波谲云诡的复杂社会现象。我所经历的各种生活，所见所闻所思所感，各种波澜壮阔、千奇百怪的事件和人物，这都是极好的创作素材，然而我没有能力也没有机会创作出能够反映那个大时代的较好作品，那么多好的故事，只有从我的记忆仓库里淡化和消失。这就是我的终身遗憾。现在我们又面临更为壮观的新时代，新的人物和故事层出不穷，我期盼着后来的作家，在习近平新时代中国特色社会主义思想引领下，写出这个伟大的时代发生的新故事和涌现出的英雄人物，留下传世之作。

由此可见，马老对自己的文学创作要求是多么严格，有时甚至可以说是严苛。他早已著作等身，却如此谦逊。也正是有了这样的艺术追求，他一直在不断地努力学习、努力创作，为我们创作属于他独有的文学记忆。

2023年2月11日下午，马识途获得"川观文学奖（2021年度）终身成就奖"。主办方特别制作微型纪录片《文学人永远是年轻》向获得者致以最崇高的敬意。马识途亲笔写下"祝愿四川日报川观文学奖越办越好，促进四川文学创作勇攀艺术高峰"的获奖感言。

文学思考与诤言

除了忙于创作，马识途还十分关注中国当代文学的创作发展。对于文学创作新业态、新形势，马识途一直持乐观与包容的态度。对于网络文学，新兴文学创作，他始终秉持欢迎态度。同时，他以自己特有的文学眼光，注视着、思考着中国当下文学的发展。他在一次讲话中，曾谈到自己的一些思考。

我近年来对中国文坛静观默察，颇有一些感触。我们的作家，在建构社会主义和谐社会的进程中，都能担负起精神文明建设中应该承担的责任吗？我有些想法，也有点看法……我曾对李致他们说，我静观默察今天的文坛，有一喜，一忧，一愁，一惧。

一喜的是我们到底迎来了一个比较宽松和谐的创作环境，不像我们那时动辄得咎，无所适从了。因而新秀辈出，群星闪烁，力作迭出，光耀文坛。而且他们已经形成文坛的主力军集团，青出于蓝而胜于蓝。后继有人，我们大可放心了。

一忧的是在文学和影视创作中出现的某些低俗化倾向。在利益的驱动下，低俗、庸俗、媚俗、恶俗之风，不胫而走，花花绿绿，摆满书市。有意打"擦边球"的泛黄作品，所在皆是，以至身体写作之类，"三头（枕头、拳头、嚓头）主义"之作，大行其道，愈演愈烈。至于戏说中国历史，乱改红色经典，歌颂封建帝王，展示糜烂生活，暴露社会丑恶，对尔虞我诈的详尽刻画，对性生活淋漓尽致的描写，已充斥书市和荧屏，司空见惯了。这些文学，在创作总量中占多大分量，我不得而知，但大有喧宾夺主占领市场之势，令人心忧。

一愁的是在目前一片产业化的呼声中，许多文化部门、文艺团体都在领导的动员下，摩拳擦掌，行动起来。我们作协如何产业化法？心里一直没底，实在令我发愁。

一惧的是一直作为文学主流的雅文学的日益边缘化和文化霸权主义的咄咄逼人。这几年来，许多人慨叹雅文学的不景气，在社会上日益受到冷落。除少数名家，读者越来越少，出版越来越难，印数越来越少，稿酬越来越低。于是有的作家不得不乞灵于书商的钱袋，跟着老板的指挥棒转，写些无聊的低俗作品，帮助老板赚钱，哪管社会效益。有人告诉我：你五十个雅文学作家创作五十部雅文学作品，平均每部只印几千册，还不如书商炒作包装一两部无名作者写的擦边球地摊文学，印他五十万册一百万册所产生的经济效益。听起来不觉悚然！

在 2005 年 10 月 11 日参加"名家看四川——茅盾文学奖获奖作家四川行座谈会"，马识途又提出了自己的"文学三问"。

一问，谁来守望我们的人文终极关怀的文学家园？

二问，谁来保卫我们文学的美学边疆？

三问，谁来坚持我们在马克思主义光照下的社会主义主流意识？

"文学三问"的提出与马识途看到的两个值得注意的现象有很大关系，他把这两个现象总结成对中国文学的"内忧外患"。

"内忧"，就是文学界的"三俗"倾向；

"外患"，就是文化霸权主义的潜在入侵。

尽管提出了这些当代文学所面临的重大问题，但马识途依然对中国文学抱有信心。他的理由是"出现问题有许多原因，文学界应该自省，从主观上找一找原因。我深信人民永远是需要文学和作家的，只有作家抛弃了人民，作品脱离了人民，人民才会抛弃作家，冷淡作品。人民非常需要并且愿意读他们喜欢读的作品，喜欢看的影视。如果我们拿出人民喜闻乐见的文学精品来，人民是欢迎的。在作家、出版家、文学理论家的共同努力下，多出精品，新闻舆论界引导精品，理论界端正是非，鼓励精品，即使是被市场所扭曲了的读者欣赏倾向，也是可以转变过来的。

"因此我始终怀着乐观的情绪注视着文学界，终必有大量人民喜闻乐见的文学精品涌现出来。这么伟大的时代，怎能没有伟大的作家和伟大的作品呢？当然，这需要作家自省、自强、自重、自力。一切都是空话，拿出人民喜闻乐见的、反映伟大时代的好作品，才是实话，才是硬道理。"

2013年，马识途对于中国网络文学再次表达了自己的观点。对于进入21世纪后开始盛行的网络文学，马识途一直予以高度关注。他认为网络文学有自己的长处：对青少年产生巨大吸引力的形式内涵，能产生巨大的经济效益；对青少年进行思想教育的巨大能量。他自己经常通过网络读这些新兴的文学作品，他认为网络文学的产生有它的必然性。而且通过发展，网络文学已经出现了比较好和很好的年轻网络作家，其作品从思想性和美学观上都可称上乘作品，与过去称道的通俗文学作家及作品相比并不逊色，且有过之者。这些网络文学作品可以说是中国当代产生的群众喜闻乐见、不可须臾或离的文学品种。

马识途认同要大力扶植网络文学。他认为发展网络文学，可以说不是一个单纯的文学创作问题，而是一个群众路线的问题，是如何引导我们的千百万下一代走上思想健康道路的问题。对于网络文学，当要加强研究如何增强其力量，壮大其队伍，提高其艺术水平和操作技术水平的问题。为此，马识途提出了自己的见解。

第一，认真调查研究网络文学发生和发展的过程，以及通俗文学的历史转承脉络，为什么能如此迅猛发展，青少年能如此迅速接受、喜爱，那些"粉丝"是怎么出现、扩大和思考的。首先了解服务对象本来就是文学作家的本职工作。

第二，调查研究网络文学的生产者和销售环节是怎么运作的，特别是现有的网络作家的情况及他们的思想环境和创作特点等。网络文学的生产力是最中心的问题。不是去追寻他们的缺点，而是去了解他们的技能长处和经验。

第三，应该有意识地鼓励一批有志之士，有创作经验、有较高文化水平的作家，下决心转入网络文学创作队伍中去，要学好怎样写网络文学，怎样提高网络文学的文化素养和艺术水平。做一个拥有大量消费者的网络文学作家是最光荣的事，必然得到领导的支持和鼓励，并有具体的办法公之于众。

对于网络文学中出现的"三俗"问题，马识途认为要引导，但不能操之过急，走极端。文艺界的事，他建议还是要善于引导和宽容一点为好。

2018年，已经104岁的马识途对中国当代文学特别是创作思想的走向，依旧给予深切的关注。那时，他认真学习了习近平新时代中国特色社会主义思想和党的十九大报告。学习中，他结合自己对文学的思考写了一篇《彰显社会主义文艺的中国特色》。

彰显社会主义文艺的中国特色

"繁荣发展社会主义文艺，需要对文化市场的资本运行有效监督，需要雅文学和俗文学更加互信互助，需要更加注重文艺作品的社会效益，说到底，希望我们的作家艺术家们不忘初心，牢记使命，提供更多体现社会主义核心价值观的具有中国特色的优秀文艺作品。"

目前，我正在学习党的十九大报告，深感习近平新时代中国特色社会主义思想作为工作准绳的重要性。在文艺工作座谈会、全国第十次文代会和第九次作代会上的讲话中，习近平同志都明确提出要繁荣发展社会主义文艺，指明中国文艺要以鲜明的中国特色屹立于世，并且语重心长地指出当前存在的诸多问题。这些讲话让我深受启发，我曾反复思考，什么是中国文学的中国特色呢？如何理解"中国特色"的理论精髓和深刻内涵并在文学创作实践中彰显它呢？

在细读和研究后，我试图用几句话来加以概括：中国当代社会主义文学应当是在马克思主义光照下，以习近平新时代中国特色社会主义思想为引导，以人民为中心，贯穿中国精神，用老百姓喜闻乐见的有中国新风格和新气派的生动的中国话语，讲好波澜壮阔的中国故事，并艺术性地体现社会主义核心价值观，服务于中国人民。

我以为中国的作家都应该在自己的创作中彰显这样的中国特色，而要彰显这样的中国特色，就需要认知和协调以下三个关系：文学与资本的关系，雅文学与通俗文学的关系，文学的思想性、艺术性和娱乐性的关系。

自尊自励　增益世道

没有资本的投入，文艺活动无法持续进行，这一点不言而喻。过去是由国家按计划提供创作资金，所以文艺创作多注重社会效益，很少考虑经济效益。改革开放以来，允许资本进入文化市场，几十年来已取得辉煌成就，人所共见。

而资本有自我增殖的本能，关键就看投资者意图和资本运用的优劣。由于投资动机不一、目的不同、运行办法各异，产生了优劣不同的效益。在文化市场中，有的投资者是为了报效祖国，服务人民，不计回报，追求社会效益，这种优良品质受到国家和人民的赞许；也有一些投资者依法依规投资文化市场，以优良产品获得合法利润，这样的投资者占大多数，为社会所认同；唯有另一类投资者，为数不多，为害却烈，曾有过一段时间的恶性发展。这是一群运用资本追求利润最大化的食利者，他们窜入文化市场，搜寻和瞄准最能获得暴利的文化投资项目。当发现一些低俗恶俗的节目容易受到青少年和追求娱乐至上的人喜欢，因而可以获得丰厚利润时，这些食利者便挟雄厚资本，凭借最易传播的网络平台，收罗少数醉心名利、实是写手的所谓作家，穷思极想，写出低俗作品，交由唯利是图之徒加以制作，投入文化市场，牟取暴利。正如马克思说过的那样，创作出自己的作品的同时，也就制造出自己的读者。他们千方百计地培养、制造牟利所需要的"粉丝"，竭力侵占文学的阅读领地和文化市场。随着利润的诱惑不断膨胀，他们日益突破文化管理的藩篱，推出"三俗"产品，甚至喊出要"爱得死去活来，打得昏天黑地，笑得气闭肠断"的所谓"枕头、拳头、噱头"的"三头"作品，污染市场，毒害观众。

当然，这只是一时出现的不良文化现象，已引起文化管理部门的重视和治理，大有改观。相信文化市场的食利之徒只是极少数，"三俗"作品的写手应自尊自励，成为真正有益于世道人心的作家。

雅俗共美　文学大兴

中国当代文坛一直有两种不同的文学，就是所谓雅文学和俗文学。这两种不同的文学似乎各有特色，在两股平行的轨道上行进，遥相对望，很少交流。直到作为通俗文学当代继承者的网络文学异军突起，声势煊赫，投资纷纭，挤占了雅文学的阅读园地，直到有些雅文学作家喊出文学"边缘化"了、"式微"了，才引起广泛注意，这两种文学才相互注视和关切，相向而行，开始互助互学地交流。近几年来，成效显著。

自新文化运动起，西学东渐，白话文学发展出雅文学，成为当代中国文学主流，涌现无数新文学作家和广泛的创作活动，出版大量文学作品，其中不少对精神文明建设做出不可估量的贡献。但是，正如习近平同志所指出的，"在文艺创作方面，也存在着有数量缺质量、有'高原'缺'高峰'的现象"。现在的文学出版物数量的确是不少，甚至听说有一年出版了4000部长篇小说，这就意味着我们曾有4000位作家争相去爬文学金字塔的高峰。一年4000部长篇小说，恐怕不少是粗制滥造，只能落入化为纸浆的命运，而那么多作家想登上塔尖，其中大半也只能半途而废，甚至会掉下来，这是多大的人力物力的浪费？！

从诞生高峰的目标来看，我们现有高原的高度还不能说很高，我们的作家应该、事实上也正在不断为建设更高水平的高原、促成高峰的出现而努力。当然，要出现更高的高峰，恐怕更是不容易的事，珠穆朗玛峰到底只有一座。所谓"李杜出而唐诗亡"，后来还有"唐诗衰而宋词兴"的说法，这些都说明，要想出现更高峰，必须是有前所未见的智慧和胆识，能创造出前所未见的文学环境和文学作品者。在这个意义上，中国当代文学前程远大，任重道远。

近年来异军突起的网络文学，特别是网络小说，其实是我国有长远历史、深厚影响的通俗小说的现代继承和发展。我国通俗小说发端于唐宋如《红拂传》之类的传奇，兴盛于明清勾栏瓦舍的"说话"，而以《水浒传》《西游记》等小说拔其尖。不过据查，其实在宋朝苏轼时已见市井有"说三国"的流行。降至于清末民初以后，通俗小说寄生于时新报纸副刊，以长篇小说连载为主要形式。鸳鸯蝴蝶派、武侠小说派、社会小说派，各有千秋，出现了张恨水、金庸这样的拔尖作家，成为今日部分网络小说的精神宗师。在继承中国通俗小说历史脉络的基础上，吸收借鉴西方侦探、悬疑等类型化通俗小说，就形成今天各派网络小说异彩纷呈的繁荣景象。当然，有些低俗以至"三俗"作品也混迹其中。

对于网络文学，我曾写过一篇文章《要善于引导，也要宽容一点》，我始终以为雅文学和网络文学是中国当代两支文学大军，应当相伴相容，互助互学，取长弃短，提高水平。我一直有一个梦想，两支大军日益靠近，最后达到雅俗共赏、老少咸宜的非古非洋、亦中亦洋的新文学。这虽然可能只是一个幻想，但是我仍然想仿费孝通先生说的"各美其美，美人之美，美美与共，天下大同"的话，说出我的希望："美雅之美，美俗之美，雅俗共美，文学大兴。"

品格为上　娱乐有度

一切文艺作品都有思想性和艺术性，但近年来也有人提出文艺作品有思想性、艺术性、认知性、教育性、娱乐性的所谓"五性"，我不以为然，却难以分析，直到读到仲呈祥同志的一篇文章，才恍然判明。他提出要区分文艺理论上两组不同的概念，思想性和艺术性同时产生于作品创作过程中，而认知性、教育性和娱乐性以及我们经常说的观赏性则产生于作品问世以后。一个在当时，一个在事后。思想性和艺术性属于创作美学的范畴，认知性、教育性、娱乐性以及观赏性等都属于接受美学的范畴，是不可以混同的。

我很赞同这种说法。一件文艺作品投入文化市场后所产生的观赏性和娱乐性，虽然都属于接受美学范畴，但是目前特别值得关注的是文化市场里过分强调娱乐性，以至于弱化美学观赏性的现象。娱乐性当然是有必要的，但应该有个度。过度强调娱乐性就有可能让食利之徒为了获取扩大化了的利润，而趁机大量生产和制作"三俗"作品。这些作品与我们提倡的主流价值观相左，挑战公众的道德底线，带来不小的危害。

我们的消费者进入文化市场消费，有接受倾向的差异。有些消费者倾向于思想上的启迪，艺术上的欣赏，希望真正在精神上有所收获。也有的消费者单纯是为了消遣娱乐，在工作学习之余，愉悦精神，放松身心，这也无可厚非。但还有一些消费者，在娱乐至上思潮影响下，更倾向于感官刺激，肉欲享受，这正是食利者投资所迎合的。他们提供的低俗作品，破坏良好的美学观赏环境，助长文化市场的秩序混乱，使寻求美学观赏的人们避而远之。可以说，这是文化市场过度强调娱乐性，忽视社会效益而只求经济效益的必然结果。这样的现象，是我们的文化政策所不容许的。作为精神文明建设者重要组成部分的作家、艺术家，对维护文化市场正常秩序有着不可推卸的责任，应该努力为这个市场提供更多更好的为中国老百姓所喜闻乐见的优秀文艺作品。

我对上述三个关系所作的诠释，无非是希望：第一，对文化市场的资本运行进行有效监督，坚决抵制食利之徒制造出的不良文艺作品；第二，雅文学和网络文学更加互信互助，提高艺术水平，追求雅俗共赏、老少咸宜的好作品，共同创造文明的文化环境；第三，不要过分强调文艺作品的娱乐性，应更加注重社会效益。说到底，就是希望我们的作家艺术家们不忘初心，牢记使命，为我们的文化市场提供更多体现社会主义核心价值观的具有中国特色的优秀文艺作品。

作为四川作协的老领导、老同志，马识途一直非常关心四川文学的发展情况。以前只要身体允许，他都会参加四川作协的很多活动，面对面地与作家们交流沟通，谈创作、谈文学。近几年，因为疫情及身体原因，马识途很少参加公开活动，但他依旧十分牵挂四川文学的发展现状。2023 年 1 月 24 日下午，当四川作协主席阿来和党组书记侯志明来看望他时，他关心的还是目前四川文学的发展和在全国的排位情况。四川作协领导坦言，就目前的情况来看，四川是文学大省，文化底蕴丰厚，文学川军一刻都不曾松懈。阿来则直言："四川文学现在全国能排个五六位吧，总体上很不错！"马识途则表示，四川文学过去的位置很高，四川的文学根基很深。现在排名五六位，也还是要继续往前冲，要继续努力。在接下来的交谈中，马识途对于作家应该如何发力，如何交出书写时代的精品佳作，回忆了自己当年在西南联大的学习写作情况。"那时，老师教给我们真正的基本功，一再叮嘱我们要把基础打好，才可能写出好的东西。这个基本功是什么呢？我当年的教授就说了，你们搞文学啊，首先要搞好语言，文学，说到底，就是语言的艺术，艺术的语言。不要一来就想自己要写什么了不得的东西，先把基本功练好，把文字写好！"

马识途还特别提到当年自己的老师讲一篇文章的开头怎么写，"一篇文章，他拿出十几个开头，但最终只用一个开头，他就要我们说出个道理，为什么用这一个？其他为什么不用？让我们去研究。"

最后，马识途一再叮嘱四川作协领导，要将四川青年作家的创作抓起来，要做好对新文学群体的引导工作，激励四川作家努力创作，推进四川文学高质量发展，从高原到高峰，继续冲在全国文学战线的前列。

让子弹飞

2008年7月的一天，正在家中练习书法的马识途突然接到四川作协一位同事的电话，说四川籍导演、演员姜文想拜访他。马识途有些惊讶，虽说文艺不分家，他也知道姜文是中国一位优秀的男演员，但自己和姜文并不认识，不知他找自己要干什么。第二天，姜文带着北京不亦乐乎电影文化发展有限公司的合伙人马珂一起捧着鲜花，拎着水果来到马识途家。进屋落座后，姜文开门见山地说明自己的来意，"马老，我们想将您的小说《夜谭十记》改编成电影，为此事特来拜访您。"马识途有些惊讶地说："《夜谭十记》是我20多年前写的小说，小说的内容写的是新中国成立前20世纪二三十年代的事，很老啦。"姜文说："是金子总会发光，您老的作品不老，故事跌宕起伏，很阳刚，我非常喜欢。"姜文从小就喜欢文学，而且他的父亲很喜欢马识途的作品。在父亲的影响下，姜文曾读过马识途的《清江壮歌》《夜谭十记》，他对这些作品记忆深刻，他觉得马识途的小说背景复杂，情节曲折，语言文字幽默风趣。《夜谭十记》中的那股阳刚之气非常浓厚，这深深地打动了他。

姜文擅长拍男性题材，《夜谭十记》使他有了将马识途作品搬上银幕的想法。当他和马珂成立公司之后，两人在一次无意间提到马识途作品，通过交谈两人产生了共鸣，认为将马识途《夜谭十记》改编成电影是最好不过的选择。

听姜文对自己旧作很感兴趣，马识途很开心，"你能看中我的这部旧作，想将之改编成电影，这是件好事，我积极支持。"听到这里，姜文很感动。他真诚地问马识途："马老，您最希望《夜谭十记》哪个故事拍成电影呢？"马识途笑着回答说，"我觉得哪一记都可以拍成电影，它们曲折的情节一定能吸引观众。在这之前，已经有电影制片厂改编《夜谭十记》将其拍成电影。"1986 年，长春电影制片厂将《夜谭十记》中的《盗官记》改编成了一部名叫《响马县长》的电影，该电影由李华导演。《响马县长》在当时放映后，因故事传奇，侠义之情容贯首尾，整体反应还是不错的。马识途说到这里，姜文忙补上了一句："马老，我年轻的时候看过这部电影。故事情节，至今令我难忘。"就因为这部电影，姜文特地去买了马识途小说，自此之后他对马识途这本书爱不释手。至今，《夜谭十记》仍保存在他的书柜里。

谈到《响马县长》这部电影，马识途不无遗憾地说，"响马"这个词很北方，但自己讲述的却是发生在四川的事情。听到这儿，姜文马上说："马老，那我也将《盗官记》改编成电影吧，力争将之拍成原汁儿原味儿的四川电影，您看好不好？"姜文的话让马识途很高兴，他说道："你是有才华的导演，你想改编就改编吧，我同意。"姜文赶紧说："那马老，您要授权我改编才行。"马老笑着说："我同意就是授权了，我的小说能搬上银幕，这是一件很好的事儿，我何乐而不为呢？！"这让姜文非常激动，"那我买下您《夜谭十记》的改编权吧。"马识途说，买不买无所谓，自己已经同意他改编就行了。但姜文还是与马识途签订了授权合同。

在改编剧本期间，马珂几次带人前往马识途家中询问他的意见。经过一两年的拍摄，电影《让子弹飞》公映了。为了完成马识途对《夜谭十记》原汁原味的想法，姜文在制作普通话版的同时，还特意制作了一个四川话版。2010 年 12 月 13 日，姜文特意选择了在成都举办电影首映式，他诚挚邀请马识途参加首映式。马识途特地写了一幅七律书法"子弹飞来呈异彩，街头巷尾说姜文。芙蓉镇里显头角，纽约蜗居铸铁魂。联袂明星添大气，献美丽娘浥清芬。层楼更上导新片，银屏何人不识君。"送给姜文，预祝此片大卖。马老用四川话幽默地自报家门："老汉今年九十六，已经是一个时刻准备听候召唤的人了。我很少到外面去活动了，但是今天这个会，我说我一定要来，我来干什么？我就是来给姜文'扎起''抽起'！我要向他表示感谢，给四川带来了一部热闹、大气的川话版电影。"马老和剧组全体主创合影时，还精神矍铄地带领大家用四川话高呼："雄起！"将全场气氛烘托至高潮。

姜文对马老很尊重，他说："我们片子为了感谢马老，《让子弹飞》电影的第一个字幕就是影片改编自马识途的《夜谭十记》。我所知道的，能这样做的只有两个人，一个是我，一个是科波拉的《教父》。我要说声'谢谢'。"

在新闻发布会上，姜文对96岁的马老表示了感谢，他说："没有马识途老人阳刚十足的《夜谭十记》，就没有《让子弹飞》的成功，马老是我的保护神，没有马老，何来'信马由缰'？"在随后长达两个多小时的观影时间里，马识途一直紧盯着银幕，和观众一起欢笑，一起激动，一起鼓掌。电影放完后，他立刻被媒体包围起来，他显得很激动，当媒体问他对影片是否满意时，马老一个劲地点头，有人问："您对影片怎么评价呢？"马老说了四个字："威武雄壮！"

2010年底，电影《让子弹飞》正式上映。随之在中国的电影市场掀起了巨大浪潮，它最终以7亿多的票房成为那一年的电影冠军。"让子弹飞一会儿"在海外也极具影响。

马识途在那一年也"大火"了一把。2011年初，他在北京参加各种活动时，无论走到哪里，都有众多粉丝追逐。从北大未名湖畔僧人的主动祝福，到北京饭店服务人员和参会作家的"追签"；从人民大会堂演员们的盛邀拍照，到保卫人民大会堂士兵的合影请求；从国家大剧院陌生学生的请求签名，到中国现代文学馆工作人员的热情提问……面对这些场面，马识途感受着，也在思考着。

有一天，马识途冷静地跟身边的朋友谈到了这个问题："我自己现在的火，到底是作品《盗官记》让自己如此，还是电影《让子弹飞》让自己如此？如果是《盗官记》，那真是我的幸福；而如果是《让子弹飞》让自己如此，那是人家导演姜文的功劳，与自己就关系不大了，自己只是搭了别人的顺风车罢了。毕竟《让子弹飞》只是借鉴了《盗官记》中的一些框架，而主要的东西早已不是我所写的东西。这样的'火'，自己不过是'附其骥尾'罢了。有什么可以高兴的？一个作家呕心沥血，费多年之功，写出一部真正的文学作品，未必能出版，就是出版了，也未必能印多少册，而且很可能不久便烟消云散，无声无息。然而一部好电影，一部好电视剧，却可以很快被亿万人知晓。这就是现实，这就是当代文学和作家的遭遇。"

长寿秘诀

马老的长寿在作家圈是出了名的，对此，大家都很好奇。在一次谈话中，马识途讲了自己的秘诀"五得"。

1. 吃得——我什么都吃，除了海鲜、高级食品不吃之外，因为痛风；

2. 睡得——我躺下就着，睡眠质量还是很不错的；

3. 写得——我想写的东西我都可以写下来，我脑子没出问题，我手还可以握笔；

4. 走得——全国各地，我还没有走够，我还要多走，只要身体允许，医生允许，我是不怕走；

5. 受得——到了我这个岁数，没什么可以害怕的了，地下党的生活，各种运动的经历，现在我没有什么不敢说，不敢承受，大不了再回到基层当一个普通老百姓。我想现在的中国人民安居乐业，都想过好的生活，过去的东西再想在中国大行其道，我看有些难，所以我不怕。马克思那里离我越来越近，我是准备好随时听召唤的了。

我所说的"五得"，其实最终就是人要"乐观"，说到底就是"豁达"。我的长寿秘诀就这两个字。简单吧！

马老所说的"五得"看似简单，但要做到，太难了！
为了推广自己的长寿秘籍，他还与自己的三哥马士弘一起创作了一首

《长寿三字诀》。

长寿三字诀

不言老，要服老。多达观，去烦恼。勤用脑，多思考。能知足，品自高。勿孤僻，有知交。常吃素，七分饱。戒烟癖，饮酒少。多运动，散步好。知天命，乐逍遥。此可谓，寿之道。

与中国现代文学馆的交往

1985 年，中国现代文学馆由巴金先生倡议在北京成立。成立后，中国现代文学馆与马识途一直保持密切联系，希望能征集他的珍贵手稿、著作、字画等文学资料。2000 年 8 月，已经 85 岁高龄的马识途决定将自己创作的《清江壮歌》（第五稿）捐赠给中国现代文学馆。该稿第一页为马识途毛笔书写的"清江壮歌　第五稿"。紧随的第二页为马识途手写的一份说明。

说　明

这是《清江壮歌》（第五稿）最后定稿本。我于 1966 年"文化大革命"开始，即遭难。由我的女儿马万梅于抄家中设法取出保存下来，一直在她的保管中。现马万梅志愿将此稿本交由中国现代文学馆保存。经与副馆长周明联系后，表示欢迎，并承诺就此稿本精心复印四份给我，转给马万梅二份，我保存一份，存四川省作家协会一份。

2000 年 8 月，由我托人带到北京交给周明，并由中国文学馆发正式收据，由我转交原保管者马万梅。

马识途注

2000 年 8 月

在捐赠《清江壮歌》的同时，马识途还将罗广斌夫人交付给他的《红岩》手稿一并转交给中国现代文学馆。2007 年 2 月，马识途将《这样的人》修改意见、座谈记录、电影剧本《干一场》捐赠给中国现代文学馆。2011

年12月21日，马识途将自己1980年到中央党校学习时所做的笔记原稿及《党校笔记》《没有硝烟的战线》《夜谭十记》《马识途诗词钞》等著作捐赠给中国现代文学馆。2012年8月上旬，马识途向中国现代文学馆捐赠了自己20世纪90年代的电脑。2014年5月24日，马识途在自己的百岁书法展上，将《写字人言》《寄调寿星明——百岁述怀》《迎巴金老归》《未遭受人算天魔　惟经历恶水险山》《为天下立言乃真名士　能耐大寂寞是好作家》《天下为公》《为天地立心　为生民立命　为往圣继绝学　为万世开太平》《万马齐奔》《翰墨之妙　存乎一心》等十幅书法捐赠给中国现代文学馆。2014年7月，马识途又将自己的《雷神传奇》《百岁追忆》等手稿、书法《书以载道》及《秋香外传》《风雨巴山》油印资料捐赠给中国现代文学馆。

随着与文学馆交往日益加深，中国现代文学馆与马识途建立了深厚的友情，加之马识途的书法在中国文学界极负盛名，文学馆先后三次（2004年马识途九十岁华诞，2014年马识途百岁华诞、2018年）举办马识途书法个人展。这在文学馆的历史上也是绝无仅有的。

马识途5岁开始练习书法，自那时起，他主习汉碑、隶书，算到现在已写了一百多年。这在中国五千年的历史长河中，堪称"壮举"。马识途的隶书历经百年老辣苍劲、独具魅力，而且还常有独具匠心的变体，让人看后不禁为他深厚的书法造诣深深折服。但他总是谦虚地说："迄今为止，我从不敢以书法家自命！"

马识途写书法有一个习惯很有意思，他不喜欢有人在一旁观看。他曾说过：每当写书法，自己的内心一切都放开了，正所谓"心之所至，任意挥洒"。这份意境，有时需要独处才能真正体会到。

对于自己所习的书法，马识途有着自己独到的感受：

第一，中国的汉字书法，是世界未见、中国独有的文化瑰宝，有独特的艺术价值，凡读汉文的莫不喜写汉字，以求得美的欣赏，我们当珍惜这件文化瑰宝，发扬光大。

第二，人人习书，但想成为书法家，却非易事。无过人天资者、无钻研耐力者、心思浮躁者，很难成为书法家。至于欲以书法作敲门砖，求名得利者，更无论矣。

第三，"书贵有法"。必须学习历代传统书法，锲而不舍，打下坚实基本功，始望有成。不可未学爬便学飞，自以为龙飞凤舞，其实是鬼画桃符，决不可取。

第四，"书以载道"。书法是一种艺术，凡艺术都要有所为而为，书法只是载体，要有思想内涵，不是为艺术而艺术。

当文学馆在筹办马识途第三次书法展的过程中，他曾提出过一个小小的要求。正是这个要求，让我们看到了这位有着80年党龄的老党员的党性。这次展览最早是由中国作协领导在8月初提议，马识途经过慎重考虑后，欣然表示同意，愿亲赴北京举办此次个人展览。8月中旬，马识途与本书作者联系，希望我20日左右能到成都帮他一起挑选书法。我想马老可能是考虑到我与他相识17年，早已是忘年之交。而且，我曾全程参与前两次的书法展。经馆领导批准，8月21日夜，我飞赴成都。8月22日一早，我便赶往马老位于成都西郊的家中。看到我来，马老非常高兴，他让我到他书房陪他一起挑选即将赴京参展的书法作品。

马老拉着我的手在他的书桌旁坐下后，我附在他耳边向他详细汇报了这次展览的前期准备。马老听后，很是满意。他跟我说，虽然前几天自己已经挑选出参展书法，但还是希望听听我的意见，这样他心里比较踏实。我笑着对马老说："谢谢您的信任！"

马老转身从书桌旁拿出三个早已准备好的大盒子。马老早已将这次准备参展的书法进行了分类。他将自创的诗词、自己喜爱的古诗词、党和国家领导人的诗话，分别装在不同的纸盒中，并写好相关说明，数好张数。从这可以看出，马老做事非常认真、有条理，一丝不苟，真不愧是一位老地下党员。

在我们挑选时，马老一幅一幅给我讲述他为什么要选用这些书法，有的他还详细地向我讲述了书法背后的故事。譬如在挑到《小南海僧舍题壁》时，马老专门一字一句地给我全文念读了一遍：

> 我来自海之角兮天之涯，浪迹江湖兮随处为家，
>
> 韬光养晦兮人莫我识，风云际会兮待时而发。

而后，马老告诉我，这是他 1940 年在湖北恩施从事地下党工作时，在四川黔江与湖北咸丰交界处一个叫朝阳湖的湖心岛古寺中作的一首诗，当时他诗兴大发，挥毫泼墨写在了古寺墙上。现在一想，距今已经 78 年，真是弹指一挥间换了人间。这首自创诗，马老一直非常喜欢。

当挑到《勿忘初心　牢记使命》这幅书法时，马老表情变得非常严肃，他郑重地跟我说："小慕，这幅书法是我非常看重的。虽然它不是诗词，但这是习近平总书记讲的很重要的一句话。作为一名老党员，当我第一次看到习总书记这句话时，我很有感触。我是一名有 80 年党龄的老党员。1938 年，我在武汉经钱瑛介绍入党。此后风风雨雨几十年，我从未忘记自己入党时的誓词和初衷。习总书记是我非常敬佩的领导人。党的十八大之后，他带领我们党做了很多事情，很得民心、党心，我们党赢得了全国人民的信任，这很了不起！"说到这里，马老竖起了大拇指。

随后，他接着说："他的这句话说得好啊！我们党当年为什么要创立？为什么我们能从一个小党走到最后的执政党？为什么我们能从最初的十几个党员发展到现在拥有 8000 多万党员（截至 2022 年底，9804.1 万党员）？为什么我们的国家能取得现在的成绩？为什么我们党在十八大之后敢于反腐败并赢得民心？我想习总书记的这句话说明了一切。

"虽然这次是我个人的书法展，但我想我首先是个中国共产党党员，我必须要旗帜鲜明地表明我的这个态度。"

听到马老这么讲，我当时内心很受震动。我真没想到这位已经104岁的老人，对于书法展，首先想到的不是展示自己的诗作，也不是展示那些经典的诗词，而是我们党的总书记的讲话。对于这次展览，老人竟是如此地看重自己的党员身份与党员责任。

从成都取回书法后，我便投入紧张的备展工作中。经过中国作协领导研究决定，马老这次书法展定于2018年10月10日上午10点在中国现代文学馆举行。当我将开幕式时间告知马老后，马老对于这个日子表示没有问题，他会提前几天到北京。

10月3日晚11点左右，马老在家人的陪伴下坐着高铁从成都来到北京。当天后半夜，马老才抵达大女儿吴翠兰老师家。我本想第二天去拜访马老，告诉他书法展的各项进展。但想到老人坐了一天火车，我实在不忍心去打扰他。我想还是让老人好好休息一天。

10月5日下午，我在展厅加完班后，跟吴翠兰老师联系了一下，提出想去看望一下马老。吴老师在电话中告诉我，马老正好有事要跟我说，现已在家中等着。我说我这就过去。挂上电话后，我立刻驱车前往。

当吴老师带我走进马老休息的卧室时，马老正在认真地低头看书。马老的生活很规律，他每天都要写字、看书、创作。马老总是说："人活着，总是要做点什么，不能虚度时光。"想到自己平时一想到看书，就给自己找各种理由，看看这位老人，想想自己的懒惰，真是汗颜。

吴老师走到马老身边，俯下身在他耳边大声地说道："爸，小慕来看您来了。"

马老抬起头，看到我来，他高兴地招着手，"小慕，我们又见面了。来来，坐下。这次活动又让中国作协、中国现代文学馆的同志们辛苦了。"

我赶忙走上前，握着马老的手，坐在他的床边。马老这两年听力一直不是太好，我紧靠着马老，俯在他耳边向他详细地汇报了整个活动的目前进展情况。当谈到书法都已装裱完毕，今天下午开始布展时，马老像是突然想起了一件什么事。他抬起头，跟站在旁边的建生老师（马老的大儿子）说："上次小慕从成都走后，我又挑了一幅书法让你们寄给他，寄了吗？"建生老师说自己不太清楚这件事。马老听后，很是有些生气。我想这幅书法可能对马老很重要，便好奇地问道："马老，您还有一幅什么书法要参加这次展览吗？"

"小慕，我现在岁数大了，有时候看东西记得也不是很清楚。上次我交给你的那幅总书记的讲话，我写得不是很准确。总书记说的是'不忘初心　牢记使命'，我给你的是《勿忘初心　牢记使命》。作为一名老党员，党的领导人的讲话写得不准确，这怎么可以？你走后，我发现了这个问题。我赶紧找自己写得正确的书法作品。这个错误对我而言，必须马上改正。他们在成都没寄给你，应该是放在箱子里带到北京来了。"说到这儿，马老一再催促孩子们赶紧去把这幅书法找来。

没过一会儿，建生老师从马老的行李中找到了这幅书法。马老接过后，打开认真地看了看，确定无误。马老终于松了一口气，笑着把这幅书法交给了我："没错，就是这幅。小慕，还麻烦你今天带去，务必将那幅撤下来。"

看到马老如此重视这幅书法，我小心翼翼地将它叠好后放进了大信封，装在随身背着的书包中。但现在有个问题可能会比较棘手，我想了一想，还是决定要跟马老说一下："马老，您放心！这幅书法作品参展肯定没任何问题。只是装裱可能有点来不及了，因为离开展的时间已经太近了。手裱是需要时间的，我怕赶不上。"

马老听我讲完这个问题，想了一下，说道："小慕，不装裱也没关系，那就麻烦你们展览同志找个镜框装上。我对装不装裱没什么要求。"

听马老这么一说，我心里踏实了些："马老，谢谢您的理解！我回去就立刻跟馆领导汇报这件事情。"随后，我又问了一下马老对于这次布展，他还有什么想法？

马老拍了拍我的肩膀，微笑着说："我没什么要求，你们是专业人士，我是个门外汉。我只想提一个小小建议：'我希望在布展时，能把我写的党和国家领导人的诗话放在最前面，尤其是这幅《不忘初心 牢记使命》要放在醒目的地方。这是我这位老党员对党的一种态度，一种责任。我希望观众来看书法展的时候，首先知道我马识途是一名中国共产党党员，其次才是一名业余的作家，和一个不成器的书法爱好者。'

"通过展览，我想用我的书法作品大声地、清晰地、明确地告诉观众：我的人生追求与信仰是什么？对于这种追求与信仰，我自入党以来从未改变过。这就算是我对展览的小建议吧。希望你能跟文学馆领导讲一下。其他的书法作品如何布置，你们安排。我没任何要求。"

回馆后，我立刻把马老的想法跟领导进行了汇报。听到马老的这个"要求"，文学馆领导很是感动。最后，经馆领导在展览现场研究决定：将《不忘初心 牢记使命》放在展厅主题墙的正中央，将马老2018年7月创作的《寄调满江红·中国共产党建党九十七周年纪念》，放在展览的最前面。

寄调满江红·中国共产党建党九十七周年纪念

建设艰辛，图赶超、几经周折。赖邓公，南行讲话，英明决策。思想放开勿守旧，倾心改革休停歇。莫迟延，错过好时机，空悲嗟。选英才，追先烈。正航向，建强国。勿小富即安，渡年月。不改初心须刚毅，使命承担更坚决。待初圆两梦，看谁是，真豪杰。

2018年10月10日，当104岁的马识途亲临北京，在中国现代文学馆举办了"马识途书法展暨《马识途文集》北京首发式"。这在中国书法史上也是极为罕见的，一位练习书法近百年的老人，还能继续创作新作并举办大型个人书法展，这让人难以置信。听到他要来，他的许多北京老友几乎全部出动，齐聚中国现代文学馆共襄盛举。全国人大常委会原副委员长王汉斌、彭珮云，中国文联、中国作协主席铁凝，中国作协原党组书记、副主席钱小芊，原文化部长、中国作协名誉副主席王蒙，中国作协原党组书记、副主席翟泰丰、金炳华、李冰，中国作协原副主席陈建功、吉狄马加，中国作协原名誉副主席张炯，北京大学教授严家炎等好友百人当天齐聚中国现代文学馆，共同出席"马识途书法展暨《马识途文集》北京首发式"。活动开幕式由中国作协党组成员、副主席、书记处书记，中国现代文学馆馆长李敬泽亲自主持。

他的好友，中国文联、中国作协主席铁凝首先致辞：

"革命人永远是年轻"，从马老身上我真正领会了这句话的丰富含义。马老1938年加入中国共产党，到今年，他的党龄已经整整80年。在新中国成立前风雨如磐的岁月，他"相信胜利、准备牺牲"，长期从事地下工作；新中国成立后，他以"鞠躬尽瘁"的精神，投身社会主义建设和改革开放事业。百年逐梦终不悔，每次见到马老，我们都能从这位走过了风雷激荡的20世纪、走进气象万千的新时代的革命者身上感受到不竭的激情，感受到生命的海阔天空，这份激情和空阔来自信念和信仰，来自对祖国、对人民的爱，对工作与生活的爱，来自对这"大有希望的世界"的责任担当。

——这也同样是作为作家的马识途先生的创造力的不竭源泉。在超过半个世纪的创作历程中，马老为中国文学奉献了小说、散文、纪实文学、诗词等大量作品，取得了卓越成就。他的《清江壮歌》《夜谭十记》，不仅铭刻于当代文学史，更受到直到新世纪的一代又一代读者的喜爱。

……百岁马老依然紧握手中的笔，在诗词、散文、电影剧本、小说、古文字研究等众多领域进行着不倦的探索。"曾惊秋肃临天下，敢遣春温上笔端"，他雄健的笔力展现了沛然不竭的生命力和创造力。在 22 万字的回忆录《百岁拾忆》中，马老曾说："为天下立言乃真名士，能耐大寂寞是好作家。"马老是这样说的，也是这样做的，为天下立言，能耐大寂寞，这也是对我们这些晚辈的召唤和勉励。

马老是真名士，他不竭的创造力还来自他的博学和博雅。我本人不懂书法，没有资格评论马老的书法，但我喜欢看马老的字。我看马老的字，只觉得大气磅礴，舒朗劲健，笔墨之间有金石声、松柏意，间或又跳脱甚至调皮，如天真的儿童 正所谓字如其人，看着这些字，我仿佛看见了马老，听见了马老的笑声，这就是马老，历经沧桑而始终葆有赤子之心。

著名作家、原文化部长、中国作家协会名誉副主席王蒙随后致辞：

他是中国文化的吉兆，是人瑞，是中国的国宝，是四川的川宝，是作家协会的会宝。他的书法凝聚着自己的人生思索和艺术追求，"能耐天磨真铁汉，不遭人妒是庸才"，"人无媚骨何嫌瘦，家有诗书不算穷"等诗句，透出了百岁人生阅历练就的通透与豁达。

识过人间风雨书生志气亦文亦武，途经天下坎坷老马胸怀能饭能书。

马识途说："有人问我，你经历了那么多复杂的事，承受了那么多压力，写了那么多东西，你到底是怎么想的？今天我在这里回答，我们到这个世界上来，总还要做点什么吧！我的身体到现在都比较好，我平常在家都能随便走动，要不是前几天摔了一跤，我今天会走着来跟你们说话。另外，我好吃。睡觉呢？我是每天到了晚上九点，一定要睡觉，一上床，不到五分钟我就睡着了，第二天早上九点我才醒。睡醒之后呢，我会进行锻炼，比如头部运动和自创的体操。……我得过两次癌症。第一次牺牲了一个肾，后来阎王又派了兵来找我，我就带话给阎王，我不去，不去，就不去。阎王就又让我得了肺癌，医生说，这么大岁数，不能开刀，不能化疗，只能姑息疗法，意思就是等死嘛。我才不等死，我要继续干下去，结果又成功了，肺上的阴影不见了，医生都觉得奇怪，我说，我和癌症打仗，它落荒而逃了。……我就是要告诉大家，我活到现在，与我的乐观态度是很有关系的。"而对于多年来，大家问他为什么还不停下来，还在继续写的问题，马识途坦言："我今天就来回答，我们到这个世界上来，总还要做点什么事情吧！这就是我的性格，我也因此得以长寿。"

2024年1月，马识途即将迎来自己110岁的生日，这在世界文坛都是一个奇迹。这位老人依旧每天都在看书、读报、上网，他关注着这个世界，思考着这个世界，用自己的笔书写着这个世界。

他的传奇人生，依旧在继续。

附录一／马识途年表

◎ **1915 年**

　　1 月 17 日，农历腊月初三，出生于重庆忠县石宝寨，原名马千木。

◎ **1920 年，5 岁**

　　入本家祠堂，开始念《三字经》、"四书"等。

◎ **1921 年，6 岁**

　　进平沙坝马氏家族创办的茂陵学堂。

◎ **1922 年，7 岁**

　　到神滩小学念书。

◎ **1925 年，10 岁**

　　转至忠县高等小学堂（原名白鹿书院）读书。

◎ **1926 年，11 岁**

　　7 月，小学毕业。

　　8 月，开始在本村马氏家祠读私塾，专攻古文。

◎ **1927 年，12 岁**

2 月，入忠县东区初中读书。

◎ **1931 年，16 岁**

7 月，到川东首府万县参加毕业会考，顺利通过之后，遵照父亲"本家子弟十六岁必须出峡"教诲，坐英轮到汉口，从汉口坐火车前往北平报考高中。

7 月底至 8 月初，到北平报考北平大学附属高中。

"九一八"事变爆发后，积极参加北平学生抗日活动。

◎ **1932 年，17 岁**

11 月 27 日，在北平师大操场聆听鲁迅演讲《再论"第三种人"》，第一次见到鲁迅。

◎ **1933 年，18 岁**

夏，因日军在平津一带军事活动频繁，决定从北平乘坐火车前往上海，继续求学。

9 月，入上海六里桥浦东中学高二年级。

◎ **1935 年，20 岁**

1 月，以"马质夫"笔名在《中学生》杂志第 51 期第一次发表文章《万县》。

12 月下旬，受北平"一二·九"学生运动影响，在上海积极参加学生游行。

◎ 1936 年，21 岁

初春，入扬州中学"大学先修班"补习功课。

夏，再次参加前往南京请愿活动。

7 月，考入南京中央大学工学院化学系。

8 月底，到中央大学报到。

9 月，开学不久在中央大学绘图室结识刘蕙馨。

10 月 19 日，鲁迅在上海去世，第一时间向学校请假奔赴上海，到鲁迅灵堂祭拜。随后，参加送葬活动。

12 月底，入中央大学军事训练集中营。

◎ 1937 年，22 岁

6 月底，结束暑期军事训练。其间，为反抗国民党法西斯军训，创作《军训集中营记》。

8 月—11 月，与刘蕙馨一同加入"中央大学农村服务团"，到南京郊区晓庄宣传抗日。

冬，与刘蕙馨随"中央大学农村服务团"从南京下关撤到武汉。在汉口，阅读了大量进步书籍。

12 月底，经董必武介绍，与刘蕙馨从武汉出发，前往七里坪参加党训班。

◎ 1938 年，23 岁

1 月 10 日，在《战时青年》创刊号发表《到农村去的初步工作》。

2 月，从黄安七里坪党训班结业，带队前往孝感应城，参加陶铸创办的汤池训练班（农村合作训练班）。到达汤池后，根据中共湖北省委组织部要求，前往武汉报到。

2 月 20 日，在武汉《新华日报》发表报告文学《武汉第一次空战》。3

月初，在武汉正式加入中国共产党。

3月，受钱瑛委派，为周恩来寻找一位可靠的工人司机。

5月，到汉口职工区委会工作。在英商颐中烟草公司的卷烟厂、彩印厂建立职工夜校。

7月，调任武汉职工组织"蚁社"，担任党支部书记。与胡绳一起创办《大众报》并发表文章，为《抗战青年》创作文章。

10月，随鄂西北省委前往襄樊，加入李宗仁组织的第五战区文化工作委员会。后被派往枣阳县担任县工委书记，负责清理农村党组织，重建党的地下机构。

不久，以《鄂北日报》记者名义前往随县战场进行战地采访。

◎ 1939年，24岁

春，任枣阳县委书记。后派为南（漳）宜（城）安（康）中心县委书记，并同时担任国民政府南漳县主任秘书及县民教馆馆长，在民教馆主办战时农村青年训练班，培养进步青年。

5月，调任光（化）谷（城）中心县委书记。

10月，到宜昌，参加钱瑛主持召开的湘鄂西省委会，初识何功伟。中共恩施特委成立，被任命为中共施巴特委书记。

冬，与刘蕙馨在恩施结婚。

◎ 1940年，25岁

8月16日，鄂西特委成立，何功伟任书记，马识途任副书记。

下半年，为更好开展工作，担任咸丰军粮督导员。

12月，女儿吴翠兰出生。

当月，为应对国民党反共高潮，前往宣恩、来凤、咸丰、利川，疏散党组织。

◎ **1941 年，26 岁**

1 月 20 日，妻子刘蕙馨与时任中共鄂西特委书记何功伟被国民党逮捕，女儿随母亲入狱。

很快，马识途在利川得知此消息，紧急布置应变措施。后，前往重庆南方局汇报工作。

2 月，经鄂西特委重庆联络处何功楷联系，到曾家岩南方局驻地，向钱瑛汇报鄂西特委近况。在曾家岩，第一次见到周恩来。

3 月，在父亲和三哥马士弘陪同下，安全回到忠县平山坝家中，见到何功伟妻子许云。随后，经父亲安排，与许云前往洪雅隐蔽。

7 月，在峨眉山报考四川大学，后到乐山报考西南联大。

8 月中旬，被四川大学外文系录取。

9 月，入四川大学。

10 月下旬，到昆明西南联大外国文学系报到，改名马千禾。不久，在西南联大结识地下党员齐亮。

12 月，在昆明掀起"讨孔运动"。

当年，入校后不久参加"微波社"。

◎ **1942 年，27 岁**

1 月 6 日，与齐亮、吴国珩等参加西南联大"倒孔运动"。

6 月—8 月，与云南大学侯澄到路南县路南中学教书。

9 月，在西南联大校门口遇到疏散到昆明的何功楷，得知妻子刘蕙馨牺牲的消息。后经何功楷联系，其党组织关系转至云南省工委。

当年，开始创作《夜谭十记》第一篇《视察委员来了》（短篇小说，后改名为《破城记》）。

◎ 1943 年，28 岁

初夏，经云南省工委决定，与何功楷、齐亮组建西南联大党支部，担任支部书记。

9 月，作为西南联大中文系学生，选修语言文字学专业课程。

◎ 1944 年，29 岁

年初，罗广斌从四川来到昆明投靠马识途。马识途安排他住在自己的"三仙洞"，并辅导他学习。

2 月，送闻一多回家后，作诗《幽灵的悔恨》。

5 月 3 日，参加西南联大历史系、社会系举办的"五四二十五周年座谈会"。

5 月 4 日，组织中文系举办"纪念五四文艺座谈会"。

5 月 7 日晚，在西南联大新教舍广场举办"纪念五四文艺座谈会"。

不久，组织成立"西南联大壁报协会"。

初夏，在昆明南屏街书店结识美国飞虎队成员。后经云南省工委书记郑伯克同意，与张彦、李储文等加强和美国飞虎队成员贝尔、海曼、华德、帕斯特的交往。

6 月，参与组织欢迎美国副总统华莱士和蒋介石私人顾问拉铁摩尔访问西南联大的壁报工作等活动。

7 月 7 日，为纪念抗战七周年，参与举办"时事报告座谈会"。

10 月 10 日，参加在昆华女中大操场召开的云南各界人士纪念会。会后，到闻一多家中拜访，提醒闻一多注意个人安全。

10 月 18 日，参加昆明文艺界在云南大学至公堂举行的"鲁迅逝世八周年纪念晚会"。

12 月 25 日，参加在云南大学举行的"护国纪念日"。

◎ 1945 年，30 岁

5 月初，参与昆明"纪念五四"系列活动。

5 月 3 日，在西南联大饭堂举行"五四青年座谈会"。

5 月 4 日下午，参加云南大学操场举行的示威游行。

5 月 4 日—5 月 11 日，参与组织"五四"纪念大游行活动及"昆明学生联合会"的成立。

5 月，刘国志从重庆回到昆明，将西南联大学员袁用之的党组织关系转到马识途所在的党支部。

7 月 7 日，参与"抗战纪念大会"。

8 月 15 日，日本宣布无条件投降，在昆明参加庆祝活动，作诗《这是为什么》。

8 月 16 日，云南省工委书记郑伯克到校，商谈到乡下打游击的工作安排。

不久，因被国民党云南省党部调查室列入黑名单，紧急转移到中华职业学校。

8 月下旬，从西南联大毕业，被党组织派到滇南做地下工作。

9 月，为李晓举行入党仪式。

◎ 1946 年，31 岁

2 月 17 日，参加"一二·一"四烈士灵堂草坪上举行的"庆祝政治协商会议成功，抗议重庆'二·一〇'血案，严惩'一二·一'祸首大会"。

3 月 17 日，参加昆明学联为潘琰、李鲁连、于再、张华昌四烈士举行的发殡安葬活动，聆听闻一多在四烈士墓前演讲。

3 月下旬，与罗广斌等人再度前往云南建水建民中学任教。

7 月 15 日，闻一多被国民党特务刺杀身亡，匆匆赶回昆明祭拜，写下

"哲人其萎，我复何言"挽联。

夏，在昆明发展西南联大校友于产入党。

7月底，乘飞机从昆明到重庆。

9月，奉调成都担任成都工委（原川康特委）副书记，住柿子巷六号，结识王放。不久，为掩护身份，前往华西协中担任高中英语教师。

冬，与仁寿县籍田铺地下党负责人丁地平在成都见面，研究仁寿暴动。

年底，从王宇光家里取走中共南方局留下的电台。

◎ 1947年，32岁

年初，全面负责成都工委筹备与领导工作。

2月开始，与王放一起筹办成都工委电台和《XNCR》快报的编辑、出版。

夏，根据我党潜伏在四川省特务委员会的地下党员黎强提供的"六一大逮捕"名单，立刻通知名单上的地下党员疏散。

8月底，参加中共成都工委秘密会议。

8月至次年春，为牵制敌军，在仁寿、荣县、大邑、冕宁组织领导数次武装暴动。

秋，主持中共成都市工委成立。

12月27日，奉川康特委的决定，前往四川大学发动学生展开一次反迫害、保障人权的进步运动。

年底，化名"马谦和"到成都华西协中教英文，经贾唯英介绍，与李致和认识。

◎ 1948年，33岁

2月，派雅乐工委书记陈俊卿秘密到乐山，与乐山中学学生杨子明接上关系。

4月，前往西昌和冕宁巡视，研究当地武装斗争情况。

6月，回到成都，了解成都"四九"血案情况。

当月，与重庆市委书记刘国定派来的齐亮接洽组织关系。

不久，为适应斗争需要，成都工委改组，恢复川康特委，担任副书记，分管组织、农村工作和各工委联系工作，并直管成都市委。

6月，代表川康特委到香港向上海分局负责人钱瑛汇报工作。在香港，与张彦、胡绳、何扬等人见面。不久，回到成都，在川康特委会上，传达中央文件及整风要求。

◎ **1949年，34岁**

1月下旬，因川康特委书记蒲华辅叛变，紧急隐蔽，并及时向香港倪子明、川北（三台通信处）、川南（专署陈离处）、西昌（电信局黄觉庵处）工委发电报报警。在与成都市委副书记彭塞联系后，负责转移相关地下工作人员。

2月，奉命去香港汇报工作。

2月—3月，派人向重庆杨子明传达中共中央意见："建立发展武装，迎接解放，加强城市工作。"

3月下旬，在钱瑛带领下，与在港地下党员一起，经台湾海峡、黄海、渤海、烟台、济南北上北平。

在北平，参加周恩来举行的招待茶话会，前往清华大学看望老友王松声。

后随钱瑛前往天津，聆听刘少奇"天津讲话"。

春夏之交，沿津浦铁路南下，随四野进武汉，担任华中总工会副秘书长，学习城市接管工作，与地下党员曾惇、黎智、舒赛、闻立志等重逢。

9月，奉命赶赴南京，与即将进军四川的二野会合。到南京后，受到邓小平接见，参与编写《入城手册》。在南京，向邓小平等领导汇报当前四川地下党斗争情况。

9月底，前往西安与一野会合，准备进军四川。在开封火车上，聆听了开国大典。

10月初，到达西安后，与王宇光奉命前往山西临汾一野司令部报到，与贺龙见面。在西安，参与起草向南下干部宣讲四川情况报告。

11月中旬，随一野南下进军四川。

12月下旬，成都解放前夕，在成都署袜南街与王宇光、贾唯英、李致、彭塞等人开会，商谈迎接解放军进城事宜。

12月28日，随贺龙一野总部搬至成都近郊的新都县。

12月29日，与参谋长张经武一起，带先遣部队分乘30余辆大、小车辆开进市区。当晚，与张经武回新都向贺龙汇报解放军入城式相关问题。

12月30日上午9时，解放军入城式正式开始。马识途坐第一辆吉普车带领解放军经北门入成都。

后入成都军管会工作，保障成都正常运行。

◎ **1950年，35岁**

1月1日，陪同贺龙等人参加在顺城街蓉光大戏院举办的新年联欢会。

1月3日，在川西区党委礼堂，举行老区南下同志和地下党同志的会师大会。

1月4日，参加成都十二桥烈士的起灵封柩仪式。当天，亲笔致信中共乐山地委鲁大东同志，将杨子明（杨彦经）、华文江、陈文治（在沐川）、高静培、喻发峰、毛文成六位同志组织关系转至乐山地委。

1月20日，参加由川西北军政委员会主任王维舟主持，贺龙主祭，成都党政军及各界群众出席的36位烈士（十二桥烈士以及连同被杀于王建墓墓道的刘仲宣、云龙、彭代悌和在重庆渣滓洞牺牲的周从化烈士）迁葬青羊宫烈士陵园仪式。

不久，担任成都川西区党委组织部副部长和市委组织部长，负责成都市皇城坝棚户区改造及成都农村土改工作。

4月，参加成都市第一届各界人民代表大会，当选为主席团成员。

10月28日，参加成都市人民监察委员会成立大会，当选监察委主任。

冬，前往重庆参加西南局组织工作会议。

◎ 1951 年，36 岁

参加成都人民代表大会。

◎ 1952 年，37 岁

夏，转业调往成都城市建设委员会，主管成都城市基础建设规划。不久，主持成都下水道工程的建设工作。

7月1日，参加成都庆祝"成渝铁路通车和宝成铁路开工典礼"。

当月，在成都接待来蓉休假的邓小平、胡耀邦。

后，奉命组建四川省人民政府建筑工程局，担任局长。

◎ 1953 年，38 岁

10月31日晚，参加四川省委召开的经济工作会议。

◎ 1954 年，39 岁

7月，担任四川省工业办公室副主任。

◎ 1957 年，42 岁

年中，负责改建金牛坝省委招待所。

7月3日，在《建设月刊》第7期发表《在四川省基本建设工作中的几点体会》。

◎ 1958 年，43 岁

3 月，在"中央成都会议"期间，陪同周恩来参观金牛坝附近新农村建设。

7 月 1 日，中科院四川分院筹备处成立，负责筹备工作。

11 月 13 日，参加四川省科学技术工作跃进会，中国科学院四川分院正式建立。

◎ 1959 年，44 岁

7 月，开始担任中科院四川分院副院长、党组第一副书记兼管中国科学院四川分院图书馆。提出两大攻关项目：一是"土火箭"上天，解决当地干旱地区无雨、少雨问题；二是大搞"人造肉"，以代食品办法解决吃肉问题。

在庆祝新中国成立十周年前夕，为《四川文学》创作新中国成立后的第一篇文章《老三姐》。

10 月 1 日，在《成都日报》发表报告文学《会师》，署名任远。

◎ 1960 年，45 岁

4 月 29 日当晚，前往北京工业学院与失散二十年的女儿吴翠兰相见。

4 月 30 日，与女儿吴翠兰前往天安门游览。

7 月 1 日，在《四川文学》第 7 期发表短篇小说《老三姐》。

8 月，在《星星》诗刊第 8 期发表《鸡鸣集》（诗五首）。

10 月 8 日，在《人民文学》第 10 期转载《老三姐》（革命斗争回忆录）。

◎ 1961 年，46 岁

3 月 12 日，在《人民文学》第 3 期发表短篇小说《找红军》。

5 月 21 日—12 月 14 日，在《成都日报》连载长篇小说《清江壮歌》，共 160 期。

7 月起，在《四川文学》连载长篇小说《清江壮歌》。

8 月 1 日，在《解放军文艺》第 8 期、第 9 期发表中篇小说《接关系》。

9 月 12 日，在《人民文学》第 9 期发表讽刺小说《最有办法的人》。

◎ 1962 年，47 岁

2 月 12 日，在《人民文学》第 2 期发表短篇小说《两个第一》。

2 月—3 月，参加"广州会议"，全程参加中国科学院科学家高层座谈会，听周恩来、陈毅讲话。

3 月，在《中国妇女》第 3 期发表散文《革命的战士和勇敢的母亲》。

6 月 30 日，在《中国青年报》发表《致读者》。

8 月 12 日，在《人民文学》第 8 期发表短篇小说《小交通员》。

9 月 10 日，在《四川文学》第 9 期发表讽刺小说《挑女婿》。

11 月，开始担任中科院西南分院副院长、党组副书记。

◎ 1963 年，48 岁

5 月 12 日，在《人民文学》第 5 期发表小说《回来了》。

8 月 27 日—9 月 7 日，在《光明日报》连载散文《走马行》系列。

9 月 3 日、9 月 7 日，在《光明日报》发表《不靠天、哲学的解放》。

11 月 1 日，在《四川文学》11 月号发表小说《新来的工地主任》。

当年，全程陪同中国科学院西南综合考察队在四川科学考察。

◎ 1964 年，49 岁

主持四川农业科技会议，学习大寨精神。

秋，参加四川"农村社会主义教育运动"（"四清"运动），不久被派往南充。

◎ 1965 年，50 岁

9 月，撰写《清江壮歌·后记》。

11 月，在南充县委招待所，拜访彭德怀。

◎ 1966 年，51 岁

3 月，长篇小说《清江壮歌》由人民文学出版社出版。

5 月，参加西南局"文化大革命"。

7 月初，被打成四川"三家村"——马识途、李亚群、沙汀的"黑掌柜"、周扬"黑帮"。

此后，被下放至双流农场、峨眉山农场、芦山劳改农场。

7 月，妻子王放因病去世，三个年幼孩子被扫地出门，幸得亲友收养。

当年，在苗溪农场偶遇胡风。

◎ 1967 年，52 岁

年初，因西南局和省委领导被打倒，被科分院办公室主任带回成都。不久，因刘结挺、张西挺在四川复出，再次被科分院造反派隔离审查，后又被中国科学院和科学技术大学到蓉造反派批斗。

◎ 1968 年，53 岁

因在成都受到"红成"和"八二六"两个造反派批斗，前往北京避难。

后被四川"革筹"从北京带回，进昭觉寺监狱，与邓华将军、杨超、沙汀、艾芜等关押在一起。

◎ 1970 年，55 岁

4 月 30 日，作《我的检查》（初稿）。

◎ 1971 年，56 岁

因被定性为"人民内部矛盾"，从昭觉寺监狱释放。出狱后，又被关进"牛棚"。

◎ 1972 年，57 岁

8 月，被"解放"，任命为四川省委宣传部副部长，主管文艺。上任后，开始着手解决全省川剧团的工作及生存问题，并参与创办《四川文艺》。

◎ 1973 年，58 岁

5 月，陪同国务院副总理陈永贵一行在四川灌县视察并参观都江堰。

当年，去天津大学看望女儿马万梅，并拜访西南联大老友、天津市委统战部长李定。

◎ 1974 年，59 岁

随着"批林批孔"运动在全国的展开，再次在四川受到批判。

◎ 1975 年，60 岁

主抓《寄托》剧本的拍摄工作。

◎ **1976 年，61 岁**

1 月，作诗《忆秦娥·悼念周总理》。

4 月，作诗《念奴娇·悼周公》。

◎ **1977 年，62 岁**

1 月 8 日，在《四川日报》发表散文《难忘的关怀》，署名华驰。

10 月，在北京参加文化部召开的会议。

在《人民文学》第 10 期发表评论《信念》。

11 月 10 日，在《北京文艺》第 11 期发表《红岩挺立在人间——祝小说〈红岩〉再版》。

◎ **1978 年，63 岁**

1 月 5 日，在《红旗》杂志第 1 期发表《红岩——革命英雄的丰碑》。

3 月 19 日，在北京参加全国科学大会开幕式。

3 月 26 日，在《人民日报》发表《向二〇〇〇年进军！——发自科学大会的信》。

3 月，与时任四川省委书记杨超以及刘允中等人奔走呼吁，国务院批准同意恢复组建中科院成都分院。

5 月 1 日，在《光明日报》发表诗歌《七律二首——赠攀登者》。

5 月 20 日，在成都锦江宾馆 9 楼会议厅，主持召开中国科学院成都数理室成立大会并致辞。

6 月，在《四川文学》第 6 期发表小说《算盘的故事》。

8 月，小说集《找红军》由四川人民出版社出版。

9 月 18 日，在《人民日报》发表报告文学《杨柳河边看天府》。

9 月，将《中国科学院成都生物研究所关于四川建立几个自然保护区》

的报告送交国务院副总理兼中国科学院院长方毅，积极建议保护九寨沟，使其免于破坏。

10月，参加中科院欧洲交流考察团，先后前往瑞士、英国、瑞典，在英国东方科技史图书馆拜访英国著名科学家李约瑟教授。

冬，响应中央号召，退居二线，担任四川省人大常委会副主任，主管教科文卫委员会及群众信访、外事活动。

当年，重新动笔创作《夜谭十记》。

◎ 1979年，64岁

1月7日，在《人民日报》发表散文《关怀》。

1月14日，在《光明日报》发表评述《改革不相适应的生产关系和上层建筑》。

1月26日，四川省委召开大会，公开为其平反。

1月30日，《四川日报》发表《省委宣传部召开平反大会　为马识途、李亚群、沙汀、张黎群、李伏伽五同志平反》。

2月，《清江壮歌》由人民文学出版社再版。

3月17日，与在京西南联大同学（王汉斌、张彦、李凌、许师谦、殷汝棠、王松声、严宝瑜、李健吾、胡邦定、陈彰远等）在北京展览馆聚会。

3月，到北京，参加全国人大常委会组织的各省市区地方人大常委会工作会议。

3月，在《人民文学》第3期发表小说《我的第一个老师》。

4月底，陪同美国华裔科学家李政道参观中科院四川分院。

5月15日，在《中国妇女》第5期发表《坚强的革命女战士钱瑛》。

5月，在《科学文艺》第1期发表《科学与文艺的结合》，在《人民中国》第5期发表《出路在哪里——我的生活道路》。

7月，在《当代》创刊号发表小说《〈夜谭十记〉之一——破城记》。

10月底—11月中旬，前往北京参加全国第四次文代会、第三次作代会，被选为中国作协理事会理事。

11月11日，参加作家座谈会，见到老友韦君宜、陈白尘等人，聆听周扬的检讨与道歉。

12月1日，收到读者章林义写来的题为《说情节》信函。

12月，在《红岩》第2期发表《伟大的战士和母亲》。

12月下旬，参加四川省人民代表大会五届二次会议，当选四川省人大常委会副主任。

◎ 1980 年，65 岁

1月5日，在《边疆文艺》第1期发表《关于〈凯旋〉》。

1月，在四川省文联《文艺通讯》发表《我追求中国作风和中国气派》。

2月7日，参加《科学文艺》编辑部召开的作者座谈会，并发言。

3月3日，在成都锦江宾馆与王朝闻、黎本初等讨论川剧改革。

3月，在《四川文学》第3期发表《说情节——复章林义同志的信》。

4月9日，在《恩施报》发表散文《我想你们，恩施的人们》。

4月12日，在《电影作品》第1期发表论文《门外电影杂谈》。

4月27日—4月28日，会见美籍华裔女作家聂华苓、安格尔夫妇。

4月30日，接待四川电视台创作组李习文、徐正直，谈论自己小说的电视剧改编问题。

5月27日，到四川省作协古典文学讲习班，讲授林觉民的《与妻书》。

5月，在《海燕》第3期发表《马识途同志的两封信》。

6月16日—6月25日，参加四川省文艺工作者第二次代表大会，被选为四川省文联、作协主席。

6月25日，在《四川日报》发表《解放思想、加强团结、争取我省社会主义文艺的更大繁荣》。

8月14日—9月14日，在《成都日报》连载《西游散记》（散文）。

8月15日，前往卧龙自然保护区参观。

8月29日，中央党校领导找少数老同志座谈征求意见时，在小组讨论会上发言，谈了自己的感想与意见。

8月，《景行集》由四川人民出版社出版。该书收入《关怀》《贺龙在成都》《我的引路人》《时代的鼓手——闻一多》《永远的怀念》。

8月底，前往北京参加中央党校高干理论班学习。

9月1日，参加中央党校开学典礼。

10月，在《四川画报》第5期发表《文艺十愿》。

12月2日，在《中国青年报》发表《难忘的战斗岁月——纪念"一二·一运动三十五周年"》。

12月5日，在《支部生活》（四川）连载《贺龙在成都》。

12月，参加四川省作家协会举办的文学讲习班学习活动、四川省职工业余文艺创作座谈会。

当年，参与创办杂志《龙门阵》。

◎ **1981年，66岁**

1月5日，在中央党校听取宋振庭的报告。

1月10日，在中央党校听取姚依林同志的报告。

1月24日，听取中央党校副校长胡耀邦同志的讲话。

1月，在《银幕内外》第1期发表《多宣传革命传统教育片》。

1月，开始创作中篇小说《丹心》。

2月，《西行散记》由四川人民出版社出版；前往恩施，为何功伟、刘蕙馨烈士扫墓。

3月10日，在《乌江》第2期发表《马识途写作小传》。

3月，当选四川作协主席。

4月8日，与《四川日报》记者艾丰谈自己在鄂西从事地下活动的斗争情况及"文革"遭遇。

4月，在《云南现代史研究资料》第四辑发表《谈谈西南联大的学生运动》。

4月，在《重庆日报》连载"巴黎览胜"系列。

5月3日，在《重庆日报》发表《读者·作者·编者》。

5月，在《四川文学》第5期发表《亚公——蜀中奇人》。

6月9日—6月12日，参加中共成都市委召开的党史座谈会。

6月10日，审阅《解放战争时期我党在成都开展革命斗争的几个问题》一文。

6月13日，审阅《在中共成都市委召开的党史座谈会上的第二次发言》。

6月28日，在《四川日报》发表回忆文章《XNCR在成都》。

7月1日，在《银幕内外》第7期发表《好好宣传革命传统教育片》。

7月3日，应云南党史办公室邀请，到昆明参加"一二·一"运动史座谈会。会议期间，在昆明寻访昔日战斗的遗址，到李公朴、闻一多先生墓前凭吊。

7月，在《四川文学》第7期发表中篇小说《三战华园》。

8月中旬，应中共恩施地委邀请，与女儿吴翠兰、儿子马万方等前往恩施为刘蕙馨、何功伟扫墓。

9月25日，在锦江大礼堂主持四川省暨成都市文化艺术界"纪念鲁迅诞辰一百周年大会"。

10月10日，参加四川抗洪救灾代表大会，并采访抗洪救灾先进人物及其英雄事迹。

10月24日，参加四川省委宣传部召开的"深入抗洪救灾第一线文艺工作者座谈会"并致辞。

10月底—11月初，参加四川省委"思想战线问题座谈会"，并作《开展批评与自我批评，繁荣社会主义文学》发言。

11月6日，与艾芜、孔罗荪、高缨、流沙河等在四川文联座谈。

11月7日，在《人民日报》发表《报告：我们打了一个大胜仗》。

11月17日，在《四川日报》发表《到生活中去捕捉美——读反映四川抗洪救灾文艺作品有感》。

11月18日，参加四川省文学评论工作会。

11月25日，在中央党校《理论动态》（第315期）发表《对文艺界资产阶级自由化倾向的一些看法》。

11月27日，到四川电视台与《三战华园》剧组座谈。

11月28日，在《长江日报》发表《追根》。

11月30日，参加四川省作协与《青年作家》编辑部联合举办的"如何培养青年作者座谈会"。

12月1日，在《成都日报》发表《马识途倡议作家同青年作者交心谈心》。

12月8日，参加四川省社会科学联合会成立大会，并作《祝四川省社联成立》发言。

12月12日，前往新都，为四川省作协举办的"文学创作学习班"学员讲话。

12月18日，参加四川省职工业余作家文艺创作座谈会并讲话。

◎ 1982年，67岁

1月1日，在《青年作家》第1期发表《需要更多的关怀——一个倡议》。

1月14日，在《光明日报》发表《四川省文联主席马识途倡议要多方面关怀青年作者的成长》。

1月15日，在《社会科学研究》第1期发表《克服资产阶级自由化倾向，促进社会主义文化繁荣》。

2月初，到北京参加全国人大五届二十二次常委会。随后，在京参加中国作协理事会二届二次会议。

2月13日，参加中国作家协会四川分会会议。传达中国作协理事会二届二次会议精神，宣布四川省作协书记处和四个工作委员会成立及成员名单。

3月25日，出席四川省作家协会、四川省社科联举办的"毛泽东文艺思想研究会"。

4月1日，在《青年作家》第4期发表《寄〈青年作家〉》。

5月1日，在《青年作家》第5期发表《青年作家需要学习马克思主义》。

5月26日，与四川大学中文系陆文璧座谈，商讨编辑、出版《马识途研究专集》。

5月，在《红岩》第2期发表中篇小说《丹心》；到北京参加"郭沫若研究学术座谈会"，并当选为郭沫若研究会副会长；在《科学文艺》第3期发表《科学文艺创作一议》。

6月中旬，应全国文联邀请前往庐山，会见西戎、马烽、孙谦、尹瘦石等人。

6月25日，在《南充师院学报》（哲学社会科学版）第2期发表《在四川省毛泽东文艺思想讨论会闭幕会上的讲话》。

6月，在《四川文学》第6期发表《学习会纪实》。

7月，应中科院邀请前往青岛疗养，完成《夜谭十记》。

7月29日—8月4日，出席四川省文联第二届委员会第二次扩大会议，并讲话。

8月21日，在《四川日报》发表《让我们行动起来》。

8月，在《戏剧与电影》第8期发表《答观众问——关于电视剧〈三战华园〉》。

9月1日，参加四川省文化局召开的文物管理委员会相关会议。

9月1日，在《青年作家》第9期发表《我是怎样写起小说来的》。

9月23日，与艾芜、李少言一起接受新华社采访。

9月30日，在《光明日报》发表《宣传共产主义思想是作家的神圣职责》。

10月1日，创作完成《〈夜谭十记〉后记》；

10月20日，在《人民文学》第10期发表《讽刺小说二题：〈好事〉〈五粮液奇遇记〉》。

10月，作为中国作家代表团团长，带领刘绍棠、诗人公刘前往贝尔格莱德参加世界笔会组织的国际作家会议。会后前往伏依伏丁等地参观，并在中国驻南斯拉夫联邦大使馆作《从四川窗口看全中国形势》发言。

11月16日，参加在乐山举行的"纪念郭沫若诞辰九十周年纪念大会"并发表讲话。

11月25日，主持召开四川省长篇小说创作座谈会。

12月7日—12月14日，参加四川省社科院召开的中国抗战文艺学术讨论会。

12月25日—12月29日，主持召开四川省作家协会主办的"四川省长篇小说创作座谈会"。

12月，参加四川省地方志编纂工作会议。

12月，在《解放军文艺》第12期发表讽刺小说《大事和小事》。

◎ 1983年，68岁

1月3日，在《成都晚报》发表《成都晚报，你好》。

1月30日，在《四川日报》发表《对违法的行为必须进行斗争》。

1月31日，在《四川日报》发表《对违反宪法的行为必须进行斗争——学习宪法的笔记》。

1月，在《四川文学》第1期发表《夜谭十记——〈前记〉·〈报销记〉》。

2月4日，参加四川作协召开的青年作者座谈会，并发言。

2月21日，到锦江宾馆参加四川省文联常委扩大会。

2月28日—3月8日，在北京参加全国人大会议。其间，与人民文学出版社韦君宜、黄伊等商谈《夜谭十记》的出版。

2月，在《抗战文艺研究》第1期发表《我也谈抗战文艺》。

2月起，在《四川文学》开始连载《夜谭十记》。

3月14日，在《四川日报》发表《他的英名和事业永垂不朽——瞻仰马克思墓追忆》。

3月20日，在《四川师范学院学报》（社会科学版）第1期发表《关于一篇语文教材的通信》。

4月15日—4月21日，参加四川省社科院《社会科学研究》编辑部和文学研究所联合举办的首届"《三国演义》学术座谈会"。

4月21日，在《成都晚报》发表《大有进步，还要努力》。

4月，与电影制片厂编辑部饶趣、导演张一谈文学剧本《红叶铺满小路》。

5月4日，前往成都望江宾馆看望以蔺柳杞为团长，以苏策、柯原、叶知秋、江波、李存葆等为团员的部队作家代表团。

5月7日，在四川省文联礼堂主持欢迎以阳翰笙为团长的中国文联赴川参观访问团。

5月10日，与成都市川剧院编剧徐棻、演员晓艇等座谈，谈及自己对《王熙凤》《诡门鉴》的看法。

5月12日，在乐山大佛寺与阳翰笙、戈宝权、葛一虹、凤子等听取乐山郭沫若研究学会有关开展郭沫若研究及文物收藏的工作汇报。

5月中旬，前往北京参加全国第六届人民代表大会第一次会议。

5月底，在北京参加郭沫若研究会成立大会，被选为副会长。

6月1日，在《青年作家》第6期发表《大有进步，还要努力——祝〈青年作家〉创刊两周年》。

6月，与王维玲前往中国青年出版社，与四川籍、《宫闱惊变》的作者吴因易，《华子良传奇》作者张世诚、阚孔璧等人座谈。

7月，在《戏剧与电影》第7期发表《外行说川剧改革》。

8月22日，参加四川省青年文学创作会议。

8月，出席"四川省青年文学创作会"。

9月1日，出席在东风礼堂举行的四川省宣传工作会议并讲话。

9月上旬，出席四川省委召开的思想战线工作座谈会。

9月17日，与四川省社科院副院长谭洛非、郭沫若研究会黄侯兴等人座谈郭沫若研究会工作。

9月20日，创作完成电影文学剧本《这样的人》初稿。

9月，在成都看望林默涵，谈及小说《这样的人》创作。

10月3日，北京电影制片厂致信马识途，谈及改编《夜谭十记》作品的问题。

10月16日，出席四川省郭沫若研究学会成立大会，当选该学会主席。

秋季，应邀为四川广安邓小平故居撰写长对联。

11月19日—11月22日，在乐山参加郭沫若学术讨论暨年会。

11月，《夜谭十记》由人民文学出版社出版。

12月20日，修改完成电影文学剧本《这样的人》。

12月25日，在《南充师范学院学报》（哲学社会科学版）第4期发表《坚持实事求是，深入展开郭沫若研究——在四川省郭沫若研究学术讨论会上的讲话》。

当年，美国飞虎队成员贝尔到成都拜访马识途。

◎ 1984 年，69 岁

1 月 1 日，在《青年作家》第 1 期发表《作家要不要改造世界观》。

1 月 24 日，参加四川省古籍整理出版规划小组第一次全体（扩大）会议。

1 月 31 日，在《当代文坛》第 1 期发表《高举社会主义文艺的旗帜》。

1 月，在《四川文学》第 1 期发表《且说存在主义》。

2 月 23 日，参加中国作家协会四川分会常务理事扩大会议。

3 月 10 日，与中国青年出版社副总编王维玲在成都商谈长篇小说《这样的人》创作出版。

3 月，在《戏剧与电影》第 3 期发表剧本《这样的人》。

4 月 4 日—4 月 6 日，接待以玛莉·雅克琳·德舒什夫人为团长的欧洲议会访华代表团。随后，陪同前往灌县、双流参观。

4 月 13 日，在《重庆日报》发表《别开生面的农民画展》。

4 月 15 日，在《四川日报》发表《看八人画展有感》。

4 月中旬，在锦江宾馆会见美国洛杉矶市市长助理兼礼宾司长比德利丝·莱沃莉，市议员康宁汉等一行。

4 月 27 日，与谭洛非、雷仲平、王钰等人商谈郭沫若研究会有关问题。

5 月 15 日，在《科学文艺》第 3 期发表《向科学文艺作者提一点希望》。

5 月下旬，前往北京参加全国人大六届二次会议。

5 月起，在《支部生活》开始连载《整党见闻杂记》，署名陶文、竞克。

7 月 3 日，在锦江宾馆会见美国凯洛德基金会访华团。

7 月 17 日，参加四川省写作学会成立大会。

7 月 20 日，与陆文璧、仲呈祥、吴野、邓仪中等人商谈《中国当代文学资料研究丛书·马识途专集》的编写，着重讲了自己所追求的风格。

7月28日，参加成都武侯祠博物馆成立座谈会。

8月7日，在《文艺报》第8期发表《她在大海拾贝——关于包川的小说》。

8月20日，与盐亭县川剧团商谈将《盗官记》改编为川剧演出情况。

9月初，为省人大工作的开展和参加中国文学艺术联合会第五次代表大会及作协会议，到重庆和川东、川北各地做调研。

9月，与沙汀、艾芜、李致一起为张秀熟90岁做寿，并作诗《满引金杯寿张老》。

10月中旬，第一次前往九寨沟。

10月22日，出席在江油举办的"李白研究学会成立大会"。

11月29日，参加《现代作家》主办的"城乡集体、个体企业家和文学家恳谈会"。

12月8日上午，到四川省川剧学校出席"振兴川剧一届、二届调演受奖大会"。下午，在省文联与曹禺座谈。

12月下旬，前往北京参加中国作家协会第四次代表大会，担任四川代表团副团长。

12月26日，参加中国作家协会第三届三次理事会会议。

12月28日，上午在京西宾馆参加中国作协第四次代表大会预备会议；下午参加四川代表团讨论《中国作家协会章程》修正案草案。

12月29日，在京西宾馆参加中国作家协会第四次代表大会开幕式。

◎ 1985 年，70 岁

1月5日，在《当代文坛》第1期发表《且说我追求的风格》。

1月21日，被任命为全国人大十大双边友好小组塞内加尔组的成员。

1月，在《青年作家》第1期发表《讽刺是永远需要的》。

1月，在《成都晚报》连载《成都解放断忆》。

2月14日，在《成都晚报》发表《希望在于将来——看四川自学者中国画研究会首届国画随想》。

3月中下旬，到北京参加全国人大常委会和六届三次会议。

4月，参观四川美术学院工艺美术展览。

4月，在四川省《领导艺术》第2期发表《文山会海何时了》。

5月4日，出席在杜甫草堂举办的"杜甫草堂纪念馆三十周年暨成都杜甫草堂博物馆成立大会"。

5月上旬，出席四川省人大六届三次代表大会，在会上申请辞去省人大常委会副主任职务。

5月中旬—6月初，前往山东泰安参加郭沫若研究学术讨论会，并到青岛、大连、哈尔滨、沈阳等地参观。

5月19日，在曲阜师范学院中文系举行座谈会。

5月起，在《党的建设》（四川）开始连载《观风杂记》，署名陶文、竞克。

5月，在《电影作品》第3期发表《创作需要真诚》。

6月，在《领导艺术》（四川）第3期发表《"坐排排"的习惯还要改》。

7月7日，参加在恩施举行的"鄂西抗战时期党史座谈会"并发言。

7月，为老友张彦的著作《一个驻美记者的见闻》作序《推荐一本认识美国的书》。

8月，为庆祝我国第一个教师节，创作《我的老师》。

9月1日，在《四川教育》第9期发表《我的老师》。

10月1日，在《小说导报》第10期发表小说《接力》。

10月，在《银幕内外》第10期发表《我再说，创作需要真诚》。

11月24日，参加"三国与诸葛亮国际学术讨论会"。

12月2日，在《四川日报》发表《一个老战士的话》。

12月，在昆明参加党史座谈会，研究"一二·一"运动史定稿。

◎ 1986 年，71 岁

1 月 1 日，在《党的建设》（四川）第 1 期发表《理想·纪律·社会主义》。

1 月 15 日，在《文史杂志》第 1 期发表《〈清江壮歌〉的历史背景》。

2 月 1 日，在《四川教育》第 2 期发表《祖国的将来就在我们的肩上》。

2 月 7 日，参加《青年作家》编辑部座谈会并讲话。

2 月，在《领导艺术》第 1 期发表《先考法律知识　再走马上任好》。

3 月 17 日，参加四川省市、地、州文联工作会议。

3 月 31 日，在《人民日报》发表《全国人大代表手记之一：前进，前进，进！》。

3 月，到北京出席全国人民代表大会六届四次会议。

4 月 1 日，在《人民日报》发表《全国人大代表手记之一：挽起袖子改革》。

4 月 1 日，在《青年作家》第 4 期发表《我说〈青年作家〉——庆祝〈青年作家〉创刊五周年》，并题词"千淘万漉虽辛苦，吹尽狂沙始到金"。

4 月 16 日，在成都参加克非反映农村改革的长篇小说《野草闲花》的讨论会。

4 月 23 日，参加绵阳市文学艺术工作者第一次代表大会。

4 月，《巴蜀女杰》由中国青年出版社出版。

5 月 17 日—5 月 22 日，在四川长宁县参加"西南五省区文学座谈会——蜀南竹海笔会"。

6 月，创作完成《〈京华夜谭〉后记》。

9 月 5 日，在《当代文坛》第 5 期发表《竹海笔会拾言》。

11 月，在乐山参加四川郭沫若研究学会年会暨"郭沫若传记文学"讨论会。

当年，参与中华诗词学会的创建。

小说《盗官记》被导演李华改编成电影《响马县长》。

◎ **1987 年，72 岁**

1 月 1 日—12 月 1 日，在《现代作家》连载讽刺小说《五猪能人》《不入党申请书》《钱迷的奇遇》《钟懒王的酸甜苦辣》《风声》《我错在哪里》《臭烈士》《典型迷》《挑战》《但愿明年不再见》《笑死人的故事》《在欢送会上》。

2 月 7 日，在《群言》第 2 期发表《社会主义精神文明建设与现代化》。

2 月，《在地下》由四川大学出版社出版。

3 月 5 日，在《当代文坛》第 2 期发表《振奋精神，开拓前进，迎接四川文学事业的更大繁荣！——在作协四川分会第三次会员代表大会上的报告》。

3 月，与刘绍棠一起为《大众小说丛书》作序。

4 月 22 日，在《人民日报》发表《真大观也（谈艺录）》。

5 月 31 日，在北京全国政协礼堂参加中华诗词学会成立大会，作《中华诗词发展之我见》发言。

5 月，在《郭沫若学刊》第 1 期发表《深入一步开展郭沫若研究——在"郭沫若传记文学"学术讨论会上的讲话》。

6 月 1 日，参加分组讨论《中华诗词学会章程（草案）》及《中华诗词学会 1987 年和 1988 年工作设想》，酝酿推举中华诗词学会顾问和理事人选。

6 月 2 日上午，参加中华诗词大会在北太平庄远望楼举行的全体会议并发言。

6 月 3 日上午，参加中华诗词学会第一次全体理事会议，当选为中华诗词学会副会长。

9 月 5 日，在《当代文坛》第 5 期发表《谈谈雅文学与俗文学——在

〈华子良〉作品讨论会上的讲话》。

10月1日，在《银幕内外》第10期（总第100期）发表《祝贺和希望》。

10月6日上午，在成都金牛宾馆拜会巴金。

10月7日，与艾芜、沙汀、张秀熟等陪同巴金游杨升庵故里桂湖。当天，创作诗歌《五老游桂湖序》，并请巴金、张秀熟、沙汀、艾芜、陈之光、李致等签名留念。

10月8日，与沙汀、艾芜、李致、陈之光等陪同巴金访问巴金位于成都正通顺街98号的故居。

10月10日下午3点左右，陪同巴金、张秀熟、沙汀、艾芜前往成都东大街153号著名川菜馆蜀风园品尝川菜。

10月13日，陪同巴金、张秀熟、沙汀拜访刚开放不久的李劼人故居"菱窠"，并参观李劼人生平事迹展。

10月14日下午，陪同巴金与四川文学界见面。

10月17日，参加中国现代文学讨论会并发言，作《谈谈现代文学研究的方法问题》。

10月20日，到双流机场送别巴金。

10月24日，在四川峨眉县参加并主持"郭沫若与中外文化学术讨论会"。

11月，为《郭沫若佚文集》作序。

当年，回恩施，再次为何功伟、刘蕙馨烈士扫墓。

随中国作家代表团访问波兰。

◎ 1988年，73岁

1月，在《中国书法》第1期发表《书法应该从小学抓起》；在《戏剧与电影》第1期发表《从"夕阳艺术""棺材艺术"说起》。

2月7日，在《群言》第2期发表《反思过去，锐意革新——波兰政治体制改革拾零》。

3月25日，在《人民日报》发表《读文随记》。

3月，参加四川省杂文学会成立大会。

4月2日，在《人民日报》发表《我正在想……》。

4月25日，在《郭沫若学刊》第1期发表《郭沫若学术佚文集序》。

5月6日—5月11日，在北京参加中国郭沫若研究学会第二届会员代表大会暨"郭沫若在日本"学术研讨会，并作《在文化撞击中深化郭沫若研究》发言，当选郭沫若研究会副会长。

5月7日，在《群言》第5期发表《〈胡涂大观〉添新章》。

5月11日上午，参加中国郭沫若研究学会第二届会员代表大会闭幕式。

5月30日，在《杂文界》第3期发表《时代需要杂文》。

5月，参加西南五省区作家贵州龙宫笔会。

5月，题《采桑子》赠贵州老作家蹇先艾。

6月15日，在射洪参加"全国首届陈子昂学术讨论会"，作题为《开一代诗风的陈子昂》发言。

6月18日，参加四川省诗词学会成立大会，作题为《中华传统诗词是"夕阳艺术"吗》发言。

6月20日，在《当代》第3期发表《巴金回家记》。

9月14日，在《人民日报》发表《小题反做》。

9月24日，作《杨升庵先生诞辰五百周年纪念堂嘱文》。

9月，在《红岩》第5期发表《文学的一点思考》。

10月25日，在《郭沫若学刊》第3期发表《在文化撞击中深化郭沫若研究》。

10月28日起，"官倒五议"在《成都晚报》开始连载。

10月，在《写作》第10期发表《要重视通俗文学》。

11 月 7 日，在《群言》第 11 期发表《航道已经开通》。

11 月，在《新华文摘》第 11 期发表《小题反做》。

12 月 20 日起，在《处女地》第 12 期连载《魔窟十年》。

12 月 23 日，参加四川省首届郭沫若文学奖、第二届四川文学奖颁奖大会。

当年，开始电脑写作。

◎ 1989 年，74 岁

1 月 3 日，在《人民日报》发表《时代还需要杂文》。

2 月 1 日起，在《成都晚报》连载反腐倡廉杂文。

5 月，为《红岩春秋》创刊号撰写"卷首语"。

6 月 1 日，在《郭沫若研究》（第七辑）发表《深入郭沫若研究的浅议》。

8 月，为川剧表演艺术家阳友鹤《一代桐凤——阳友鹤文存》作序。

◎ 1990 年，75 岁

2 月 7 日，在《群言》第 2 期发表《新年的祝愿》。

3 月 4 日，在《光明日报》发表《四川的茶馆》。

4 月，《魔窟十年》由重庆出版社出版。

5 月，在成都参加"《王朝闻集》出版暨王朝闻同志创作 61 周年座谈会"。

10 月 29 日，在乐山主持参加"郭沫若与传统文化"学术研讨会，致开幕词。

11 月 5 日，在《当代文坛》第 6 期发表《悼周克芹同志》。

◎ 1991 年，76 岁

1 月 25 日，在《郭沫若学刊》第 4 期发表《"郭沫若与传统文化"学术研讨会开幕词》。

2 月 1 日，在《青年作家》第 2 期发表《走自己的路》。

2 月起，在《四川文学》连载《雷神传奇》。

3 月 5 日，在《当代文坛》第 2 期发表《为现实主义一辩——崔桦小说集〈生活拒绝叹息〉序言》。

3 月，为张秀熟著作《二声集》作序。

6 月 1 日，参加《红岩》发行三十周年纪念会。

6 月 2 日，参加中国作家协会四川分会第四次会员代表大会闭幕式。

6 月底，作《念奴娇·建党七十周年》。

9 月 5 日，在《当代文坛》第 5 期发表《团结一致，扎实工作，争取我省文学事业的更大繁荣——在中国作家协会四川分会第四次代表大会上的工作报告》。

9 月 12 日，在成都参加巴金国际学术研讨会。

9 月 21 日，在《文艺报》发表《也说现实主义》。

10 月 7 日，在《群言》第 10 期发表《丹心昭日月——悼念彭迪先同志》。

12 月 3 日，参加沙汀创作六十周年暨沙汀作品研讨会。

◎ 1992 年，77 岁

2 月 10 日，农历正月初七，参加杜甫草堂"人日草堂诗会"，作《七律·壬申人日杜甫草堂诗会上急就》《草堂诗会上口号联句诗》。

2 月，在《语文学习》第 2 期发表《关于读书》。

3 月，为《少年郭沫若》作序。

4月，参加洛阳牡丹会十周年庆典，结识文怀沙；参加四川省农村题材创作座谈会。

5月22日，在《新文学史料》第2期发表《应该研究李劼人》。

5月起，在《红岩春秋》连载《忆齐亮》；在《四川文学》连载《秋香外传》。

7月5日，在《当代文坛》第4期发表《为繁荣有中国特色的社会主义文艺而努力》《祝贺〈当代文坛〉创刊十周年》。

7月25日，在《文艺报》第29期发表《通俗小说的新尝试——〈雷神传奇〉后记》。

8月28日，在《人民政协报》发表《用电脑写作更觉胜任愉快》。

9月6日，参加首届川剧学国际研讨会。

9月26日，参加四川首届少数民族优秀文学作品奖颁奖大会。

10月20日，在乐山主持召开四川郭沫若研究学会理事会。

10月21日，在乐山参加"四川省暨乐山市纪念郭沫若诞辰一百周年大会"及"郭沫若与中国科学文化"学术研讨会。

10月，在《四川文学》第10期发表《报春花的故事》。

11月5日，在《当代文坛》第6期发表《〈俏皮话大全〉序》。

11月14日，在《文艺报》第45期发表《纪念郭沫若，学习郭沫若——纪念郭沫若诞辰100周年》。

11月16日，参加郭沫若诞辰100周年纪念活动。

11月，《雷神传奇》由人民文学出版社出版。

12月5日，作《悼艾芜》。

12月14日，作《悼沙汀》。

◎ 1993年，78岁

1月7日，在《群言》第1期发表《坚持基本路线，必须注意防"左"》。

1月，在《红岩春秋》第1期发表《大海阻不断的友谊》。

3月，在《四川文学》第3期发表《悼念沙汀同志〈忆秦娥〉〈念奴娇〉》《问天赤胆终无悔》。

5月22日，在《新文学史料》第2期发表《青峰点点到天涯——悼念艾芜老作家》《一个问心无愧的人——悼念沙汀同志》。

5月26日—5月30日，前往江西南昌参加"建筑与文学"学术研讨会。其间，参观了井冈山、文天祥纪念馆、八大山人纪念馆。

5月26日，在"建筑与文学"学术研讨会开幕式上讲话。

5月27日，在"建筑与文学"学术研讨会上作《让人们的生活更美好》发言。

5月，参加四川省文联成立四十周年纪念大会。

7月22日，参加四川省写作学会学术讨论会。

8月28日，在《文艺报》第34期发表《我只得站出来说话了》。

9月25日，在《光明日报》发表《孔子曰："必也正名乎"》。

10月7日，在《四川日报》发表《万里云天一片情——祝贺四川省作家协会文学院成立十周年》。

10月12日，随中国作家代表团前往意大利访问。

10月14日，参加意大利第十九届蒙代罗国际文学奖发奖仪式并致辞。

10月19日，在《羊城晚报》发表《旧把戏的新表演》。

10月，在《四川文学》第10期发表《我只得站出来说话了》。

11月5日，在《当代文坛》第6期发表《青松挺且直——悼念阳翰老》。

11月20日，在《文史杂志》第6期发表《德高北斗　望重南山——为张秀熟老人祝百岁大寿》。

11月，前往上海，给巴金九十岁华诞祝寿。

12月25日，在《郭沫若学刊》第4期发表《从中华民族文化研究说到儒学研究》。

◎ **1994 年，79 岁**

1 月 20 日，在《文史杂志》第 1 期发表《"东坡"之名从何而来——〈白居易与忠州〉序》。

2 月 15 日，在《今日四川》第 1 期发表《毛泽东主席和三个美国兵》。

2 月，在《作品》第 2 期发表《荒唐的建议》。

3 月 19 日，在《光明日报》发表《识途的辩证及品茶之道》。

3 月 22 日，到乐山参加四川省社联、四川省郭沫若研究会、中共乐山市委宣传部等联合举办的"纪念《甲申三百年祭》50 周年座谈会"并发言。

3 月 25 日，写《挽张秀熟老》。

4 月 2 日，作《应该重新阅读〈甲申三百年祭〉》。

5 月 22 日，创作完成电影剧本《十个回合》的故事提纲。

6 月 4 日，在《人民日报》发表《名著改编和地方特色》。

6 月 25 日，在《郭沫若学刊》第 3 期发表《应该重新阅读〈甲申三百年祭〉》。

6 月，作《解放军军民抢修都江堰记》。

7 月 15 日，在《龙门阵》开始连载《"文革诗"解》。

10 月，《盛世微言》由成都出版社出版。

11 月 15 日，在《龙门阵》第 6 期发表《如今何处找好人》。

11 月 24 日，在《文汇报》发表《狗咬人不是新闻，人咬狗才是新闻》。

12 月 24 日，在《光明日报》发表《未悔斋记》。

12 月 27 日，在乐山大佛寺集凤楼参加四川郭沫若研究学会举办的"郭沫若研究及其发展趋势"学术研讨会。

◎ 1995 年，80 岁

1 月 11 日，在《光明日报》发表《本末倒置》。

1 月 15 日，在《龙门阵》第 1 期发表《于危难处见真情》。

1 月 20 日，在《四川党史》第 1 期发表《革命的友情唤回了青春》。

1 月，作《寿星明·八十自寿词》。

3 月 1 日，在《广州文艺》第 3 期发表《从王蒙没有两个面孔说起》。

3 月 7 日，在《群言》第 3 期发表《我不赞成文化完全商品化》。

3 月 15 日，在《龙门阵》第 2 期发表《指日重登点将台》。

3 月 25 日，在《文艺报》第 11 期发表《借题发挥写序言——序〈情系高原〉》。

4 月 4 日，在《人民日报》发表《从一家人看一个时代》。

5 月 15 日，在《龙门阵》第 3 期发表《是非功罪凭谁论》。

6 月 20 日，在《当代》第 3 期发表《专车轶闻》。

8 月 20 日，在《当代》第 4 期发表《坏蛋就是我》。

9 月初，参加在重庆举行的南方局党史座谈会，并发言。

9 月 15 日，在《龙门阵》发表第 5 期《强女人和弱女人》。

9 月 20 日，在《文史杂志》第 5 期发表《建立有中国特色的社会主义新文化》。

10 月 14 日—10 月 16 日，在四川乐山沙湾参加"郭沫若与抗战文化"学术研讨会，发表《继往开来　深入开展郭研工作》讲话。

11 月底，前往昆明参加"一二·一运动"五十周年纪念活动，创作《七律·昆明遇西南联大老同学》《七律·莲花池畔告别》。

11 月 30 日，在昆明参加"一二·一运动"纪念活动开幕式。

11 月，在成都参加李劼人研究会成立大会。

12 月 1 日，参加云南师范大学"一二·一"四烈士陵园揭幕仪式。

12 月 25 日，在《郭沫若研究学刊》第 4 期发表《继往开来，深入开展郭研工作——在"郭沫若与抗战文化"学术研讨会上的总结讲话（摘要）》。

12 月，参加成都市作家协会成立大会，并发言。

◎ **1996 年，81 岁**

1 月 13 日，在成都参加"比较文学国际学术研讨会"。

1 月 15 日，在《龙门阵》第 1 期发表《文化革命从头说》。

1 月 20 日，在《文史杂志》第 1 期发表《从一家人看一个时代》。

1 月，在《红岩春秋》第 1 期发表《重返红岩村随笔》；在《红岩》第 1 期发表《作家的神圣职责就是创作：在重庆作家代表大会上的发言》。

3 月 15 日，在《龙门阵》第 2 期发表《家破人亡》。

5 月 15 日，在《龙门阵》第 3 期发表《斗争升级》。

5 月 20 日，在《文史杂志》第 3 期发表《从强国之梦到强国之路——〈强国之梦〉系列丛书读后》。

5 月 23 日，参加四川省杂文学会第八次年会。

6 月 12 日，作《我的老年观》。

6 月 15 日，将著作《盛世微言》赠巴金。

7 月 15 日，在《龙门阵》第 4 期发表《你这哪里是检讨的问题哟》。

9 月 16 日，到重庆参加以"传统诗词与现代化"为主题的全国第九届中华诗词研讨会，并发表题为《锐意改革，繁荣传统诗词创作》讲话。

10 月 16 日，参加四川大学百年校庆，作《水调歌头·四川大学百年庆会上赠胡绩伟等诸校友》。

10 月，《马识途讽刺小说集》由人民文学出版社出版；在乐山参加"郭沫若与乡土文化"学术研讨会。

11 月 15 日，在《龙门阵》第 6 期发表《种棉花事件》。

12 月 18 日，在《光明日报》发表《我观风雅文化》。

12 月，在北京参加中国作家协会第五次作家代表大会，作诗《沁园春·中国第五次作家代表大会》

◎ **1997 年，82 岁**

1 月 15 日，在《龙门阵》第 1 期发表《水利方针争论》。

2 月，作诗《沁园春·悼邓小平同志》。

3 月 18 日，为《沙汀年谱》作序。

3 月，在《四川文学》第 3 期发表《邓小平二三事》。

6 月 10 日，参加四川省作家协会第五次代表大会，作题为《在新世纪的门口，我们需要的是行动》发言。

7 月 1 日，作《香港回归书楹联一副》《浣溪沙二首·庆香港回归》。

7 月 15 日起，在《龙门阵》连载《周恩来二三事》。

7 月，修改 1946 年创作完成的长诗《路》。

8 月，长诗《路》由四川人民出版社出版。

12 月 7 日，在《群言》第 12 期发表《最大的喜和最大的忧》。

冬，学习互联网。

◎ **1998 年，83 岁**

1 月 20 日，在《西南旅游》第 1 期发表《访邓小平故居》。

2 月，作《焚余残稿·后记》。

5 月 4 日，在人民大会堂参加北京大学建校 100 周年纪念大会，作诗《北京大学百年校庆》。

5 月 15 日起，在《龙门阵》连载《我和统一战线》。

5 月，作诗《西南联大建校六十周年纪念》。

5 月，在《红岩春秋》第 3 期发表《风雨如磐港岛行》。

6 月 19 日，参加中国国际文化交流中心座谈会。

6月，在北大朗润园拜访季羡林，作《七律二首·访季羡林老人》。

秋，作《成都文殊院石刻〈金刚经〉书后跋》。

10月1日，在成都参加中国中外文艺理论学会学术研讨会。

11月5日，参加中国作家协会诗歌座谈会并发言。

11月20日，参加《巴蜀文化大典》首发式。

11月28日，完成对《没有硝烟的战线》的修改。

11月，为《沙汀艾芜纪念文集》作序。

12月9日，在《光明日报》发表《一份埋藏了46年的〈狱中意见〉》。

12月10日，参加"十一届三中全会二十周年"四川省文艺界座谈会。

◎ 1999年，84岁

1月14日，在《文艺报》第6期发表《永不疲倦地为人民而歌唱》。

1月20日，在《四川党史》第1期发表《长篇历史纪实文学〈川西黎明〉序》。

1月，《沧桑十年》由中央党校出版社出版。

2月5日，在《星星》诗刊第2期发表《我对诗歌的一点看法》。

2月，《焚余残稿》诗集由重庆出版社出版。

3月5日，在《星星》诗刊第3期发表《我的诗：我的没字的诗集的有字的序诗》。

3月25日，为《建国五十年四川文学作品选》作序。

4月15日，在《文艺报》第42期发表《希望在于将来——谈巴金文学院》。

7月，在《四川文学》第7期发表《快哉痛哉本为邻：我的不亦快哉》。

8月15日，参加中国比较文学学会第六届年会暨国际研讨会开幕式。

8月，参观昆明世界花卉博览会，游大理、丽江。

9月7日，在《群言》第9期发表《风雨沧桑50年》。

9月21日，在《人民日报》发表《耄耋之年　喜庆辉煌》。

9月，为迎国庆五十周年，创作《沁园春·国庆五十周年》《七绝·五十国庆，感赋》。

10月，在《四川文学》第10期发表《永远的遗憾》。

12月9日，在《光明日报》发表《一份埋藏了46年的〈狱中意见〉》。

12月20日，作《七绝·迎澳门回归》。

◎ 2000年，85岁

1月7日，在成都参加"郭沫若与新中国"学术研讨会，并作主题发言。

1月，作《七律·八五自寿诗》。

1月，在《中国政协》第1期发表《边沿的话语》。

2月，《马识途文集》编辑工作正式启动。

3月17日，前往乐山参加"郭沫若与新中国"学术研讨会，发表《评价历史人物必须"知人论世"》。

5月10日，参加四川省作家协会五届三次全委会。

5月12日，参加四川省第二次青年创作会议。

5月20日，在《红岩春秋》第3期发表《万县赶考奇观》。

5月，罗广斌遗孀胡蜀兴将罗广斌创作的《红岩》手稿交付马识途，由其代转交至中国现代文学馆。

6月15日，被中华诗词学会推举为名誉会长。

6月30日，在《郭沫若与二十世纪中国文化》发表《评价历史人物必须"知人论世"》（代序言）。

7月20日，在《四川日报》发表《当年彭总在四川》。

8月25日，参加四川省杂文学会2000年年会并发言。

8月，将《清江壮歌》（第五稿）及罗广斌《红岩》手稿捐赠中国现代文学馆。

10 月 3 日，参加《中华儿女》新千年西部大开发作家笔会。

11 月，在《龙门阵》第 11 期发表《把新龙门阵摆好》。

12 月 8 日，参加四川省文学艺术创作杰出贡献表彰会。

12 月 27 日，在《光明日报》发表《世纪回眸》。

◎ 2001 年，86 岁

2 月 7 日，在《群言》第 2 期发表《人类是有希望的》。

4 月 19 日，在《文学报》发表《话说阿来与魏明伦》。

4 月 20 日，在《新闻界》第 2 期发表《无冕之王》。

5 月 22 日，在《新文学史料》第 2 期发表《〈清江壮歌〉出版的前前后后——我和人民文学出版社的文字缘》。

5 月 25 日，在《四川戏剧》第 3 期发表《新竹高于旧竹枝》。

9 月 10 日，对四川省郭沫若研究会的工作进行交流，对新一届研究会班子提出要求。

9 月 27 日—9 月 29 日，在四川省郭沫若研究会换届选举中，被推选为名誉会长。

10 月，《马识途诗词钞》由天地出版社出版。

12 月下旬，在北京参加中国作协第六届全国代表大会。

◎ 2002 年，87 岁

1 月 4 日，在《炎黄春秋》第 1 期发表《我因不敢为她说句公道话而遗憾终生——悼念贺慧君同志》。

1 月 5 日，在《文史杂志》第 1 期发表《也说"不醉乌龟小酒家"的事》。

1 月 26 日，写《悼韦君宜》。

1月28日，写《悼张光年》。

6月28日，参加四川省作家协会第六次代表大会闭幕式。

6月30日，在《郭沫若与百年中国学术文化回望》发表《郭沫若研究也要与时俱进》。

7月20日，在《四川党史》第4期发表《留得丹心一点红》。

9月2日，在乐山参加"纪念郭沫若诞辰110周年暨'郭沫若与20世纪先进文化'学术座谈会"。

11月20日，在北京参加"郭沫若诞辰110周年纪念大会"，并发表讲话《中国先进文化前进方向的伟大代表》。

当年，结识九十七岁语言文字大师周有光。

◎ 2003年，88岁

3月下旬，在《郭沫若学刊》第1期发表《郭沫若研究也要与时俱进——"郭沫若与百年中国学术文化国际论坛"上的讲话》。

10月初，回重庆忠县。

11月18日，参加四川省举办的"巴金百年华诞庆祝会"。

12月24日，参加四川省美术馆举行的"马识途九十寿辰书法展"，将所有展品义卖资助四川省贫困大学生。

12月，出版《马识途书法集》。

◎ 2004年，89岁

1月21日，在《人民日报》发表《临渊履冰　国步幸从危难出　登高望远　春风喜自柳梢回》。

1月，作《寿星明·九十自寿词》《七律·九十自寿》。

5月20日，在《红岩春秋》第3期发表《初受考验》。

5月26日，在《华西都市报》发表《叫锦江，不叫府南河》。

6月30日，在《闻一多研究集刊（纪念闻一多诞辰100周年）》发表《追思黎智》。

7月20日，在《红岩春秋》第4期发表《平林店遇险》。

8月7日，在《纵横》第8期发表《我记忆中的邓小平》。

9月6日，撰写《马识途文集·自序》。

9月15日，与阔别60年的86岁老友美国飞虎队队员迪克·帕斯特在昆明重逢。

9月20日，在《红岩春秋》第5期发表《夜上红岩》。

9月27日，在成都芙蓉古城参加"人文四川名家论坛"，与金庸见面。作诗《七言四句·赠金庸》。

11月20日，在《红岩春秋》第6期发表《一个人的地下"报馆"》。

◎ **2005年，90岁**

1月1日，在《美文》（上月刊）第1期发表《祭李白文》。

1月20日，在《红岩春秋》第1期发表《九死一生脱虎口》。

2月7日，在《纵横》第2期发表《常青的六十年异国友谊》。

3月12日，为《马识途文集·盛世二言》作《后记》。

3月20日，在《红岩春秋》第2期发表《九死一生脱虎口（下）》。

3月，参加四川省作家协会六届四次全委会。

4月18日，在北京参加西南联大1945届校友会。

5月30日，在北京参加中国现代文学馆举办的"马识途文学创作70年暨《马识途文集》出版座谈会"，致答谢词。当日"马识途九十寿辰书法展"在中国现代文学馆举办。

5月，由四川文艺出版社出版12卷本《马识途文集》。

9月7日，在《纵横》第9期发表《抗战拾忆》。

9月15日，作诗《斗室铭》书赠三哥马士弘。

9 月，《在地下》由人民文学出版社出版。

10 月 11 日，参加"名家看四川——茅盾文学奖获奖作家四川行"座谈会，提出"文学三问"。

10 月 21 日，巴金逝世，悲痛撰写《告灵书》。

12 月 8 日，在《人民日报》（海外版）发表《作家，社会责任感到底如何》。

◎ 2006 年，91 岁

3 月 31 日，参加四川省作家协会六届五次全委会。

3 月，接受《四川戏剧》主编杜建华、副主编李远强的采访，就有关当前川剧发展等问题谈了自己的观点。

4 月，黄宗江来成都拜访，作《七绝·黄宗江来川》。

6 月 10 日，作《中国共产党诞生八十五周年有感》。

6 月 24 日，在《文艺报》发表《党的生日有感》。

6 月，《沧桑十年：1966—1976 共和国内乱的年代》由中共中央党校出版社出版。

7 月 5 日，在《当代文坛》第 4 期发表《文学创作要追求真善美》。

9 月 22 日，接受中央电视台采访，谈"红岩精神"。

10 月 6 日，参加成都文殊坊名人堂揭幕仪式。

11 月底，到北京参加中国作协第七届全国代表大会。

12 月，在北京同仁医院做眼部手术。当月读到老友李凌在《炎黄春秋》发表的文章《建国初期"三大改造"得失之我见》，称赞其文章"有胆有识"。

◎ 2007 年，92 岁

1 月 26 日，在《光明日报》刊登书法："看似平淡实奇崛，成如容易却艰辛。"

2月，将《这样的人》修改意见、座谈记录、电影剧本《干一场》捐赠中国现代文学馆。

3月7日，在《红岩》第2期发表《重庆颂》。

5月4日，在《炎黄春秋》第5期发表《文坛低俗化"三头主义"大行其道》。

7月1日，作《且说"联大精神"——西南联大成立七十周年纪念》。

10月28日，与黄宗江、李致、流沙河一起参观建川博物馆。

◎ 2008年，93岁

5月31日，在《文艺报》发表《凤凰曲——记汶川大地震》。

7月1日，参加何其芳研究会成立大会暨学术讨论会并发言。

7月，著名导演姜文到成都家中拜访，商谈《盗官记》改编电影。

8月，作《写字人语》。

12月8日，参加"四川文艺界纪念改革开放三十周年座谈会"。

◎ 2009年，94岁

2月25日，在四川省作协七届一次全委会上，被推举为四川省作协名誉主席。

2月27日，参加四川省作协七届省代表大会闭幕式。

5月，中国作协党组书记李冰在成都拜访马识途。

10月7日，在《纵横》第10期发表《国庆之际忆贺龙》。

10月，作《七律·国庆六十周年有感》《沁园春·国庆六十周年感怀》。

11月，在成都接待加拿大已故好友云从龙之子，书写条幅赠送。

当年，创作完成电影文学剧本《咫尺天涯》的故事梗概。

创作《闻一多颂》的参考素材。

◎ 2010 年，95 岁

1 月 15 日，参加徐棻文艺创作 60 周年研讨会暨《徐棻剧作精选》首发式。

3 月 30 日，前往重庆歌乐山缅怀西南联大同学、重庆地下党战友、妹夫齐亮和堂妹马秀英烈士。

5 月 5 日起，在《四川文学》开始连载《西窗闲文》。

5 月 20 日，在《新民晚报》发表《古风·观上海世博会》。

7 月 1 日，致信《光明日报》编辑韩小蕙。

8 月，作诗《七律·士弘三兄百岁大庆》。

9 月 17 日，在《光明日报》发表《你的信仰安在》。

10 月，重访洪雅，登瓦屋山，拜访好友高缨。

11 月 20 日，在崇州参加"第二届陆游文化节开幕式"，并发表题为《陆游印象》的讲话。

11 月 22 日，在成都参加"祝贺魏明伦从事文艺 60 年座谈会暨创作研讨会"。

12 月 14 日，参加《让子弹飞》成都媒体见面会，创作七律书赠姜文。

◎ 2011 年，96 岁

1 月 1 日，在《散文》（海外版）第 1 期发表《难得的欢会》。

1 月 25 日，在《四川戏剧》第 1 期发表《魏明伦赞》。

3 月 5 日，在《四川文学》第 3 期发表《刻骨铭心的往事》。

3 月底至 4 月初，重回恩施，并作《七律·恩施扫墓》《访恩施鄂西特委故地》《七绝·蕙馨就义地告灵》《七绝·重走蕙馨汲水小道》。后，前往上海参观世博会及杭州。

3 月底至 5 月底，接受崔永元口述历史采访。

4月1日，在《青年作家》第4期发表《走自己的路——祝〈青年作家〉创刊十周年》。

4月10日，在上海见到老友李储文，并作《五律·又见李储文》。

4月24日，到北京人民大会堂，参加清华大学建校100周年纪念大会。

4月，作诗《清华大学百年校庆》。

5月4日，到北京大学参加西南联大北京校友会活动。

5月24日上午，前往朝阳门内大街后拐棒胡同拜访周有光。

5月29日，参加"首届中华辞赋北京高级论坛"，作题为《旧话重说》讲话。

6月，为《炎黄春秋》题字"坚持就是胜利"。

7月1日，在《光明日报》发表《祝贺党90华诞二首》。

7月1日，在《文艺报》发表《纪念建党九十周年》(词二首)。

7月，《党校笔记》由中共中央党校出版社出版。

10月，《没有硝烟的战线》由四川文艺出版社出版。

11月8日，在成都参加四川作家网上线仪式。

11月，到北京参加第八次中国作家协会全国代表大会。

11月，文怀沙拜访到京马识途，作《怀沙老来访，即就顺口溜十二句》。

12月21日，参加中国现代文学馆举行的"马识途《党校笔记》手稿、著作等捐赠仪式"。

◎ 2012年，97岁

1月14日，参加在北京中国现代文学馆举行的"马识途作品《党校笔记》《没有硝烟的战线》研讨会"。

3月30日，在《光明日报》发表《我看当下的谍战剧》。

4月6日，在成都参加"马识途《党校笔记》《没有硝烟的战线》作品研讨会"。

5月，为庆祝《郭沫若学刊》创刊100期，题词"知人论世，以民为本"。

6月，在《郭沫若学刊》第2期（总第100期）发表题词"知人论世，以民为本"。

6月，为再版《在地下》作《再版序言》。

7月中旬至7月底，继续接受崔永元口述历史采访组的拍摄。

8月上旬，向中国现代文学馆捐赠自己20世纪90年代的电脑。

9月21日，参加杜甫学术研讨会暨四川省杜甫学会第十六届年会，并发言。

11月初，作《沁园春·祝中共十八大开幕》。

11月16日，在四川乐山沙湾参加郭沫若诞辰120周年"郭沫若与文化中国"学术研讨会，发言《郭沫若是有争议的人物吗》，见老友文怀沙。

12月5日，在《四川文学》连载完第十五篇《西窗闲话》。

12月，在《杜甫研究学刊》第4期发表《在杜甫学术研讨会暨四川省杜甫学会第十六届年会开幕式上的发言》。

12月，在《郭沫若学刊》第4期刊发《郭沫若是有争议的人物吗——在郭沫若诞辰120周年纪念会上的发言》《七律》。

被聘为《四川文学》名誉主编。

◎ **2013年，98岁**

1月5日，在《晚霞》第1期发表《九九老人漫谈长寿诀》。

1月5日，在《四川文学》第1期发表《我当名誉主编了》。

1月12日，全美中国作家联谊会会长冰凌在成都向其颁发"东方文豪终身成就奖"。

1月13日，参加四川省文联成立60周年纪念大会暨"百花天府——四川文艺界迎春大联欢"，被授予"巴蜀文艺奖·终身成就奖"。

1 月，作《顺口溜 九十九》。

3 月 5 日，在《四川文学》第 3 期发表《获奖感言》。

4 月 1 日，在《青年作家》第 4 期发表《七律·长夜不寐，起坐吟诗一首，以就教于郭沫若乐山学术讨论会诸公》。

5 月 24 日，作《百岁书法展答谢辞》。

5 月 25 日，草拟《百岁拾忆》提纲。

6 月，动笔创作《百岁拾忆》。

11 月下旬，通过成都市文联文艺服务中心收回《清江壮歌》影视改编权。

12 月 5 日，在《四川文学》第 12 期发表《饕餮在中国肆虐》《话说"狗咬人不是新闻，人咬狗才是新闻"》《时代还需要杂文》《编者的杂文手法》。

12 月 9 日，《百岁拾忆》完稿。

◎ **2014 年，99 岁**

1 月 3 日，在四川省博物馆举行"马识途百岁书法展"，其书法义卖款项全部捐赠四川大学文学与新闻学院"马识途文学奖"。

1 月，《马识途百岁书法集》由四川美术出版社出版；作《七律·除夕迎马年》《七律·马年除夕有感》《七律·百岁自寿诗》《寄调寿星明·百岁述怀》。

2 月 7 日，在《光明日报》刊登书法《百岁述怀》。

4 月 1 日，写《〈报春花〉（故事梗概）·前言》。

4 月 19 日，创作《我也有一个梦——一个百岁老人的呼吁》。

5 月 16 日，在《光明日报》发表署名文章《我也有一个梦——一个百岁老人的呼吁》。

5月24日，在中国现代文学馆举办"马识途百岁书法展"。

5月25日，陪同中央政治局委员、中宣部部长刘奇葆在中国现代文学馆参观"马识途百岁书法展"。

5月27日，在北京接受《文艺报》徐可采访，谈自己对"网络文学、儿童文学、通俗文学"的看法。

6月9日晚，参观北京生活·读书·新知三联书店。

6月10日，在《人民日报》发表《要善于引导，也要宽容一点——网络文学再认识》。

6月28日，参加首届"马识途文学奖"颁奖典礼，为获奖者颁奖。

8月4日，参加生活·读书·新知三联书店在成都举办的马识途、马士弘《百岁拾忆》《百岁追忆》新书发布会。

8月8日，中央电视台《艺术人生》栏目组专程来蓉拍摄马识途、三哥马士弘和八弟马子超。

8月，百年回忆录《百岁拾忆》由生活·读书·新知三联书店出版。

8月14日，向四川省图书馆捐赠《百岁拾忆》。

9月，在《郭沫若学刊》第3期发表《自拟小传》《我怎样写起小说来的》《我追求中国作风和中国气派》《我也有一个梦——一个百岁老人的呼吁》《〈马识途文集〉自序》《"未敢以书法家自命——百岁书法展答谢辞"》与《马识途百岁书法集：寿星明·百岁述怀》《七律·百岁自寿》。

10月5日，作《我这一百年》。

10月20日，参加成都李劼人故居开馆仪式。

10月28日，接待上海浦东中学负责人，为母校题字。

10月，为《人民文学》六十周年题字：接人民地气，守文学天真。

11月19日，创作《百岁感言》。

11月24日，参加四川省作家协会、四川出版集团举办的"纪念巴金诞辰110周年出版座谈会"。

◎ 2015 年，100 岁

1 月 5 日，在《四川文学》第 1 期发表《百岁感言》。

1 月，作《寿三公》(《七绝·赠王火》《七律·李致八五寿志庆》《七律·贺章玉钧八十寿》)、《七律·百岁寄远》、《七律·百岁怀远》。

春，游四川丹棱。

2 月 4 日，在《百年潮》第 2 期发表《陪邓小平和胡耀邦打桥牌》。

4 月 13 日，接待四川罗汉寺和泉州少林寺方丈。

4 月 18 日，为四川丹棱大雅堂，作《谒丹棱大雅堂》。

5 月，《西窗札记》由文汇出版社出版。

7 月 1 日，在《诗刊》第 13 期发表《榴花开得火样鲜明》。

7 月，为中国现代文学馆题字"作家之家 书卷之海"。

8 月 8 日，在成都参加北京大学四川校友会活动，作《大学之道 修身为本》。

8 月，作《七言排律·纪念抗战胜利七十周年》。

9 月 2 日，时任四川省委书记王东明到家中拜访，为其颁发"中国人民抗日战争胜利 70 周年纪念章"。

9 月 29 日，前往成都书画院参加三哥马士弘 105 岁生日。

10 月 2 日，应宗性方丈邀请，与李致、王火前往文殊院参观，探讨佛学教义。

11 月 7 日，有感"习马会"召开，作《七绝·习马会，引习语感赋》。

◎ 2016 年，101 岁

1 月 19 日，在家中接待成都东城根小学学生。

1 月 30 日，参加四川省作家协会"2016 蓉城作家迎春诗话会"。

1 月，《岷峨诗侣·马识途卷》由巴蜀书社出版。

5月8日中午，闻三哥马士弘去世，作《士弘三兄千古》。

5月9日，送别三哥马士弘，宣读《告灵文》。

5月18日，参观四川文化产业学院，并赠书。

5月，作诗《贺李锐公百岁寿》。

6月16日，接待"飞虎队"老兵格伦·本尼达儿子爱德华·本尼达和孙子若斯华·本尼达，老兵迪克·帕斯特儿子迈克尔·帕斯特及迈克尔·帕斯特夫人。

7月9日，李致、魏明伦前往新居拜访。

7月，接待央视《艺术人生》暑期特别节目《人生课堂》来访，与年轻作家张皓宸畅聊人生。

12月初，与家人去西昌。在邛海边，创作古体诗《西昌美》。

12月7日，参加四川国际文化交流中心第四届理事会第一次全体会议。

12月28日，中国作协副主席、著名文学评论家李敬泽到家中拜访，庆祝其101岁生日。

12月29日，被四川省作家协会推举为四川省作家协会名誉主席。

12月29日，被四川省文联第七届主席团第一次会议推举为四川省文联第七届名誉主席。

◎ 2017年，102岁

1月25日，接待青年作家张皓宸到访。

1月31日，作《祝李储文老友百岁寿》。

2月10日，为纪念北京已故老友周有光，创作《怀念周有光老人》。

初春，完成30万字《人物印象——那样的时代那样的人》。

4月13日上午，到四川省图书馆参加"百岁文脉，世纪书香"——革命家、作家马识途捐书仪式，向四川省图书馆捐赠部分古籍、手稿以及书法作品。

5 月 8 日，在《人民日报》发表《人民解放军建军九十周年（军旗飘扬）》。

8 月 4 日，到成都购书中心参加《王火文集》首发暨捐赠仪式，作《七律·赠王火》。

10 月 19 日，为贺即将到来的西南联大八十周年庆，作诗《西南联大八十周年大庆》。

11 月 6 日下午，中国作协主席铁凝到家中拜访。

11 月 11 日上午，参加 2017 中国科幻大会和第四届中国（成都）国际科幻大会。

12 月 5 日，在《青年作家》第 12 期发表《我有的是终身遗憾》。

◎ 2018 年，103 岁

1 月 18 日上午，接待四川省文联党组书记、常务副主席平志英一行，寄语四川省文艺"出作品、出人才、走正路"，勉励文艺工作者勇攀艺术高峰。

1 月 19 日，创作七律《百零四岁自寿》《百零四岁自警》。

1 月，入选"天府成都·十大文化名人"。

1 月，在医院完成《夜谭十记》续篇《夜谭续记》。

3 月 22 日，参观成都龙泉驿巴金文学院。

5 月 5 日，参加四川新华文轩"格致书馆"开馆揭牌仪式。

5 月 25 日，在《人民日报》发表《彰显社会主义文艺的中国特色——一位百岁作家的心声》。

6 月 23 日，接待《没有硝烟的战线》导演及制作团队来访。

6 月 24 日，参加"《马识途文集》首发暨赠书仪式"。

6 月，《马识途文集》（十八卷本）由四川文艺出版社出版。

7 月，作《夜谭续记·后记》。

8月24日，中国作协副主席、中国现代文学馆馆长李敬泽，四川作协主席阿来来访。

10月10日，参加在中国现代文学馆举办的"马识途书法展暨《马识途文集》北京首发式"。

10月19日，在《文艺报》发表《马识途：没有终身成就　只有终身遗憾》。

10月24日，到成都天府新区、郫都区战旗村、绵阳京东方光电科技有限公司、九州电器集团有限责任公司、东方汽轮机有限公司考察学习。

11月25日，在《四川戏剧》第11期发表题词。

◎ 2019年，104岁

1月1日，创作《寿登百五自寿诗》。

1月8日，创作《寿登百五自寿词》。

1月18日，"凌云苍松——马识途105岁书法作品展"在成都诗婢家美术馆举行。

3月18日，接待作家王蒙。

3月28日，前往四川大学参加"四川大学马识途文学奖学金捐赠签约仪式"。

4月28日，下午2点，在成都锦江剧场参加"笔吐玑珠·心怀时代——徐棻艺术生涯七十周年系列活动"，并为徐棻题诗。

6月20日，前往四川大学参加《李致文存》新书首发式，并讲话。

6月，散文集《西窗琐言》由江苏凤凰文艺出版社出版。

7月，为中国作家协会创立70周年题诗。

7月17日，在《光明日报》发表《马识途：人生百年　初心未改》。

9月17日，获得中国作家协会颁发的《从事文学创作七十周年荣誉证书》。

9 月 18 日，在《人民日报》发表《我爱我的祖国》。

9 月 20 日，获得中共中央、国务院、中央军委颁发的"庆祝中华人民共和国成立 70 周年纪念章"。

9 月 20 日，为《人民日报》（海外版）"我的国庆记忆"专刊题词"爱我中华"。

9 月 25 日下午，接受中国作家协会颁发的《从事文学创作七十周年荣誉证书》。接到证书后，感慨道："我的文学创作，真的经历了 70 年！我一个半路出家的业余作家，竟然写了 70 年。"

9 月 29 日，与"放飞梦想——四川大学青春歌会"现场连线，并为四川大学学生题写"爱我中华"。

10 月 10 日，接受《故事里的中国·烈火中永生》主持人董卿视频连线采访，谈及自己当年在国统区的地下斗争以及与罗广斌的交往，并给《故事里的中国》题字：登山不落同人后，做事敢为天下先。

11 月 11 日，为贵州已故老作家蹇先艾题写《蹇先艾全集》书名。

11 月 14 日，为《华西都市报》题词。

11 月 16 日，前往成都锦江宾馆，参加"四川新华发行集团、百年艺尊文化传播合作签约暨纪录片《百年巨匠——马识途》开机仪式"。

12 月 28 日（腊月初三），过 105 岁生日。

◎ 2020 年

1 月 13 日，为青羊美术馆题写馆名。

2 月 8 日，元宵节，为抗击新冠病毒感染疫情，创作《借调忆秦娥·元宵》。

2 月 21 日，在《光明日报》发表《借调忆秦娥·元宵》。

2 月，响应北大校友会发起的"百万口罩行动"，捐赠 2 万元，支援前线抗疫。

3月20日，在《光明日报》发表《满江红·战疫》。

6月21日，审阅《马识途百岁感悟——笑傲人生》书稿。

6月，《夜谭续记》由人民文学出版社出版。

7月2日，题写书名《寻找诗婢家》。

7月5日，发布"封笔告白"，正式宣布封笔。

10月10日，晚上，在医院为11日举办的"马识途《夜谭续记》作品研讨会"题写书法"博观约取 厚积薄发"。

10月11日，"马识途《夜谭续记》作品研讨会"在成都举行。会议结束时，通过视频连线致辞，向与会嘉宾表达了诚挚的谢意。

11月30日，参加在成都金牛宾馆举行的《没有硝烟的战线》主创交流会。

◎ 2021年

1月5日，接待成都诗婢家美术馆馆长赵文溱，商谈书法展事宜。

1月13日上午，谈及自己的两个新年心愿。

1月15日，农历腊月初三，过106岁生日。

1月22日，接待四川人民出版社社长黄立新与编辑蔡林君，商谈自己甲骨文研究专著出版事宜。

1月，为阿来题写《阿来书房》。

2月7日，接受《故事里的中国·青春之歌》主持人撒贝宁连线采访，讲述自己在上海参加"一二·九"学生运动的情形。

3月9日，在家中与成都诗婢家美术馆馆长赵文溱挑选书法，为6月庆祝中国共产党建党百年在重庆的个人书法展做准备。

3月28日，校阅完毕《马识途西南联大甲骨文笔记》。

3月，为《马识途西南联大甲骨文笔记》写《后记》。

4月—6月，创作小说《最有办法的人》。

4月，作诗《满江红·中国共产党成立百年志庆》。

4月20日，参加所在党支部活动，前往成都东郊猛追湾社区、万象城、和美社区、华为专卖店等参观。

4月23日，世界读书日，应四川省全民阅读活动指导委员会办公室之邀，通过视频方式，分享自己阅读与生活的关系。

5月19日，四川省档案馆负责人到访，将1949年12月底中共川西地下党会师大会签名红旗复制件及马识途为地下党同志介绍工作的两封高仿件赠送马识途。

6月3日，在《人民日报》发表《讲述革命故事 弘扬红岩精神》。

6月，为《魂系中华——马识途书法展》书写《告白》；为"陈俊卿纪念馆"题写馆名。

7月1日上午，收看庆祝中国共产党成立100周年大会直播。观看结束后，写下："我是马识途，我今年已经进入107岁，我是1938年入的党，我在入党誓词所许诺的义务和责任已经实现了，我无愧亦无悔。"

7月，为庆祝建党百年，书写对联。

9月11日，在成都家中接受《百年巨匠》栏目组采访拍摄。

9月30日，烈士纪念日，前往四川大学革命烈士纪念碑祭拜一起并肩战斗过的家人和朋友，参观四川大学"中国共产党在川大百年历程专题展"。

国庆期间，收到《马识途西南联大甲骨文笔记》样书并审阅。

10月17日，接待中国文联、中国作协主席铁凝，再次表达前往北京参加中国作协十代会的愿望。

11月2日，再次当选四川省作家协会、四川省文联名誉主席。

11月2日，《马识途西南联大甲骨文笔记》由四川人民出版社出版。

12月9日，在家中录制视频，预祝中国作协第十次代表大会胜利召开；作诗《调寄沁园春》，贺中国作协第十次作代会在北京召开。

12月29日，接待四川大学文新学院古立峰书记、李怡院长等，商谈

"马识途文学奖学金签约仪式"相关事宜。

◎ 2022 年，107 岁

1 月 5 日，农历腊月初三，过 108 岁生日。

1 月 22 日，《马识途西南联大甲骨文笔记》新书发布会在"阿来书房"举办，特录制视频。

1 月 24 日下午，接待中国作协副主席、四川省作协主席阿来和四川省作协党组书记侯志明。

1 月，《那样的时代，那样的人》由人民出版社出版。

1 月，为茶寿作四首诗词《自寿》《检点》《致友人》《杂感》。

2 月，在《炎黄春秋》2022 年第 2 期发表《告慰亡妻刘蕙馨》。

3 月 8 日，为川大附小题词：明德明道，至善至美。

3 月 14 日，将家中种植的两株菩提树捐赠巴金文学院。

4 月下旬，为《四川日报》创刊七十周年题字。

5 月 13 日，第八届马识途文学奖颁奖典礼暨《马识途西南联大甲骨文笔记》学术研讨会在四川大学举行，以视频形式向获奖学生发表寄语。

6 月 22 日下午，邀请老友王火到家中，为其百岁生日祝寿。

7 月 8 日，在家中接受中央电视台《吾家吾国》栏目组采访。采访结束时，欣然题字：人民可以忘记我，我永远不会忘记人民。

12 月 25 日，农历腊月初三，与家人度过了自己 109 岁生日。作诗《生日自寿》《生日分寿糕口念》。

◎ 2023 年

2 月 11 日下午，获得"川观文学奖（2021 年度）终身成就奖"。

附录二／马识途书法作品

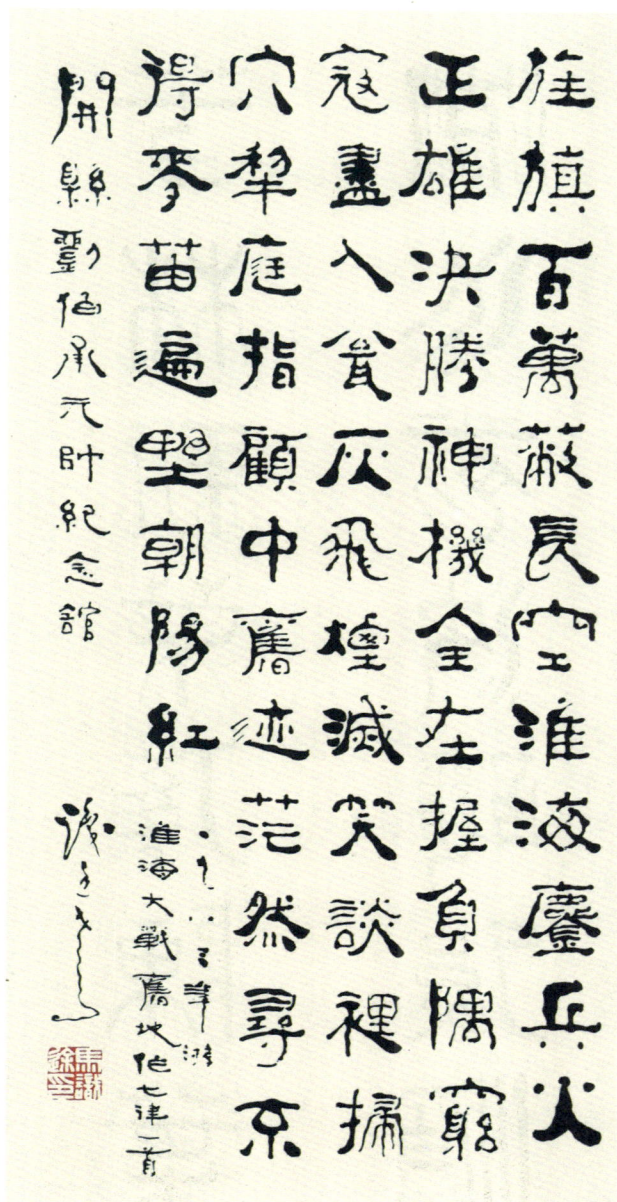

释文：旌旗百万蔽长空，淮海鏖兵火正雄。决胜神机全在握，负隅穷寇尽入瓮。灰飞烟灭笑谈里，扫穴犁庭指顾中。旧迹茫然寻不得，麦苗遍野朝阳红。

款识：一九八三年游淮海大战旧地作七律一首，开县刘伯承元帅纪念馆 识途老马

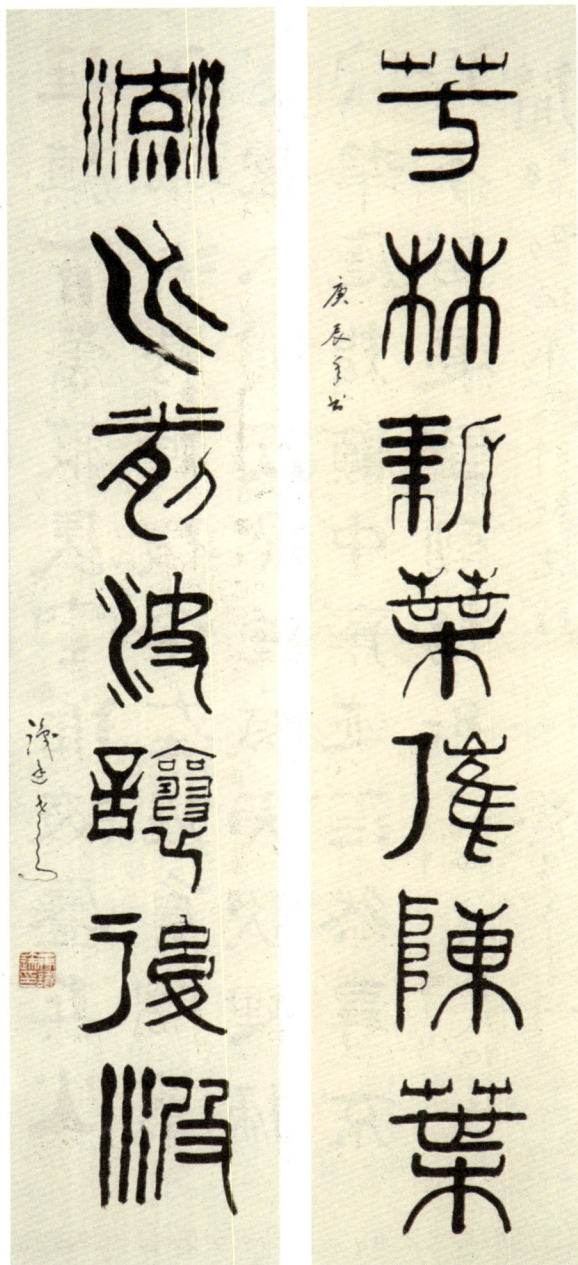

释文：芳林新叶催陈叶，流水前波让后波

款识：庚辰年书　识途老马

坐看云起时，行到水穷处。

释文：坐看云起时，行到水穷处。
款识：八九翁 马识途

美意延年

二〇〇三年元月 八九叟 马识途

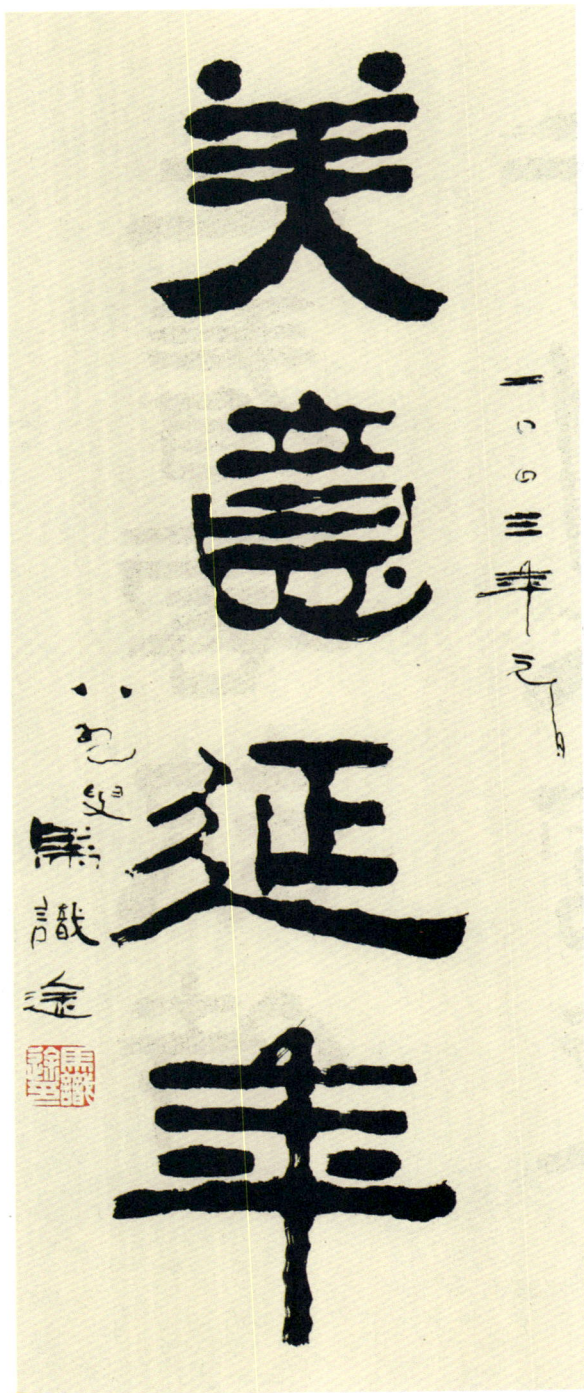

释文：美意延年
款识：二〇〇三年元
月　八九叟　马识途

释文：德艺双馨
款识：二○○五年五月　九一
叟　马识途

释文：偷得浮生半日闲，知交聚饮到易园。山亭水阁芳草地，曲栏游廊别洞天。望帝春心情有托，杜鹃泣血意谁怜。年年夜夜声声唤，我亦为之老泪涟。

款识：二〇〇六年九月书　九二叟　马识途　易园在成都西郊望帝祠附近，春夜多闻杜鹃其声凄绝，殆望帝魂归乎，因作七律一首释文：大江东去，浪淘尽，千古风流人物。故垒西边，人道是，三国周郎赤壁。乱石穿空，惊涛拍岸，卷起千堆雪。江山如画，一时多少豪杰。遥想公瑾当年，小乔初嫁了，雄姿英发。羽扇纶巾，谈笑间，樯橹灰飞烟灭。故国神游，多情应笑我，早生华发。人生如梦，一樽还酹江月。

款识：二〇〇七年五月书东坡词一首　九三叟　识途老马

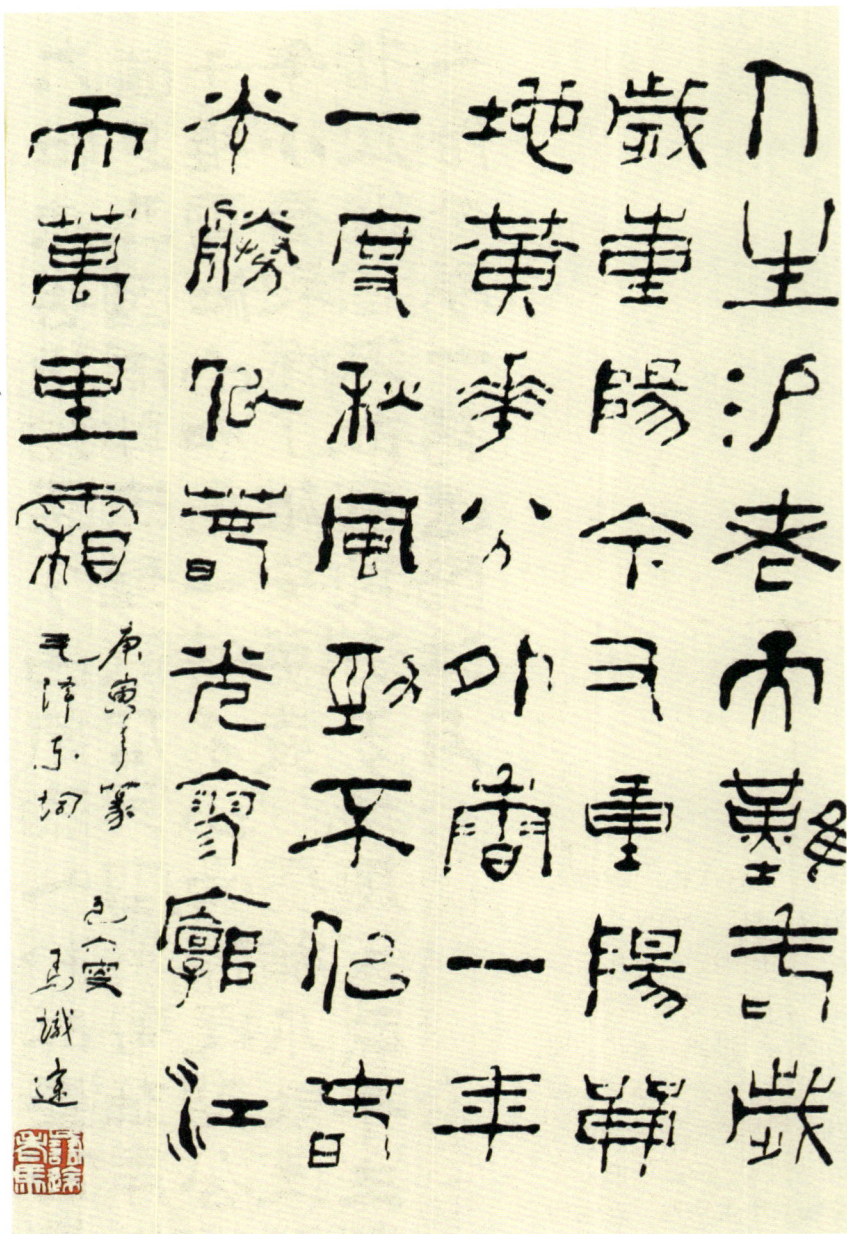

释文：人生易老天难老，岁岁重阳。今又重阳，战地黄花分外香。
一年一度秋风劲，不似春光。胜似春光，寥廓江天万里霜。
款识：庚寅年篆毛泽东词　九六叟　马识途

释文：盖文章，经国之大业，不朽之盛事。年寿有时而尽，荣乐止乎其身，二者必至之常期，未若文章之无穷。是以古之作者，寄身于翰墨，见意于篇籍，不假良史之辞，不讬飞驰之势，而声名自传于后。

款识：二○一三年十二月书　曹丕典论论文　九七叟　马识途

得意須知是福

虛心莫作妄言

二〇一五

百歲叟 馬識途

释文：得意须知是福，虚心莫作妄言。

款识：二〇一五年　百岁叟　马识途

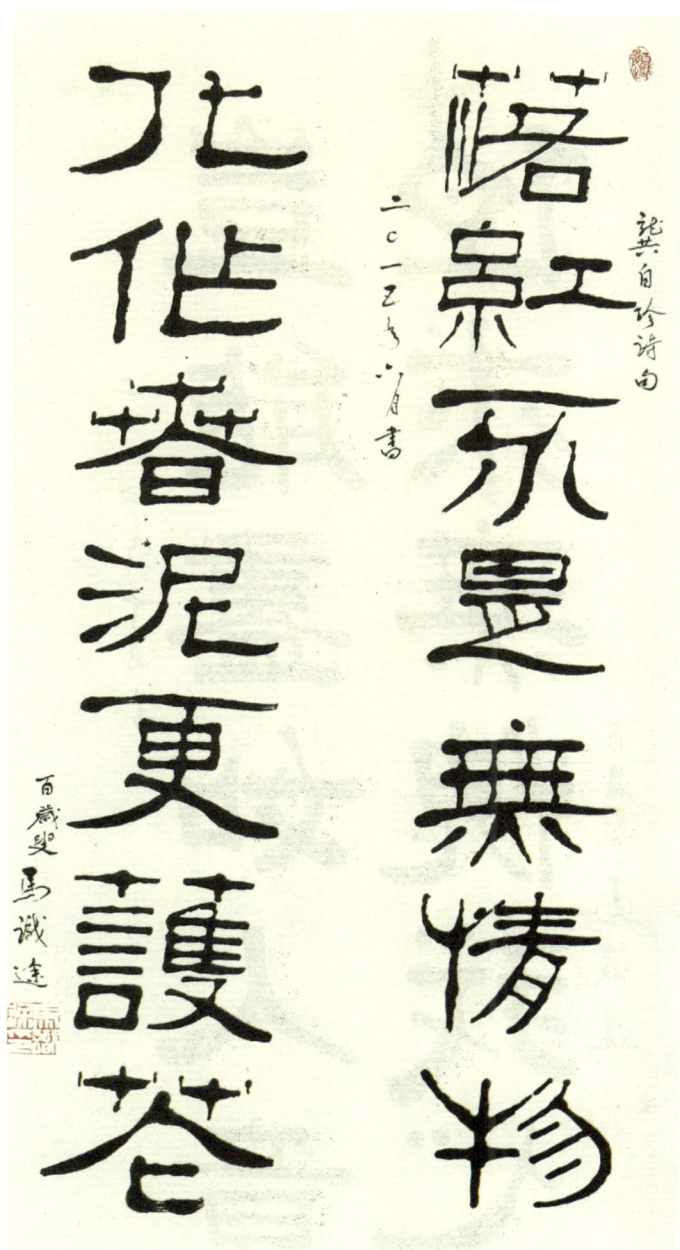

释文：落红不是无情物，化作春泥更护花。

款识：龚自珍诗句　二〇一五年六月书　百岁
叟　马识途

豈能盡如人意
但求無愧我心

二〇一四年冬月書

百歲叟 馬識途

释文：岂能尽如人意，但求无愧我心。

款识：二〇一四年冬月书　百岁叟　马识途

释文：书贵有法，书无定法，要在有法无法之际，于有法求至法耳。

款识：余自幼学隶，垂八十载，迄无长进，是知书法之难也，是知无天分者不可学书，无耐力者不可学书。欲以书作敲门砖，借以求名获利者更不可学书。 马年元月　百寿翁　马识途

释文：书贵有法
款识：马年元月书
百寿翁　马识途

释文：江山如画，一时多少豪杰。

款识：甲午年秋书东坡词句　百岁叟　马识途

平聖風来知劲艸

满山木落見青松

二〇一五一月書

百歲叟 馬識途

释文：平野风来知劲草，满山木落见青松。

款识：二〇一五年一月书　百岁叟　马识途

释文：长风破
浪会有时，直挂
云帆济沧海。

款识：李白诗
句　二〇一六年
春书　百〇一岁
叟　马识途

释文：能耐天磨真铁汉，不为人妒是庸才 。
款识：羊年元月书　百〇一岁叟　马识途

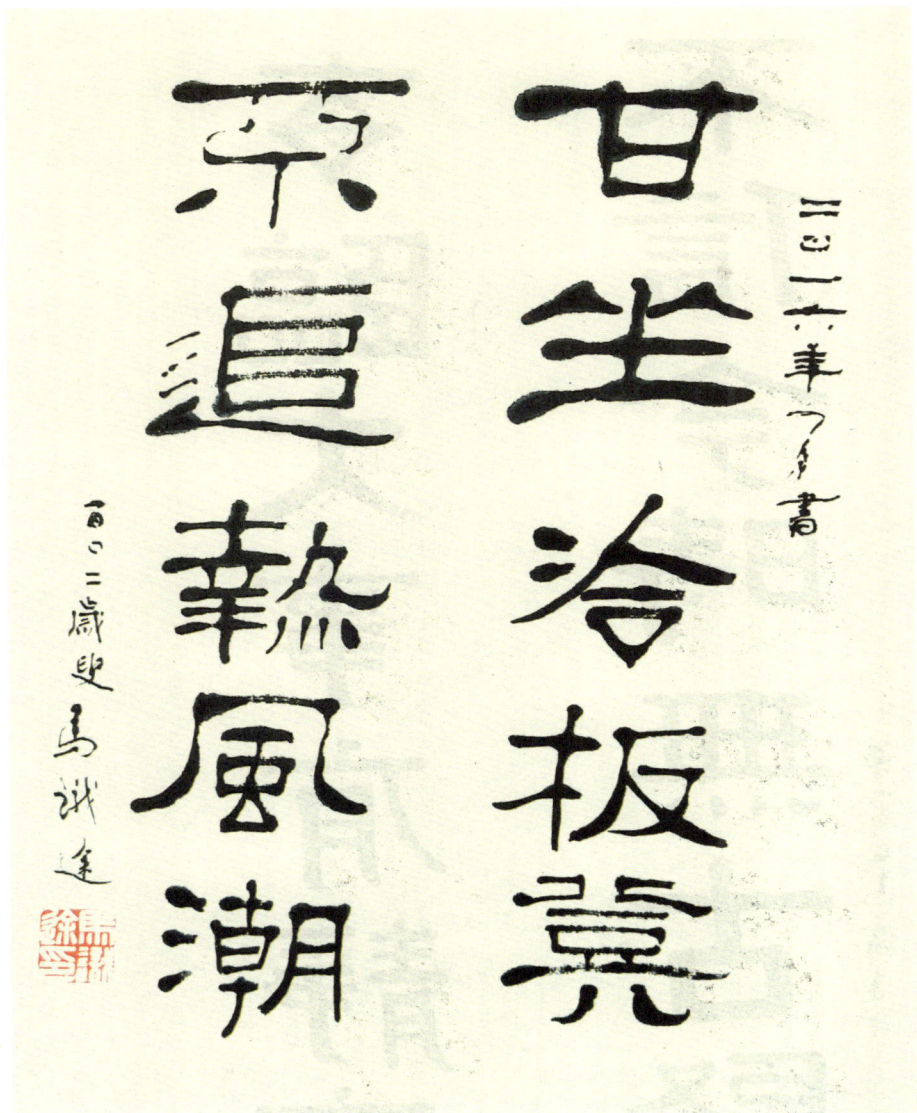

释文：甘坐冷板凳，不追热风潮。

款识：二〇一六年四月书　百〇二岁叟　马识途

每臨大事有靜氣

不信今時無古賢

二〇一六年書

魯一歲叟馬識途

释文：每临大事有静气，不信今时无古贤。

款识：二〇一六年书　百〇一岁叟　马识途

释文：十载裁诗走马成，冷灰残烛动离情。桐花万里丹山路，雏凤清于老凤声。

款识：二〇一六年四月书李义山诗一首　百〇二岁叟　马识途

释文：爱我中华

款识：二〇一八年

百〇四岁叟　马识途

登山从不落人后

作事敢为天下先

百○七岁 马识途

二○二一

释文：登山从不落人后，作事敢为天下先。

款识：二〇二一年　百〇七岁　马识途

289

书到用时方恨少

事非经过不知难

二〇二一年

百〇七岁 马识途

释文：书到用时方恨少，事非经过不知难。

款识：二〇二一年 百〇七岁 马识途

释文：满江红　中国共产党成立百年志庆　建党百年航指向，千秋伟业。回首望，几多苦战，艰辛岁月。十亿神州全脱贫，万亿超百真奇绝。应记取，环视犹眈眈，金瓯缺。定方向，划长策。大开放，深改革。肃党风政纪，更当严格。船到中流浪更高，登山半道须防跌。十四亿，奋勇齐前行，尽豪杰！

款识：二〇二一年四月书　马识途　时年一百零七岁　党龄八十三岁

山登半道路更险
船到中流浪更高

释文：山登半道路更险，船到中流浪更高。
款识：二〇二一年　百〇七岁　马识途

释文：锦江春色来天地，绿树丛中矗雅楼。辛苦耕耘满百载，桃李芬芳散九州。

款识：马识途

释文：寒山转苍翠，秋水日潺湲。倚杖柴门外，临风听暮蝉。渡头

馀落日，墟里上孤烟。复值接舆醉，狂歌五柳前。

款识：识途老马

释文：窗竹影摇书案上，野泊声入砚池中。

款识：书贵悟道，道法自然。此句可谓得道 老马

释文：诚朴

款识：心要诚　身须朴　马识途

捧着一颗心来 不带半根草去

陶行知名言

马识途

释文：捧着一颗心来　不带半根草去
款识：陶行知名言　马识途